Denkanstöße für Eltern

SERIE PIPER

Zu diesem Buch

Wann schläft unser Kind endlich durch? Sollte ich in der Erziehung stärkere Grenzen setzen? Welches ist die beste Schule für mein Kind? Eltern haben viele Fragen, doch meist fehlt ihnen die Zeit zum Lesen einschlägiger Bücher. Dieser Band schafft Abhilfe: Er versammelt die wichtigsten und aktuellsten Beiträge zur Diskussion über kindliche Entwicklung und Erziehung – von prominenten Autorinnen und Autoren wie Donata Elschenbroich, Susanne Gaschke, Jesper Juul oder Remo H. Largo. Sie umfassen die Entwicklung des Kindes von der Geburt bis zur Pubertät, die Rolle von Schule, Medien und Politik, Geschwisterbeziehungen und Patchworkfamilien – und nicht zuletzt das Verhältnis der Eltern zueinander, die über die Familie ihre eigene Paarbeziehung nicht vergessen sollten. Zum Lesen, Nachdenken und Verschenken für Eltern und alle, die mit Kindern leben und arbeiten.

Annette Seybold-Krüger, geboren 1955, studierte Germanistik und Geschichte. Sie lebt mit ihrem Mann und ihren beiden Kindern in München und arbeitet freiberuflich als Verlagslektorin und beim Fernsehen.

Denkanstöße für Eltern

Herausgegeben von
Annette Seybold-Krüger

Piper München Zürich

Mehr über unsere Autoren und Bücher:
www.piper.de

Denkanstöße bei Piper im Taschenbuch:
Denkanstöße für Glückssucher
Denkanstöße über die Liebe
Denkanstöße für Eltern

Für Winfried

Ungekürzte Taschenbuchausgabe
Februar 2009

Umschlag: Büro Hamburg. Anja Grimm, Stefanie Levers
Bildredaktion: Büro Hamburg. Alke Bücking, Charlotte Wippermann
Umschlagfoto: Camille Tokerud/Getty Images
Papier: Munken Print von Arctic Paper Munkedals AB, Schweden
Gesamtherstellung: CPI – Clausen & Bosse, Leck
Printed in Germany ISBN 978-3-492-25318-5

INHALT

DIE FAMILIE – IMMER IN BEWEGUNG

RAUS AUS DEM NEST UND IN DIE WELT

ÜBERLASTET ODER UNTERFORDERT – DIE INSTITUTION SCHULE

AUS LIEBESPAAREN WERDEN ELTERN

ES WÄRE VIEL BESSER, WENN ... – FORDERUNGEN AN DIE POLITIK

VORWORT

Eltern zu sein fordert den Menschen auf jeder Ebene – physisch, psychisch und intellektuell. Es bedeutet Lachen, Rennen und Fangenlassen, Versunkenheit ins Spiel, die glückstrahlenden Augen des Kindes, wenn die ersten Schwimmzüge zum Vater oder zur Mutter gelingen, der Stolz darauf, auf dem Fahrrad die Balance halten zu körnen, und später die ironischen Kommentare des Jugendlichen, mit denen er zu erkennen gibt, daß er sich und seine Umwelt mag, aber auch ganz gut durchschaut.

Die Beziehung zwischen Eltern und Kindern ist einmalig, lebenslänglich und in einem dauernden Wandel begriffen. Sie soll die Basis dafür schaffen, daß ein Mensch Vertrauen in die Welt und Zutrauen zu sich selbst gewinnt, und ist doch oft genug von den widersprüchlichsten Gefühlen geprägt, von Zärtlichkeit und Wut, von Geborgenheit und Ausgeliefertsein.

Dabei wird den Eltern das Leben nicht gerade leichtgemacht: Angeblich setzen sie zu wenig Grenzen – eine Generation vorher waren es noch zu viele –, fördern ihre Töchter und Söhne nicht ausreichend und lassen sie vor dem Computer versumpfen. Oder aber sie überfordern ihre Kinder und halten sich und ihre Sprößlinge unter dauernder pädagogischer Leistungskontrolle. Die Botschaften sind so widersprüchlich wie fragwürdig. Handeln müssen die Eltern aber jetzt, denn der Alltag findet täglich statt und ist häufig nur im Galopp zu bewältigen zwischen Beruf und Kochen, Hausaufgaben und Hausarbeit, Flötenstunde und Einkauf. Erwartungen und Ansprüche, sowohl innerhalb der Familie wie von außen, stellen Eltern heute in ganz verschiedenen Lebenssituationen vor die Frage: Machen wir es richtig? Und: Was heißt überhaupt »richtig«?

Dieser Band gibt Denkanstöße mit Beiträgen von Autorinnen und Autoren, die sich als Kinderärzte, Psychologinnen, Lehrer, Journalistinnen, Bildungsforscher, Psychiater und Sozialwissenschaftler mit Kindern, Jugendlichen und Eltern auseinandersetzen. Unter den Texten sind Klassiker ebenso vertreten wie Provokateure. Gemeinsam ist ihnen, daß sie für die zentralen Themen des Zusammenlebens von Eltern und Kindern klare Aussagen formulieren – von der kognitiven Entwicklung des kleinen Kindes und den emotionalen Bedingungen seines Aufwachsens bis hin zur Pubertät mit ihren neuen Anforderungen an alle Beteiligten. Sie befassen sich mit Geschwisterbeziehungen, der Bedeutung der Peers und dem Verhältnis der Eltern zueinander, mit den Erwartungen an die Schule und den Forderungen an die Familienpolitik.

Diese »Denkanstöße« helfen den Eltern, sich eigene Wege durch den Erziehungsdschungel zu bahnen. In der Konfrontation mit den verschiedenen Positionen liegt die Chance, Abstand zum eigenen Alltag zu gewinnen und Alternativen zu eingefahrenen Handlungsmustern zu entdekken. Das Buch wendet sich an Mütter und Väter und gibt Impulse für eine Lebensform, die jede Menge Arbeit bedeutet, Disziplin verlangt, manche Zweifel weckt und Verantwortung fordert – aber auch ein Glück bereithält, das anderswo nicht zu finden ist.

VOM BABY ZUM KLEINKIND

Daniel N. Stern

Aus dem Tagebuch eines Babys – der erste Blick in die Welt

Kommen Sie mit mir in Joeys allererste Welt. Erinnern Sie sich an all das, was Sie niemals wirklich vergessen haben. Stellen Sie sich vor, daß nichts von dem, was Sie sehen, berühren oder hören, einen Namen, eine Funktion oder eine Geschichte besitzt. Joey erlebt Objekte und Ereignisse vor allem als die Gefühle, die sie in ihm wachrufen. Für ihn existieren sie weder als das, was sie an und für sich sind, noch kennt er ihre Funktion oder ihren Namen. Nennen ihn seine Eltern »Schatz«, dann weiß er noch nicht, daß »Schatz« ein Wort ist und daß es sich zudem auf ihn bezieht. Es fällt ihm nicht einmal auf, daß es ein Klang ist, also etwas ganz anderes als etwa eine Berührung oder ein Lichtschein.

Allerdings ist er schon sehr empfänglich für die Art und Weise, wie dieser Klang ihn umfängt. Einmal gleitet er sanft und spielerisch über ihn hinweg und beruhigt ihn; ein anderes Mal ist er voller Spannung, ungestüm und aufwühlend, so daß Joey hellwach wird. Alles, was das Kind erlebt, ist so, es hat seinen besonderen Gefühlston – und bei Erwachsenen ist das genauso. Wir achten nur kaum darauf, weil unser Gefühl des Lebendigseins nicht im gleichen Maße davon bestimmt wird, wie es bei Joey der Fall ist.

Joey ist gerade aufgewacht. Er blickt unverwandt auf den Reflex eines Sonnenstrahls an der Wand neben seinem Kinderbett.

Ein Stück Raum leuchtet dort drüben.
Ein sanfter Magnet zieht an und hält fest.
Der Raum erwärmt sich und wird lebendig.

In seinem Innern beginnen Kräfte sich langsam tanzend umeinander zu drehen.
Der Tanz kommt näher und näher.
Alles steigt auf, ihm zu begegnen.
Er kommt immer näher. Aber er kommt nie an.
Die Spannung verebbt.

Für Joey sind fast alle Begegnungen mit der Welt dramatisch und vom Gefühl bestimmt. Elemente und Wesen dieser dramatischen Zusammentreffen sind für uns Erwachsene nicht offensichtlich. Von allen Dingen im Zimmer erregt der Sonnenschein an der Wand Joeys Aufmerksamkeit am meisten. Die Helligkeit und Intensität faszinieren ihn. Im Alter von sechs Wochen ist seine Sehfähigkeit schon recht gut entwickelt, wenn auch zur Perfektion noch einiges fehlt. Er erkennt bereits verschiedene Farben, Formen und Intensitätsgrade. Von Geburt an hat er starke Vorlieben für bestimmte Dinge, die er ansehen möchte, für Dinge, die ihm gefallen.

An erster Stelle steht dabei die Intensität einer Wahrnehmung, sie stellt in dieser Szene das wichtigste Element dar. Das Nervensystem eines Säuglings ist in der Lage, sofort die Intensität eines Lichts, eines Geräuschs, einer Berührung zu bestimmen, also der Reize, für die seine Sinne bereits ausgebildet sind. Die Intensität seines Gefühls einem Objekt gegenüber ist vermutlich sein erster Anhaltspunkt dafür, ob er darauf zugehen oder sich davon fernhalten soll. Intensität kann ihn dazu bewegen, Schutz zu suchen. Sie kann seine Aufmerksamkeit und Neugier leiten und sein inneres Erregungsniveau bestimmen. Ein schwacher Reiz (zum Beispiel eine bei Tag brennende Lampe) besitzt für ihn nur wenig Anziehungskraft. Ist er zu intensiv (wie direkte Sonneneinstrahlung), meidet er ihn. Ist der Reiz jedoch mäßig intensiv, wie der Reflex des Sonnenlichts an der Wand, ist der Säugling wie verzaubert. Die gerade noch erträgliche Intensität erregt ihn, er reagiert sofort darauf. Die Intensität erhöht seine Lebhaftigkeit und aktiviert sein ganzes Wesen. Seine Aufmerksamkeit ist wacher. Der Sonnenstrahl ist ein »sanfter Magnet«, dessen Anziehungskraft er spürt.

In diesem Alter wird Joey auch von Flächen angezogen, die im Innern eines klar umrissenen Rahmens liegen. Die Ränder des Lichtquadrats fangen seinen Blick da ein, wo die hellen und dunklen Teile der Wand aneinanderstoßen. Man könnte sagen, das Licht zieht ihn an, aber erst die Ränder halten ihn fest.

Wie kann Joey wissen, daß der leuchtende Sonnenfleck sich »dort drüben« befindet? Wie kann er wissen, daß er nicht etwa »gleich hier«, direkt neben ihm ist? In diesem Alter ist Joey immerhin in der Lage, räumliche Entfernungen und Quadranten einzuschätzen. Bald wird er den Raum insgesamt in zwei klar unterschiedene Bereiche einteilen: die nahe Welt innerhalb der Reichweite seines ausgestreckten Arms und die ferne Welt außerhalb dieses Bereichs. Es wird noch einige Monate dauern, bis Joey in der Lage sein wird, präzise nach etwas zu greifen und es zu fassen. Mit sechs Wochen lernt er jedoch bereits zwischen erreichbarem und nicht erreichbarem Raum zu unterscheiden. Diese Fähigkeit wird ihm später dabei helfen, den wichtigen Akt des Greifens zu lernen, indem er für sich umreißt, was in seiner Reichweite liegt und was nicht. Es wäre nicht sinnvoll, wollte er nach dem Mond greifen oder auch nur nach Dingen in einem anderen Teil des Zimmers.

Für ihn ist Raum nicht kontinuierlich und nahtlos wie für einen Erwachsenen. Es ist, als bilde der Raum eine Kugel um ihn, deren Radius der Länge seiner Arme entspricht. Selbst blinde Babys greifen nach einem tönenden Objekt nur dann, wenn es in diesen Radius eintritt. Sie teilen den Raum in gleicher Weise ein wie sehende Kinder, nur daß sie hierzu statt der Augen ihre Ohren benutzen. Deshalb befindet sich der Sonnenreflex »dort drüben«, nämlich außerhalb Joeys späterer Reichweite.

Warum wird der Lichtfleck für Joey »lebendig« und läßt ihn Kräfte sehen, die sich langsam tanzend umeinanderbewegen? Diese Wirkung ergibt sich durch die Art und Weise, wie Joey den Lichtfleck mit seinen Augen und seiner Aufmerksamkeit erforscht. In diesem Alter blicken Babys häufig Dinge unverwandt an, als würde ihr Blick tatsächlich festgehalten und sie müßten auf eine Stelle starren. Dabei scheint das Baby geistig aktiv zu sein, so wie Joey in diesem Moment, und nicht etwa in vage Tagträume versunken, wie dies bei einem Erwachsenen der Fall wäre.

Viele Eltern fühlen sich in solchen Momenten herausgefordert oder beunruhigt. Stellen Sie sich vor, Sie halten Ihre sechs Wochen alte Tochter im Arm. Ihre Gesichter sind einander zugewandt. Sie möchten spielen, aber sie starrt gebannt auf die Stelle, an der Ihre Stirn und Ihr Haaransatz zusammentreffen. Sie möchten, daß sie Ihnen in die Augen schaut, und lächeln sie an, um ihren Blick abzulenken. Aber Ihr Lächeln zeigt keinerlei Wirkung. Sie versuchen weiter, ihre Aufmerksamkeit zu erregen, wie das die meisten Eltern tun. Sie schneiden Grimassen oder schaukeln das Kind hin und her in der Hoffnung, daß die Körperbewegung seinen Blick ablenken wird. Das Baby starrt jedoch weiterhin unverwandt auf Ihren Haaransatz. Viele Eltern deuten dieses Abwenden des Blicks als echte Ablehnung und geben vielleicht sogar für dieses Mal den Versuch auf, einen Blickkontakt herzustellen. Es handelt sich aber keineswegs um Ablehnung, sondern um ein völlig normales Phänomen, das man unwillkürliche Aufmerksamkeit nennt.

Gelegentlich werden Sie es auch schaffen, den Blick Ihres Babys abzulenken und einzufangen, oft gelingt dies jedoch nicht. Aber selbst wenn es nicht klappt, selbst wenn das Kind weiter den Blick fest auf Ihren Haaransatz gerichtet hält – den »Rand« zwischen Haaren und Stirn –, werden Sie oft den Eindruck gewinnen, daß es Ihre Bemühungen trotzdem in irgendeiner Form wahrnimmt, und das trifft auch zu. Das Kind betrachtet aufmerksam Ihr Gesicht, aber in der Peripherie. Der springende Punkt ist, daß es sich vollständig auf den Rahmen konzentriert, nicht jedoch auf das Bild darin.

Joey starrt auf die Grenze zwischen dem leuchtenden Viereck und der umgebenden Wand. Daß er nur diesen einen Punkt ansieht, bedeutet allerdings nicht, daß seine Aufmerksamkeit ebenfalls ausschließlich auf diese Stelle gerichtet wäre. Obgleich wir uns dessen meist nicht bewußt sind, können wir spielend unseren visuellen Fixierpunkt (das, was unsere Augen ansehen) vom Fokus unserer Aufmerksamkeit (dem, worauf unser Geist seine Aufmerksamkeit richtet) trennen. Denken Sie nur daran, was beim Autofahren abläuft. Sie blicken unverwandt auf die Straße vor Ihnen, aber Ihre Aufmerksamkeit kann von der einen zur anderen Seite wandern (zu Objekten am Rand Ihres Blickfeldes), aber auch in die Ferne oder in die Vergangenheit. Oder, besser noch, suchen Sie sich einen Punkt auf einem weißen Blatt Papier und blicken Sie unverwandt darauf. Wenn dieser Punkt nach einer Weile beginnt, langweilig zu werden, wird der Fokus Ihrer Aufmerksamkeit außerhalb des Fixierpunktes und um diesen herum zu wandern beginnen, ohne daß Ihre Augen sich bewegen. Während Ihre Aufmerksamkeit über diesen neuen Gebieten schwebt, scheinen sie sich zu verändern oder sogar zu verschwinden.

Farben können sich verschieben: Was durch und durch weiß erschien, bekommt jetzt einen Stich ins Grüne oder Rötliche. Und diese beiden Farben können abwechselnd erscheinen. Auch Licht und Schatten können sich an diesen Stellen verändern, wie das allmähliche Spiel von Licht und Schatten auf einem Hügel, über den Wolken hinwegtreiben. Das ebene Blatt kann in unmittelbarer Umgebung des Fixierpunktes scheinbar seine Form verändern, es kann sich wellen, schmelzen oder Ausbuchtungen bekommen. Derartige optische Täuschungen kommen zustande, wenn unsere fokale Aufmerksamkeit und unser visueller Fixierpunkt auseinanderdriften und sich gegenseitig ausspielen.

Auch Joey wird es bald langweilig werden, immer auf dieselbe Stelle am Rand des Lichtkegels zu schauen. Sein Blick bleibt vermutlich fokal auf diesen einen Punkt gerichtet, während der Fokus seiner Aufmerksamkeit sich anschickt, von diesem Punkt wegzuwandern. Er beginnt mit ihr das Innere des Lichtflecks zu erkunden, das am Rande seines Sehfeldes auftaucht. Sobald er dies jedoch tut, unterliegt er den gleichen optischen Täuschungen wie es bei uns Erwachsenen der Fall wäre. Der Sonnenstrahl wird für ihn »lebendig«, er beginnt sich zu bewegen und sich in Farbe und Gestalt zu verändern. Joey weiß nicht, daß dies nur Streiche sind, die ihm die Sinne spielen und die durch die Spannung zwischen Sehen und Aufmerksamkeit in seinem Geist entstehen. Für ihn ist der lebendig gewordene Sonnenstrahl ein Spiel von Kräften. Er sieht etwas tanzen. Er nimmt eine dynamische Beziehung zu dem Sonnenstrahl auf, und jeder wirkt auf den anderen. Bei Joey laufen alle Wahrnehmungen nach diesem Prinzip ab. Für ihn gibt es »draußen« keine »toten«, unbelebten Dinge, es sind nur immer andere Kräfte am Werk. Läßt Joey sich auf sie ein, wird der Sonnenstrahl lebendig und beginnt langsam im Kreise zu tanzen.

Der Lichtfleck scheint immer wärmer zu werden und immer näher zu kommen infolge des Farbenspiels. In diesem Alter sind Kinder bereits in der Lage, Farben zu sehen. Der Sonnenstrahl wirkt gelblich auf der weißen Wand. Diese schimmert bläulich, wo der Sonnenstrahl sie nicht trifft. »Warme«, intensive Farben wie Gelb scheinen sich nach vorn zu bewegen, während »kühlere« Farben wie Blau zurücktreten. Joey scheint es deshalb, als würde sich der Sonnenstrahl auf ihn zu nach vorn bewegen, während der Raum in dessen unmittelbarem Umkreis sich von ihm fort bewegt. Der Raum besitzt also ein Zentrum, das kontinuierlich näher kommt, wie ein Ton, der immer weiter ansteigt, ohne jedoch über den hörbaren Tonumfang hinauszugehen. Gleichzeitig gibt es um das Zentrum herum einen Raum, der sich langsam zurückzieht. Das Zentrum, das von den tanzenden Kräften belebt wird, scheint sich immer weiter auf Joey zuzubewegen, ohne ihn je zu erreichen. Darüber hinaus scheint der vortretende Lichtfleck auf der zurückweichenden Wand sich von innen nach außen kontinuierlich zu erneuern.

In dieser Interaktion mit einem Sonnenstrahl fühlt Joey alles aufsteigen, um »ihm zu begegnen«. Es ist wie ein Versprechen (»Es kommt immer näher«), zuletzt ein »Verebben« der »Spannung«, der Erregung. Das Spiel der Illusionen und Gefühle fasziniert Joey. Für ihn ist es ein

Feuerwerk, das nicht nur seine Augen, sondern sein gesamtes Nervensystem gefangenhält. Kleinkinder mögen Erlebnisse mit anwachsender Spannung und Erregung, solange der Anstieg nicht zu schnell erfolgt oder zu weit geht. (Wenn Sie die Aufmerksamkeit Ihres Babys wecken und festhalten wollen, lassen Sie unwillkürlich Stimme und Mimik lebhafter wirken.) Läßt die Stimulation nach oder hören die Veränderungen auf, wenden sie sich meist gelangweilt ab. So findet auch Joey nach einer Weile das Spiel der Erscheinungen in dem Sonnenstrahl langweilig. Sein immerwährendes Näherkommen verliert den Reiz des Neuen, Spannenden. Joeys Aufmerksamkeit beginnt mit einem Mal nachzulassen, und er sieht sich nach einem neuen Erlebnis um. In diesem Moment wendet er den Kopf von der sonnenbeschienenen Wand weg.

Remo H. Largo

Was ein Kind zum Aufwachsen braucht

Damit sich ein Kind gut entwickeln kann, beziehungsfreudig, neugierig und motorisch aktiv ist, braucht es gewisse Voraussetzungen.

Eine innere Voraussetzung bringt das Kind mit: Es will sich entwickeln. Es hat einen inneren Drang, zu wachsen und sich Fähigkeiten und Kenntnisse anzueignen. Wenn es einen bestimmten Entwicklungsstand erreicht hat, will es nach Gegenständen greifen, sich fortbewegen und sich sprachlich ausdrücken.

Diese Bereitschaft, sich zu entwickeln, wird von den Eltern als Entlastung und von vielen als Geschenk empfunden. Sie müssen sich nicht ständig aktiv bemühen, damit ihr Kind Fortschritte macht. Es braucht nicht »gefördert« zu werden. Das Kind entwickelt sich aus sich heraus, wenn körperliches und psychisches Wohlbefinden gewährleistet sind.

Körperliches Wohlbefinden setzt Gedeihen und Gesundheit voraus. Hunger und Durst, aber auch andere körperliche Bedürfnisse wie etwa Schutz vor Kälte sowie trockene und saubere Bekleidung wollen zuverlässig befriedigt sein. Nur Kinder, die ausreichend ernährt, gepflegt und gesund sind, können sich auch normal entwickeln. Die Medien führen uns mit Nachrichten aus den Ländern der Dritten Welt tagtäglich vor Augen, wie nachteilig sich Mangelernährung, Vernachlässigung und Krankheit auf die kindliche Entwicklung auswirken.

Eltern erfreuen sich an der guten Gesundheit ihres Kindes. Krankheiten, und sei es auch nur eine harmlose Erkältung, können ihnen große Sorgen bereiten. Ein Säugling, der viel trinkt, oder ein Kleinkind, das kräftig ißt, erfreut die Eltern. Ein appetitloses Kind kann die ganze Verwandtschaft beängstigen. Eltern fragen sich daher: Wieviel Milch muß ein Säugling trinken? Wann soll mit den Breimahlzeiten begonnen werden? Für alle diese Fragen gibt es Richtlinien, zum Beispiel auf den Packungen der Säuglingsmilchnahrung. Richtlinien entsprechen den einzelnen Kindern aber zumeist nicht, weil deren Bedürfnisse sehr verschieden sind. So trinken manche Säuglinge nur halb soviel Milch wie andere gleichaltrige. Die Bereitschaft, Brei zu essen, setzt von Kind zu Kind in ganz unterschiedlichem Alter ein. Für die Ernährung gilt genauso wie für andere Entwicklungsbereiche: Ein Kind gedeiht dann am besten, wenn sich die Eltern an seinen Bedürfnissen orientieren. Mehr ist keineswegs immer besser, sondern häufig zuviel und daher nachteilig.

Von welchen Faktoren hängt das psychische Wohlbefinden eines Kindes ab? Diese Frage ist weit schwieriger zu beantworten als diejenige nach dem körperlichen Wohlbefinden. Das wichtigste Element ist das Gefühl von Geborgenheit. Säuglinge und Kleinkinder brauchen die körperliche Nähe vertrauter Personen. Wohlbefinden bedeutet Zuwendung und das Gefühl des Angenommenseins. Letzteres entsteht nur im Umgang mit vertrauten Menschen.

Davon abzuleiten, daß sich ein Kind um so besser entwikkelt, je mehr Zuwendung es erhält, wäre aber verfehlt. Auch das gefühlsmäßige Umsorgtwerden hat seine Grenzen und bei deren Überschreiten nachteilige Folgen. Jedermann begreift, daß ein Kind durch eine übermäßige Nahrungszufuhr keineswegs besser gedeiht, sondern nur fettleibig wird. Genauso wie mit der Überfütterung verhält es sich mit der Überbehütung: Sie vermehrt nicht das Wohlbefinden, sondern hält das Kind in einer gefühlsmäßigen Abhängigkeit und macht es unselbständig. Unselbständige Kinder sind verstimmt, je nach Temperament ängstlich oder aggressiv und zeigen wenig Neigung, neue Erfahrungen zu machen.

Für die elterliche Zuwendung gilt das gleiche wie für Ernährung und Pflege: Das Bedürfnis nach körperlicher Nähe und gefühlsmäßiger Zuwendung ist von Kind zu Kind unterschiedlich groß. Das richtige Maß an Nähe und Zuwendung vermag keine Theorie anzugeben. Das Kind teilt uns mit seinem Verhalten und Befinden mit, wieviel Nähe und Zuwendung es braucht.

Sehr vielfältig verläuft die Entwicklung von Kind zu Kind, wenn wir auf die Ausprägung bestimmter Verhaltensweisen und das zeitliche Auftreten von Entwicklungsstadien achten. Bereits Neugeborene sind unterschiedlich groß und schwer. Einige haben ein Geburtsgewicht von weniger als drei Kilogramm, andere wiegen mehr als vier Kilogramm. Sie unterscheiden sich voneinander auch in ihrem mimischen Ausdruck, Bewegungsverhalten und Schreien. In der Entwicklung nehmen die Unterschiede zwischen den Kindern immer mehr zu. Ende des ersten Lebensjahres sind gewisse Kinder acht, andere bis zu dreizehn Kilogramm schwer. Einige machen die ersten Schritte bereits mit zehn Monaten, die meisten mit zwölf bis sechzehn und vereinzelte erst mit achtzehn Monaten. Das eine Kind spricht die ersten Wörter gegen Ende des ersten Lebensjahres, die meisten Kinder mit fünfzehn bis vierundzwanzig Monaten, und bei einigen lassen die ersten Wörter bis in die Mitte des dritten Jahres auf sich warten. Es gibt kein Verhalten, das bei allen Kindern im selben Alter auftritt und gleich ausgeprägt ist.

Kinder sind nicht nur untereinander sehr verschieden, das einzelne Kind ist oftmals in sich unterschiedlich weit entwikkelt, das heißt, die einzelnen Entwicklungsbereiche wie Sprache oder Motorik sind ungleich fortgeschritten. So kann ein Kind bereits mit zwölf Monaten frei gehen, die ersten Wörter spricht es aber erst mit achtundzwanzig Monaten.

Alle Entwicklungsstadien und Verhaltensweisen treten von Kind zu Kind in unterschiedlichem Alter auf und sind verschieden ausgeprägt. Jedes ist auf seine Weise einmalig. Wie gelingt es den Eltern, sich auf die individuellen Eigenheiten und Bedürfnisse ihres Kindes einzustellen?

Vieles, was Eltern tun, geschieht, ohne daß sie ihr Handeln bewußt planen. Sie erfassen das Verhalten ihres Kindes intuitiv richtig. Wenn eine Mutter ihr Kind vom Bettchen aufnimmt, es in den Armen hält und durch Wiegen beruhigt, paßt sie sich ihm instinktiv an. Sie spürt, wie rasch sie es aufnehmen darf, in welcher Haltung es ihm am wohlsten ist und wie sie es am leichtesten beruhigen kann. Ohne diese angeborene Fähigkeit, das Verhalten eines Kindes zu deuten und sinnvoll darauf zu reagieren, könnten Eltern ihre Kinder gar nicht aufziehen.

Neben der Intuition spielen die eigenen Kindheitserfahrungen eine wesentliche Rolle. Wie sich die Eltern als Kinder gefühlt und wie sie ihre eigenen Eltern erlebt haben, beeinflußt sie in ihrem Erziehungsverhalten. Dieses wird schließlich, je älter das Kind wird, desto mehr von überlieferten Grundhaltungen und Normvorstellungen bestimmt. Letztere übernehmen die Eltern in Gesprächen mit Verwandten und Bekannten oder aus den Medien. Sie gehen beispielsweise davon aus, daß ein Kind im Alter von drei Monaten nachts durchschläft, daß es mit einem Jahr die ersten Schritte macht und mit zwei Jahren spricht. Solche Vorstellungen entsprechen den Kindern aber nur ausnahmsweise, weil sie sich sehr unterschiedlich entwickeln. Normvorstellungen sind Fehlerwartungen. Sie sind weniger eine Hilfe als vielmehr eine Verunsicherung für Eltern.

Wie können sich Eltern von Normvorstellungen, überlieferten Grundhaltungen und festgefügten Ratgeberkonzepten lösen? Wie gelingt es ihnen, sich am aktuellen Entwicklungsstand und den individuellen Bedürfnissen ihres Kindes zu orientieren? Dazu sind zwei Dinge hilfreich: Gewisse Kenntnisse über den Ablauf und die Vielfalt der kindlichen Entwicklung und die Bereitschaft, auf das kindliche Verhalten zu achten und sich darauf einzustellen. Wenn Eltern wissen, daß der Schlafbedarf unter Kindern unterschiedlich groß ist, werden sie sich nicht nach irgendwelchen Angaben richten. Sie werden vielmehr darauf achten, wieviel Schlaf ihr Kind braucht. Wenn sie feststellen, daß es lediglich zehn Stunden Schlaf pro Nacht benötigt, was nicht ungewöhnlich ist, können sie die Schlafenszeit den kindlichen und ihren eigenen Bedürfnissen entsprechend einrichten.

Die wohl wichtigste Form des Lernens in den ersten Lebensjahren beruht auf der Fähigkeit zur Nachahmung. Bereits der Säugling hat ein starkes Bedürfnis nachzuahmen. Er imitiert einfache mimische Ausdrucksweisen und Laute. Über die Nachahmung erschließen sich dem Kind während des ersten Lebensjahres die Ausdrucksformen der menschlichen Kommunikation wie Mimik und Gestik. Die phonologischen und kommunikativen Eigenheiten der Sprache eignet sich das Kind an, indem es zuhört, Laute und Worte wiederholt, Konversationsformen im Spiel nachahmt und verinnerlicht. Über die Nachahmung lernt es schließlich auch den funktionellen Gebrauch von Gegenständen. So sieht es am Familientisch, wie Eltern und Geschwister mit Löffel und Gabel essen. Am Anfang des zweiten Lebensjahres beginnt es, selber den Löffel zu benützen.

Damit das Kind nachahmen kann, muß es von den Eltern, Geschwistern und anderen Bezugspersonen in ihren Alltag mit einbezogen werden, an ihrem Tun und gegenseitigen Umgang teilhaben können. Die Eltern brauchen ihm nicht beizubringen, wie man miteinander umgeht, spricht oder einen Löffel benützt. Wenn sie das Kind an ihrem Leben teilhaben lassen, eignet es sich die Verhaltensweisen über die Nachahmung selber an.

»Alles, was wir einem Kind beibringen, kann das Kind nicht mehr lernen.« (Jean Piaget) Es ist nicht die Aufgabe der Eltern, dem Kind die dingliche Umwelt zu vermitteln. Sie müssen ihm weder erklären noch zeigen, was man alles mit einem Gegenstand machen kann. Das Kind will und kann es in seinem Spiel selbst herausfinden. Die Eltern können aber dennoch einen wesentlichen Beitrag zum kindlichen Lernprozeß leisten, wenn sie dem Kind Gegenstände zum Spielen geben, die zu seinem Entwicklungsstand passen. So ist der sechsmonatige Säugling an Dingen interessiert, die sich beim Erkunden mit dem Mund und der Zunge unterschiedlich anfühlen. Im Alter von zwölf Monaten möchte das Kind Behälter mit verschiedenen Inhalten ein- und ausräumen. Im Alter von achtzehn Monaten ist es vor allem an Gegenständen interessiert, die sich stapeln lassen. Jeder Gegenstand, der für das Kind interessant ist, ist ein Spielzeug. Ein Spielzeug ist aus seiner Sicht nicht ein Produkt, das im Spielwarengeschäft gekauft wird.

Kinder beschäftigen sich mit Gegenständen oft in einer Weise, die für Erwachsene unverständlich ist. So steckt der Säugling alle Dinge, derer er habhaft werden kann, in den Mund. Warum tut er das? Nimmt er an, es sei etwas Eßbares? Eltern wundern sich nicht nur über das kindliche Verhalten. Sie stellen sich auch erzieherische Fragen: Ist das nicht unhygienisch? Könnte ihr Kind nicht ersticken, wenn es ständig Dinge in den Mund nimmt? Müßten sie es nicht davon abhalten?

Der Säugling steckt Gegenstände in den Mund, weil er sie nicht über die Augen, sondern über den Mund kennenlernt, indem er sie mit den Lippen und der Zunge betastet, erspürt er deren Form, Größe, Konsistenz und Oberfläche. Der Mund, und nicht das Auge, ist das erste Sinnesorgan im Umgang mit der dinglichen Umwelt. Es ist also geradezu eine Notwendigkeit, daß der Säugling Gegenstände in den Mund nehmen kann.

Einsicht in sein Verhalten hilft uns, das Kind gewähren zu lassen. Wenn wir verstehen, warum der Säugling alles in den Mund nimmt, werden wir nicht mehr mit unguten Gefühlen seinem Treiben zuschauen oder gar versuchen, das Mundeln zu unterbinden. Wir werden uns vielmehr überlegen, welche Gegenstände für das Kind sinnvolle und ungefährliche Spielsachen sind.

Die Entwicklung in den ersten Lebensjahren zeigt viele Verhaltensweisen, die Eltern nicht ohne weiteres verstehen. Wenn ein Kind in einem bestimmten Alter genußvoll Gegenstände vom Kindersitzchen auf den Boden wirft und einige Monate später mit Eifer Schubladen ausräumt, so dient dies einem bestimmten Zweck, auch wenn er für Erwachsene nicht ohne weiteres verständlich ist. Auch wenn wir ein Verhalten nicht verstehen, dieses aber für das Kind ungefährlich ist, sollten wir es gewähren lassen.

Gleichaltrige Kinder sind in ihren Anlagen verschieden und unterschiedlich weit entwickelt. Es gibt daher keine erzieherische Haltung, die für alle Kinder richtig wäre. Während einige Säuglinge in ihrem Trinkverhalten so weit fortgeschritten sind, daß sie selber Menge und Zeitpunkt der Mahlzeiten bestimmen können, sind andere noch auf die Hilfestellung der Eltern angewiesen. Es ist wohl *die* erzieherische Herausforderung zu spüren, in welchen Situationen und bei welchen Aktivitäten das Kind kompetent ist und sein Handeln selbst bestimmen kann und in welchen es auf die elterliche Fürsorge angewiesen ist.

Idealerweise sollte das Kind in den Belangen bestimmend sein, in denen es auch kompetent ist. Verlangen die Eltern vom Kind eine Tätigkeit, die es noch nicht ausführen kann, überfordern sie es. Hindern sie es daran, eine Tätigkeit auszuführen, die es ausüben möchte, entmutigen sie es und machen es unselbständig. Unter- wie auch Überforderung wirken sich nachteilig auf sein Selbstwertgefühl aus.

Für jeden Entwicklungsschritt gibt es einen bestimmten Zeitpunkt, an dem das Kind innerlich bereit ist, diesen Schritt zu machen, und dies mit seinem Verhalten auch anzeigt. Diesen Zeitpunkt gilt es zu erfassen. Im zweiten Lebensjahr will das Kind selbständig essen. Das Alter, in dem es geistig und motorisch so weit entwickelt ist, daß es mit dem Löffel umgehen kann, ist von Kind zu Kind verschieden. Einige sind bereits mit zehn bis zwölf Monaten am Hantieren mit dem Löffel interessiert, andere erst mit achtzehn bis vierundzwanzig Monaten. Versuchen die Eltern, dem Kind den Umgang mit dem Löffel beizubringen, bevor es dazu bereit ist, überfordern sie es. Verweigern sie dem interessierten Kind das Hantieren mit dem Löffel, resigniert es. Es stellt sich darauf ein, daß es für alle Zeiten gefüttert werden wird – was die Eltern sicherlich nicht beabsichtigen. Lassen sie es gewähren und die entsprechenden Erfahrungen mit dem Löffel machen, wenn sie spüren, daß sein Interesse am Löffel erwacht ist, wird es zwei wesentliche Erfahrungen machen: Es wird in einem weiteren Lebensbereich selbständig und festigt damit sein Selbstwertgefühl.

Der Umgang mit dem Kind besteht für die Eltern in einem ständigen Abwägen zwischen Fürsorge, Grenzensetzen und Loslassen. Dabei das richtige Maß zu finden ist die hohe Kunst des Erziehens. Das richtige Maß kann nicht allgemeingültig sein. Es orientiert sich am einzelnen Kind und an seinem momentanen Entwicklungsstand.

Das richtige Maß zu finden ist eine Aufgabe, die sich den Eltern immer wieder aufs neue stellt und die sich oft nicht ideal lösen läßt. So gibt es Abende, wo sie zu müde sind, um auf ihr Kind einzugehen. Sie können und wollen sich auch nicht nur um das Kind kümmern. Sie brauchen Zeit und Muße für ihre eigenen Interessen und ihre Partnerschaft. Haben sie die Zeit und die Kraft dafür nicht, fühlen sie sich zunehmend unzufrieden, was sich wiederum nachteilig auf das Kind auswirken kann.

Manche Eltern haben berufliche und familiäre Verpflichtungen, die sie daran hindern, sich in dem Ausmaß um ihre Kinder zu kümmern, wie sie es sich vorgenommen haben. Zu ihrem und unserem Trost: Die Natur rechnet nicht mit perfekten Eltern. Sie hat die Kinder mit einer gewissen Anpassungsfähigkeit und Krisenfestigkeit ausgestattet.

Das Bedürfnis nach Geborgenheit ist bei Kindern und Erwachsenen gleichermaßen vorhanden, es verändert sich aber ständig im Laufe des Lebens. Der Säugling hat nicht die gleichen Bedürfnisse wie das Neugeborene, das Kleinkind hat wiederum andere als der Säugling. So hat jeder Altersabschnitt seine eigene Bedeutung für die sozioemotionale Entwicklung des Kindes und geht auch mit bestimmten Verhaltenseigenheiten einher, wie beispielsweise dem Fremdeln gegen Ende des ersten Lebensjahres. Als Eltern neigen wir dazu, einmal erreichte Beziehungsformen erhalten zu wollen, die Kind-Eltern-Beziehung aber wandelt sich ständig. Das Kind hat die etwas mühselige Aufgabe, uns immer wieder vor Augen zu führen, daß es sich weiterentwickelt hat und wir – bitte – mit ihm anders umgehen möchten.

Warum haben wir Menschen ein solch starkes Bindungsverhalten? Kinder sind in allen Kulturkreisen während zwölf und mehr Jahren auf die Eltern und andere Bezugspersonen angewiesen. Sie würden ohne ihre Fürsorge nicht überleben. Sie wollen ernährt, umsorgt und beschützt sein. Damit die Kinder sich das komplexe Sozialverhalten in unserer Gesellschaft aneignen können, brauchen sie viele Jahre lang Eltern und Geschwister sowie im Schulalter und in der Adoleszenz Gleichaltrige als Vorbilder.

Um sich Kulturtechniken wie Schreiben und Lesen sowie Teile des Wissens, das unsere Zivilisation hervorgebracht hat, anzueignen, dienen dem Kind zehn und mehr Jahre lang fremde Erwachsene als Lehrmeister. Eine starke gegenseitige Bindung zwischen dem Kind und seinen Eltern, aber auch zu anderen Kindern und Erwachsenen ist notwendig, damit dieser jahrelange Sozialisierungs- und Bildungsprozeß gelingen kann.

Die Bindung zu den Eltern geht das Kind bedingungslos ein. Es bindet sich – unbesehen, ob es sich um liebevolle und verständige Eltern oder aber um Rabeneltern handelt. Ein Kind kann von seinen Eltern noch so sehr vernachlässigt werden, es wird die Beziehung zu ihnen nie grundsätzlich in Frage stellen. Kein Kind im Vorschulalter kündigt je die Beziehung auf und sucht sich andere Eltern. Kinder sind den Eltern vorbehaltlos zugetan und ihnen damit auch auf Gedeih und Verderb ausgeliefert! Dies sollten wir als Eltern immer bedenken. Sie lieben uns nicht nur, weil wir so großartige Eltern sind. Bei seiner Geburt schenkt uns jedes Kind einen sehr großen Bonus auf beständige und langjährige Zuwendung.

Die Bindung der Eltern an ihr Kind ist nicht so bedingungslos wie diejenige des Kindes an die Eltern. Sie ist aber immer noch sehr mächtig. Eltern sind bei der Geburt zutiefst bereit, das Kind anzunehmen und zu umsorgen. Falls nötig, nehmen sie für sein Wohl während Jahren größte Mühsal auf sich.

In der Vergangenheit wurde der Mutter-Kind-Beziehung eine einzigartige Bedeutung für das psychische Wohlbefinden des Säuglings und Kleinkindes zugeschrieben. Diese Vorstellung hat die Rolle der Frau in der Familie und im Berufsleben sowie den gesellschaftlichen Stellenwert von

Krippen und Horten in einem hohen Maße bestimmt. Die Ausschließlichkeit der Mutter-Kind-Beziehung ist in den letzten Jahren ernsthaft in Frage gestellt worden. Neuere Studien zeigen, daß ein Säugling gleichzeitig Beziehungen zum Vater und anderen Bezugspersonen aufbauen kann, die in ihrer Stärke durchaus mit derjenigen zur Mutter vergleichbar sind. Voraussetzung ist, daß das Kind regelmäßige, zeitlich ausreichende und beständige Erfahrungen mit dem Vater und anderen Bezugspersonen machen kann.

Dem frühkindlichen Bindungsverhalten wurde von namhaften Autoren ebenfalls eine Schlüsselrolle für die spätere Beziehungsfähigkeit zugeschrieben. Auch diese Vorstellung wurde durch neuere Studien in ihrer Bedeutung erheblich abgeschwächt. Ohne Zweifel sind die ersten Lebensjahre für die sozioemotionale Entwicklung von Wichtigkeit. Eine solch ausschließliche Bedeutung, wie ihnen in der Vergangenheit zugedacht wurde, haben sie aber nicht. Die Beziehungsfähigkeit eines Menschen wird nicht unabänderlich in der frühen Kindheit festgelegt. Die sozialen Erfahrungen im Schulalter und in der Adoleszenz sind für die soziale Kompetenz und das psychische Wohlbefinden des erwachsenen Menschen genauso wichtig wie die frühkindlichen Erfahrungen.

Alison Gopnik / Patricia Kuhl / Andrew Meltzoff

Forschergeist in Windeln – die kognitiven Fähigkeiten kleiner Kinder

Das aufsehenerregendste neue Resultat, das dreißig Jahre Entwicklungsforschung erbracht haben, ist die Erkenntnis, wie ungemein viel schon ganz kleine Babys wissen. Als wir vor fünfundzwanzig Jahren auf dem College waren, hörten wir noch anerkannte Psychologen verkünden, Neugeborene hätten keine Großhirnrinde, verfügten nur über die simpelsten automatischen Reaktionen und seien praktisch nicht mehr als ansatzweise lebendiges Gemüse – Karotten, die schreien können. Sogar Piaget glaubte, daß Neugeborene nur Reflexe besäßen.

Da überrascht es nicht, daß man es im allgemeinen kaum für lohnenswert hielt, solch simple Kreaturen wissenschaftlich zu untersuchen: Erst in den siebziger Jahren wurde die Kleinkinder-Forschung überhaupt so etwas wie eine richtige akademische Disziplin. Bei der ersten Tagung der »International Conference on Infant Studies« im Jahr 1978 paßten die Wissenschaftler in den kleinen Konferenzraum eines Hotels. Anfangs wurde jede neue Entdeckung, ganz gleich, auf welch streng methodischen Verfahren sie beruhte, mit einer Art tiefem Unglauben aufgenommen, hinter dem offensichtlich mehr steckte als das übliche Zögern der Wissenschaft, neue Erkenntnisse zu akzeptieren. Die Vorstellung an sich, Säuglinge könnten denken und glauben, lernen und wissen, schien absolut inakzeptabel zu sein.

Natürlich treffen sämtliche Faktoren, die die Philosophen im Lauf der Geschichte am kindlichen Geist zweifeln ließen, auf kleine Babys gehäuft zu. Sehr kleine Babys scheinen nicht eben viel zu tun, und um ihr Bewußtsein erforschen zu können bedurfte es ausgeklügelter neuer Methoden und der Videotechnik. Hinzu kam, daß ganz kleine Babys zwar ein vertrauter, sogar allgegenwärtiger Anblick, gleichzeitig aber seltsam unsichtbar waren. Sie gehörten zum häuslichen Alltagsleben, das Akademiker aller Couleur, von Naturwissenschaftlern bis hin zu Soziologen und Historikern, für nicht beachtenswert hielten.

Als immer mehr Frauen in die Wissenschaft gingen, mehr männliche Wissenschaftler sich um kleine Babys kümmerten und die Videotechnik aufkam, begannen wir, Babys mehr echte Aufmerksamkeit zu widmen. Schon dadurch verlor die Vorstellung von der schreienden Karotte einiges an Wahrscheinlichkeit. Menschen, die sich um kleine Babys kümmern, glauben für gewöhnlich, daß Babys denken können, doch den Wissenschaftlern war es früher leichtgefallen, diese intuitiven Überzeugungen von der Hand zu weisen (schließlich waren es im wahrsten Sinne des Wortes »Ammenmärchen«). Wesentlich schwieriger wird dies jedoch, wenn der Wissenschaftler gleichzeitig die Bezugsperson des Babys ist und wenn man seine Intuitionen mit Videoaufzeichnungen beweisen kann. Immerhin haben ja auch Ammen (darunter eine männliche) dieses Buch verfaßt.

Welche Wirkung die globaleren historischen Einflüsse auch immer gehabt haben mögen – die wissenschaftliche Schlacht wurde mit aller Heftigkeit ausgetragen. Aber mittlerweile ist sie im wesentlichen gewonnen. Der soziologische Zeitgeist mag zu diesem Sieg beigetragen haben, aber die eigentlichen Waffen waren diejenigen, derer sich die Wissenschaft seit jeher bedient: sorgfältig ausgeklügelte, gewissenhaft durchgeführte Experimente, Reproduktionen der Versuche in verschiedenen Forschungsinstituten, gute Argumente und durch all dies schließlich die Bekehrung der nächsten Generation. Heute bucht die »International Conference on Infant Studies« für ihre Tagungen große Kongreßzentren, und zahlreiche wissenschaftliche Zeitschriften und Vereinigungen widmen sich dem Kleinkindalter (auch wenn das vielleicht nicht nur Vorteile hat). Gedankenvoll dreinblickende Babys haben es sogar auf die

Titelblätter von »Time« und »Newsweek« und in den Wissenschaftsteil der »New York Times« geschafft. Heute würde kaum noch ein Wissenschaftler behaupten, daß Babys bei der Geburt nur über ein paar Reflexe und automatische Reaktionen auf bestimmte Stimuli verfügen.

Schon die allerkleinsten Babys haben offenbar Repräsentationen von der Welt. Ihr Bewußtsein verfügt über Symbole, die, ganz ähnlich wie die Symbole von Computerprogrammen, die Außenwelt repräsentieren. Babys nehmen Input aus der Welt auf – die Licht- und Schallwellen – und verwandeln diesen Input nach bestimmten Regeln in ganz unterschiedliche Arten von Repräsentationen. Diese Repräsentationen sind dann für den Output verantwortlich: die Mimik, Gesten und Handlungen der Babys.

Sogar Computerprogramme verfügen jedoch über viele verschiedene Arten von Repräsentationen und Regeln. Die Palette reicht von den ganz simplen Repräsentationen und Regeln in einem Taschenrechner bis hin zu den äußerst komplexen und abstrakten in den Programmen, die Krankheiten diagnostizieren oder Marsgestein analysieren. Wie sind die Repräsentationen und Regeln der Babys beschaffen?

Erstens sind die Repräsentationen der Babys reichhaltig und komplex. Dazu gehören zum Beispiel Vorstellungen davon, wie das eigene Gesicht anderen Gesichtern ähnelt, wie sich Objekte bewegen und wie die Laute einer Sprache unterteilt sind. Die Welt der kleinen Babys ist nicht simpel. Babys übersetzen den Input, den ihre Augen und Ohren empfangen, in eine Welt voller Menschen mit angeregten, ausdrucksvollen Gesichtern und fesselnden, vielseitigen, rhythmischen Stimmen. Außerdem ist ihre Welt voll von Dingen mit komplexen, mehrdimensionalen Strukturen, die sich auf schwindelerregend mannigfaltige Weise bewegen.

Zweitens sind die Repräsentationen der Babys auch abstrakt. Sie gehen über das hinaus, was die Sinneswahrnehmungen unmittelbar an Daten liefern. Ganz offensichtlich ist, daß diese Repräsentationen der frühen Kinderzeit Informationen miteinander verbinden, die von verschiedenen Sinnen herrühren: die Art, wie sich die Zunge anfühlt, und die Art, wie sie aussieht, das Hüpfen eines Balls und das Geräusch, das er verursacht, den Anblick eines offenen Mundes und den Klang eines *aah.*

Doch noch auf andere, profundere Weise reichen die Repräsentationen über die Sinneswahrnehmungen hinaus. Sie verwandeln einen Gesichtsausdruck in Emotionen. Sie machen aus zweidimensionalen Bildern dreidimensionale Objekte. Sie nehmen einen fortlaufenden Strom von Geräuschen auf und unterteilen ihn in einzelne sprachliche Laute. Schon Neugeborene entwickeln Repräsentationen, die sich vom Input, den ihre Augen und Ohren empfangen, enorm unterscheiden. Die Welt der Babys ist ebensowenig konkret, wie sie simpel ist. Babys »sehen« bereits die Seele unter der Haut und »hören« die Gefühle, die sich hinter den Worten verbergen.

Mit Hilfe dieser Repräsentationen und Regeln interpretieren Babys das, was mit ihnen geschieht, auf ganz bestimmte Weise – manchen Dingen schenken sie Aufmerksamkeit, andere ignorieren sie. Zunächst sind sie vor allem von Gesichtern und Stimmen gefesselt: Schon wenige Tage nach der Geburt geben sie besonders auf Gesichter und Stimmen acht, die sie kennen. Anfangs konzentrieren sie sich vor allem darauf, wie sich Dinge bewegen und weniger auf ihre Form, Farbe oder Beschaffenheit. Später schenken sie dann diesen Eigenschaften mehr Aufmerksamkeit. Anfangs achten Babys nur auf bestimmte Lautveränderungen, auf andere dagegen nicht. Später kümmern sie sich nicht mehr um die Lautveränderungen, von denen sie früher gefesselt waren.

Und schließlich können Babys mit Hilfe ihrer Repräsentationen und Regeln Erwartungen entwickeln und sogar Voraussagen über Dinge treffen, die sich künftig ereignen werden. Wenn das Programm des Babys Informationen über ein Ereignis erhält, das gerade stattfindet, kann es eine Repräsentation eines künftigen Ereignisses entwickeln. Sehen kleine Babys ein Spielzeugauto, das hinter eine Trennwand fährt, dann schauen sie zum anderen Ende der Trennwand, in der Erwartung, daß das Auto dort wieder auftaucht. Wenn kleine Babys flirten, erwarten sie, daß die Erwachsenen ihr Geglückse mit sentimentalem Geflüster beantworten. Wenn sie einen geöffneten Mund sehen, erwarten sie, ein *aah* zu hören. Falls ihre Vorhersagen sich als falsch herausstellen und ihre Erwartungen zunichte gemacht werden, reagieren sie auf charakteristische Weise. Sie zeigen, daß sich ein innerer Konflikt in ihnen abspielt, wenn das Spielzeugauto sich anders verhält, als es eigentlich sollte, und sie sind unglücklich, wenn ihre Flirtversuche mit gleichgültiger, steinerner Miene beantwortet werden. So wenig, wie die Babywelt simpel oder konkret ist, so wenig ist sie auf das Hier und Jetzt beschränkt. Schon ganz kleine Babys können sich an Vergangenes erinnern und vorhersagen, was sich künftig ereignen wird.

Die Bedeutung dieses angeborenen Programms geht über die simple Tatsache hinaus, daß Babys von Beginn an eine Menge haben, auf dem sie aufbauen können. Immer hatten sich Philosophen und Psychologen mit der Frage herumgeschlagen, wie wir von den unverarbeiteten, unverdauten Sinneseindrücken – der »blühenden, summenden Verwirrung« – zu einem Verständnis von der Welt gelangen. Woher wissen wir auch nur, auf welche Sinneseindrücke wir achten sollen? Die Antwort der Babys lautet, daß wir es von vornherein nie mit Rohmaterial zu tun haben. Es herrscht nie eine blühende, summende Verwirrung. Wir können die Welt von Anfang an verstehen, das Wichtige auswählen und wissen, was wir zu erwarten haben. Von Geburt an läuft ein Programm in uns, das die Licht- und Schallwellen in Menschen, Dinge und Sprache übersetzt.

Auf die Wissenschaft trifft dieselbe traurige Wahrheit zu wie auf die Politik: Was für die eine Generation eine Revolution bedeutete, wird von der nächsten zum Dogma erhoben. Jetzt, da die Vorstellung, daß Babys von Geburt an viel wissen, fast uneingeschränkt akzeptiert wird, erscheint plötzlich die Vorstellung radikal, daß sie vieles auch noch nicht wissen und erst lernen müssen. Wie und wieviel Babys lernen, ist stark umstritten.

Wenn es ums Lernen geht, haben die Biocomputer ganz andere Voraussetzungen als die von Menschen hergestellten Computer. Das Startprogramm der ganz kleinen Babys ist erstaunlich hoch entwickelt, besonders, wenn man bedenkt, daß die ganze Software-Power in einer so schwächlichen Hardware steckt. Wir haben gesehen, daß viele der Dinge, die Neugeborene schon können, weit über die Fähigkeiten moderner Computer hinausgehen, sogar über die der fortschrittlichsten epistemologischen Androiden. Aber noch erstaunlicher ist, daß das Startprogramm sich anscheinend spontan in ein noch leistungsfähigeres und exakteres Programm verwandelt.

Das Programm eines drei Monate alten Babys unterscheidet sich offensichtlich deutlich von dem eines Einjährigen oder Vierjährigen. Wenn wir einem dreimonatigen Baby und einem vierjährigen Kind denselben Input geben, erhalten wir einen völlig anderen Output. Sie können auf der Tastatur dasselbe eintippen, aber auf dem Bildschirm werden ganz andere Botschaften erscheinen. Wenn einem dreimonatigen japanischen Baby ein *r*-Laut vorgespielt wird, der sich langsam in ein *l* verwandelt, hört es zwei unterschiedliche Laute. Ein einjähriges japanisches Kind dagegen hört ein und denselben Laut. Ein vierzehn Monate altes Kind sieht, daß Sie Goldfisch-Cracker verabscheuen und Brokkoli mögen, gibt Ihnen aber trotzdem die Cracker. Ein Kind von achtzehn Monaten dagegen reicht Ihnen den Brokkoli. Ein dreijähriges Kind sieht die trügerische Bonbondose voller Bleistifte und sagt, Nicky werde glauben, daß Stifte in der Dose seien. Ein vierjähriges Kind sagt, daß Nicky denken werde, es seien Bonbons darin.

Wenn ein dreimonatiges, ein einjähriges und ein vierjähriges Kind dasselbe Ereignis beobachten, denken sie offenbar ganz unterschiedlich darüber. Wie es scheint, wandeln sie die Licht- und Schallwellen in unterschiedliche Repräsentationen um und wenden unterschiedliche Regeln an, um diese Repräsentationen zu verarbeiten. Kinder haben nicht einfach ein einziges, unveränderliches Programm, um vom Input zum Output zu gelangen. Statt dessen wechseln sie offenbar spontan von einem Programm zu einem anderen, leistungsfähigeren. Darin unterscheiden sich Babys und Kinder sehr stark von unseren heutigen Computern. Und unsere Aufgabe wird dadurch weit schwieriger.

Wie können wir diese Veränderungen erklären?

Wir selbst vertreten die Ansicht, daß sich das gesamte Konzept, das Kinder von Menschen, Dingen und Wörtern haben, in den ersten drei Lebensjahren radikal ändert. Und zwar ändert es sich deswegen, weil die Kinder etwas über die Welt herausfinden. Babys verfügen von Geburt an über komplexe, abstrakte, zusammenhängende Repräsentationen von der Welt und über Regeln, um sie zu verarbeiten. Diese Repräsentationen und Regeln nutzen sie, um ihre Erfahrungen zu verstehen. Und sie nutzen sie auch, um Voraussagen darüber zu treffen, wie die Welt sein wird. Aber sobald Babys das getan haben, können sie ihre Erfahrungen mit dem vergleichen, was sie vorhergesagt haben. Tauchen Diskrepanzen auf, können sie ihre Repräsentationen und Regeln entsprechend ändern. Wenn sie in ihren Erfahrungen ein neues Muster erkennen, können sie neue Repräsentationen und Regeln entwickeln, die sich auch auf dieses Muster anwenden lassen. Oft scheinen Babys eine ganze Reihe von Repräsentationen und Regeln ziemlich unvermittelt und auf einen Schlag über den Haufen zu werfen. Die neuen Repräsentationen und Regeln ziehen dann neue Erfahrungen und Voraussagen nach sich und damit beginnt der Prozeß der Entwicklung und Überprüfung von Ideen erneut. Was wir erfahren, wirkt mit dem zusammen, was wir schon über die Welt wissen. Dadurch entsteht neues Wissen, das uns in die Lage versetzt, neue Erfahrungen zu machen, neue Voraussagen zu treffen und diese zu überprüfen. Dadurch wiederum können wir zu weiteren Erkenntnissen gelangen und so weiter.

Der Philosoph Otto Neurath hat das Wissen mit einem

Boot verglichen, das wir umbauen, während wir darin segeln. Um das Boot, in dem Odysseus während seiner dreißigjährigen Irrfahrt lebte, flottzuhalten, mußte er es ständig reparieren und umbauen. Jeder Sturm und jede Windstille hatten zur Folge, daß an dem Boot etwas verändert werden mußte. Am Ende der Reise war von dem ursprünglichen Gefährt kaum noch etwas übrig. Diese Metapher paßt gut auf unsere Ansichten über die kognitive Entwicklung. Wir haben von Anfang an viele Meinungen über die Welt und mit Hilfe dieser Meinungen können wir verstehen, was um uns herum vorgeht, und entsprechend handeln – sie helfen uns, die Gewässer zu durchsteuern. Aber während wir das tun, erhalten wir weitere Informationen, die dazu führen, daß wir unsere Überzeugungen ändern und deshalb die Dinge neu verstehen und anders handeln.

Diese Veränderungen lassen sich in vielen Bereichen der kindlichen Entwicklung beobachten. Von Geburt an verbinden Babys ihre eigenen inneren Gefühle mit dem, was andere Menschen zum Ausdruck bringen. Diese Verbindung veranlaßt sie, Menschen nachzuahmen und mit ihnen zu flirten, und sie spinnt Babys und Eltern in jenen wunderbaren, intimen, romantischen Kokon ein. Diese ursprüngliche Repräsentation ändert sich jedoch, sobald Kinder die Welt besser verstehen. Mit achtzehn Monaten haben sie sich bereits ein komplizierteres Bild zurechtgezimmert, das ziemlich anders aussieht und Menschen und Dinge integriert. Sie wissen nun einiges darüber, in welcher Hinsicht sich die Menschen voneinander unterscheiden und in welcher Hinsicht sie einander ähneln. Damit verwandeln sie sich von Meistern der Intimität in kompliziertere Wesen, die sowohl bösartige Ungeheuer als auch einfühlsame Engel sein können. Mit drei oder vier Jahren revidieren sie diese Vorstellungen aufs Neue. Jetzt fangen sie an, das Verhalten der Menschen aus den Ansichten heraus zu erklären, die diese über die Welt haben. Und sie entdecken, daß verschiedene Menschen möglicherweise auch ganz verschieden über die Welt denken. Diese Entdeckung wiederum verleiht Kindern neue Fähigkeiten: Einerseits können sie nun Menschen täuschen und skeptisch sein, andererseits sind sie nun aber auch in der Lage, die Sichtweise eines anderen Menschen wirklich zu verstehen.

Babys glauben zunächst, daß zwischen ihrem eigenen Geist und dem anderer Menschen tiefgreifende Ähnlichkeiten bestehen. Das gibt ihnen Starthilfe bei der Lösung des Problems vom fremden Ich. Aber während der ersten drei Lebensjahre bemerken sie auch die Unterschiede im Verhalten und in den Äußerungen der Menschen. Diese Unterschiede rühren daher, daß das Bewußtsein der einzelnen Menschen in Wirklichkeit nicht völlig identisch ist. Babys und kleine Kinder beobachten und lauschen ganz konzentriert, wenn die Mutter ihnen verbietet, das Lampenkabel zu berühren, oder der ältere Bruder ihnen sagt, daß sie völlig falsch liegen. Diese neuen Beweise veranlassen die Babys, ihre anfänglichen Überzeugungen zu revidieren.

Babys wissen auch von Anfang an, daß der Raum dreidimensional ist, und daß sich Dinge in vorhersehbarer Weise bewegen. Sie langen sogar nach Gegenständen und schrekken vor ihnen zurück. In der Folge beobachten sie die Dinge in ihrer Umgebung und stellen allerhand damit an, spielen Versteck und sortieren Gegenstände zu Häufchen, und so sehen sie diese Dinge, wenn sie ungefähr 18 Monate alt sind, auf neue Weise und suchen nach Erklärungen dafür. Sie lernen, daß dreidimensionale, bewegliche Objekte weiter existieren, egal, ob sie auftauchen oder verschwinden. Ebenso lernen sie, daß all diese Objekte in bestimmte Kategorien gehören. Wenn sie erst drei oder vier Jahre alt sind, haben sie ihre anfänglichen Kategorien in biologische Spezies und »natürliche Arten« umgewandelt und verstehen allmählich, daß aus Kätzchen Katzen werden und daß Tiger innere Organe haben, Steine dagegen nicht.

Und schließlich können Babys zunächst sämtliche möglichen Unterscheidungen zwischen sprachlichen Lauten treffen. Wie ein wahrer Weltbürger kann ein amerikanisches Neugeborenes afrikanische Kikuyu-Laute genausogut unterscheiden wie englische Laute. Wenn die Babys zwölf Monate alt sind und die Laute ihrer eigenen Sprache wieder und wieder gehört haben, entwickeln sie neue Repräsentationen, in denen sich die Lautkategorien ihrer jeweiligen eigenen Sprache spiegeln. Einjährige amerikanische Babys können zwar die Kikuyu-Kategorien nicht mehr unterscheiden, die englischen aber besser als zuvor. Und sie sind sogar »englischklingende« Babbler geworden.

Bei jedem dieser Prozesse beeinflußt das, was ein Baby bereits denkt, seine nächsten Schritte. Babys bestimmen, welchen Ereignissen sie Aufmerksamkeit widmen, welche Probleme sie in Angriff nehmen, welche Experimente sie durchführen und sogar, welchen Worten sie lauschen. Dann verändern Babys ihr Denken im Lichte dessen, was sie lernen.

Daneben verfügen Babys noch über eine weitere Fähigkeit, die die von Menschenhand gemachten Computer nicht besitzen. Sie können Dinge tun. Sie können sowohl aktiv in die Welt eingreifen als auch passiv etwas über sie lernen. Ein Einjähriges kann nach einer Gummiente greifen, sie in den Mund stecken, mit ihr auf den Rand der Badewanne hämmern, sie ins Wasser plumpsen lassen und beobachten, wie sein Vater auf all das reagiert. Ein zentraler Aspekt unseres Bilds von der menschlichen Entwicklung ist, daß Babys aktiv herauszufinden versuchen, nach welchen Mustern die Dinge um sie herum ablaufen, aktiv Hypothesen überprüfen und nach Erklärungen suchen. Sie sind nicht einfach ungestalte Fleischklumpen, die durch die Evolution, ihre Umwelt oder die Erwachsenen geformt werden.

Kinder müssen herausfinden, was um sie herum vorgeht – sie haben eine Art Erklärungstrieb. Er drängt sie, sich so zu verhalten, daß sie die benötigten Informationen bekommen und bringt sie dazu, zu forschen und zu experimentieren. Die scheinbar sinnlosen Aktivitäten, die wir als Spiel bezeichnen, gehen offenbar häufig auf diesen Trieb zurück. Babys, die dabei sind herauszufinden, was die Menschen denken, spielen Imitationsspiele. Babys, die erforschen, wie wir die Dinge sehen, spielen Versteck. Babys, die die Laute unserer Sprache erforschen, babbeln. Es ist ihnen mit dem Spaß sehr ernst.

Anna Wahlgren

Unausstehlich trotzig – die erste Herausforderung der Eltern

Die quälende Phase der Veränderung, die man das Trotzalter nennt, nimmt ihren Anfang, wenn das Kind etwa zweieinhalb Jahre alt geworden ist. Dies ist jedenfalls bei kleinen Mädchen so. Bei kleinen Jungen kommt das Trotzalter etwas später – der sogenannte »Herr der Schöpfung« ist in seiner Entwicklung in fast jeder Hinsicht etwas hinterher.

Das Trotzalter dauert ungefähr ein Jahr. Mitten in dieser Phase gönnt sich das Kind eine Pause von zwei bis drei Monaten, in denen Ausgeglichenheit und Beherrschung überwiegen. Dann folgt die zweite Halbzeit. Wie diese sich gestaltet, hängt sehr davon ab, wie man die erste Halbzeit überstanden hat. Kinder sind unterschiedlich in ihrem Trotz. Generell kann man sagen, daß auf ein oder zwei schwierige Tage meistens einige oder mehrere ruhige Tage folgen werden.

Ist das Trotzalter erst einmal überstanden, folgen eine Reife und eine Einsicht, die das kleine Zweijährige – der König oder die Königin in seinem oder ihrem eigenen kleinen Reich – noch nicht besitzt.

Es folgt die Fähigkeit zum Zusammenspielen mit anderen Menschen, es folgen Rücksicht, Verständnis, echte Großzügigkeit – nicht nur leicht erkaufte und lustbetonte.

Es folgen die kindliche Bereitschaft und die Fähigkeit, Zugeständnisse zu machen, um nicht von der Gemeinschaft verbannt zu werden.

Es folgt eine neue Dimension des Lebens, die einem bekannt vorkommt, bis dahin aber noch nicht existierte.

Es folgt eine neue, größere Selbsterkenntnis.

Vieles von dem unausgeglichenen Verhalten des Trotzkindes ist ein Protest gegen den aktuellen Stand der Dinge, gegen die Unzufriedenheit, von der es durch die innere Forderung nach Weiterentwicklung gebeutelt wird. Als Einjähriger hat der Kleine sich selbst und seine eigene Gesellschaft genossen – ja, er hat sich selbst geliebt, vorbehaltlos. Als Zweijähriger war er auf dem Gipfel des Glaubens an sich selbst und des Selbstvertrauens angelangt und seine Beherrschung war total.

Nun bricht die Welt unter seinen Füßen zusammen.

Was ist er, was weiß er? Auf einmal gar nichts!

Er schwankt zwischen Zweifel, Mißtrauen, Weigerung und Verzweiflung.

Während ihrer Trotzanfälle werden die kleinen Kinder sich nicht immer besonders ansprechend verhalten. Oft wird den Eltern empfohlen, dem Kind in einer solchen Situation zu zeigen, daß man es liebt, indem man es tröstet. Trotzkinder, die fast außer sich vor ohnmächtiger Wut sind, sollten dementsprechend getröstet, mit Zärtlichkeit beruhigt, auf den Schoß genommen werden. Die Wirkung ist aber manchmal eine noch größere Wut, die das Kind mitunter an den Rand der Bewußtlosigkeit bringen kann.

Ich meine, daß das Trösten bei einem Wutausbruch keine angebrachte Methode ist, und ich bin der Meinung, daß der Verlust des Bewußtseins auf keinen Fall als mehr oder weniger normal betrachtet werden kann, auch nicht als Teil eines schlimmen Wutausbruchs. Bei einem solchen Ausbruch ist das Innere des Trotzkindes ein reines Chaos, und es ist die Aufgabe des Erwachsenen, dieses Chaos in Ordnung zu bringen. Erwachsene, die hysterisch oder ohnmächtig wütend sind, werden sich nicht in aller Ruhe hinsetzen und lächeln, nur weil jemand voller Mitleid zu ihnen sagt: »Aber mein Lieber, du mußt ja wirklich sehr unglücklich sein! Komm her, laß dich mal knuddeln.« Was sie brauchen, ist Widerstand, Anleitung und ein Ende des Unerträglichen. *»Ruhe jetzt! Es reicht. Du hörst jetzt auf. Alles wird wieder gut.«*

Es gibt Trotzkinder, die mitten in ihrem Wutausbruch zwischen den Schreien jammern: *»Hilf mir!«* Man kann einem Menschen keine Liebe geben, wenn er nicht dazu imstande ist, diese Liebe anzunehmen. Ob die Ausbrüche stark aggressiv, verzweifelt oder hysterisch sind, ihnen muß immer mit Bestimmtheit, Widerstand und einem möglichen Ausweg begegnet werden, man muß dem Kind eine Alternative bieten, eine Richtung, eine Entscheidung; etwas, das der Ohnmacht ein Ende setzen kann.

Das Trotzkind, das ein angeborenes Vertrauen in das Wohlwollen seiner Eltern empfindet, bittet quer durch die Provokationen und Streitereien um Unterstützung und Hilfe. Eltern, die es unterlassen, dem Kind während seiner Wutanfälle Widerstand zu leisten, und die es versäumen, dem Kind einen Ausweg aus der Misere zu zeigen, tun dieses sicherlich vor allem, weil sie dem Kind nichts Unangenehmes zufügen möchten: Es ist ja ganz offensichtlich, daß das Kind leidet, und es ist nicht einfach, dann hart gegen hart zu setzen.

Aber die Feststellung des Kindes, daß es in kritischen Situationen keine Hilfe von den Eltern erwarten kann, zu denen es schließlich vorbehaltloses Vertrauen empfindet, wird zur Bürde werden – zusätzlich zu den Gefühlen, die das Kind schon ertragen muß: zur Bürde des inneren Reifungsprozesses, der sich durch Phasen größter Unruhe und Verängstigung einen Weg voranerzwingt.

Sie ist schwer, die Verantwortung, sowohl für die kleinen Menschen als auch für die großen: die Verantwortung für die eigene Erleichterung, die eigene Befreiung, die eigene Erlösung vom Chaos. Du kannst eine so große Verantwortung dein Kind nicht allein tragen lassen. Damit würdest du es im Stich lassen.

Es gibt Trotzkinder, die sich fast ständig auf die Hinterbeine stellen, und das mit Nachdruck, Geschrei und Gekreische; es gibt aber auch Kinder, die niemals auch nur andeutungsweise einem Ausbruch wie oben beschrieben nahekommen. Man könnte meinen, daß man sich als Eltern darüber freuen sollte, wenn das Trotzalter milde abläuft –

und bei vielen Kindern ist es tatsächlich mild. Aber hinter solcher Freude oder Erleichterung kann auch eine Gefahr lauern.

Ohne daß man darüber nachdenkt, kann es passieren, daß man das Trotzalter des Kindes einfach umgeht. Und das ist nicht gut. Das Trotzalter markiert einen Reifeprozeß, der durchlebt werden muß und ausgelebt werden soll. Ohne diese Lebensphase beziehungsweise wenn sie nicht ausgelebt werden kann, wird das Kind nicht sehr gut darauf vorbereitet sein, mit den ständig wachsenden Forderungen seiner Umwelt und auch mit sich selbst konfrontiert zu werden.

»Helen ist nie trotzig«, beteuert ihre Mutter. »Ich habe mit ihr überhaupt keine Schwierigkeiten.« Aber Helens Mutter radiert sich selbst auch ganz und gar aus – ohne daß sie es selbst wahrnimmt. Sie bietet Helen keinen Widerstand, und deshalb braucht Helen ihr gegenüber auch nicht trotzig zu sein.

»Geh weg«, sagt Helen. »*Ich* will da sitzen.«

»Ja, ja«, sagt Helens Mutter und geht sofort weg.

Es ist Essenszeit. Mama ruft Helen.

»Ich möchte nicht essen.«

»Okay, dann brauchst du auch nichts zu essen.«

»*Jetzt* will ich aber etwas essen«, erklärt Helen eine Stunde später. Und ihre Mutter geht in die Küche und macht das Essen wieder warm.

»Du sollst nicht reden«, sagt Helen.

Ihre Mama schweigt.

»Ich will in deinem Bett schlafen«, sagt Helen.

Und Mama erlaubt es.

Helen geht bei ihrer Mutter nicht weiter, als Zugeständnisse zu fordern, die tatsächlich machbar sind. Ihre diktatorischen Methoden sind nicht besonders streng, aber sie sind trotzdem diktatorisch. Was Helen in Wort und in Handlung aussagt, ist schließlich: »Mach gefälligst, was ich sage, denn sonst liebst du mich nicht.« Und eine solche Liebe ist nicht viel wert.

Was geschieht mit Helen? Sie wird ein verwöhntes, kleines Gör. Das heißt aber, daß ihre Umwelt ihr in Zukunft den Widerstand entgegensetzen wird, den sie im Moment nicht von ihrer Mutter bekommt. Es werden harte Lektionen werden, vor denen ihre Mutter sie hätte bewahren können, indem sie selbst – rechtzeitig und mit Liebe – die Umwelt repräsentiert und Helen in einem gewissen Umfang Widerstand geleistet hätte, vorbereitend und helfend.

Der kleine Robert treibt es mit seinem Vater noch ein Stückchen weiter als Helen mit ihrer Mutter.

»Geh weg«, sagt Robert. »*Ich* will da sitzen.«

»Ja, ja«, murmelt Papa, nimmt seine Zeitung und steht auf. Er sieht sich nach einem anderen Platz um.

Robert zeigt auf einen Stuhl. »Du sollst *DA* sitzen.«

Papa setzt sich dorthin.

»*Nein*«, schreit Robert. »Du darfst nicht da sitzen!«

Papa ist verwirrt. »Aber du hast doch gesagt ...«

»Geh weg! Geh weg!« schreit Robert.

Sein Vater versucht etwas einzuwenden. »Robert, beruhige dich. Irgendwo darf ich ja wohl sitzen. Nun setze ich mich hierhin.«

»Geh! Geh! Geh!« brüllt Robert, der sich nun der Hysterie nähert. »*GEEEEH*!«

Ratlos geht sein Vater zur Tür.

»Nein!« schreit Robert. Er brüllt und schnieft. »Du sollst *da* sitzen.«

Papa schüttelt den Kopf. Er versteht überhaupt nichts, aber er tut, was der Junge sagt. Er setzt sich auf den gezeigten Stuhl.

Nur um nochmals zu hören: »Nein, da darfst du nicht sitzen!«

Und bald ist der Junge außer sich und der Vater auch.

Papa geht zu dem Jungen und versucht, ihn zu trösten, aber Robert schreit wie ein Besessener: »*Geh! Geh! GEEEH!*«

Papa ist hilflos. Was er auch tut, ist falsch, und schließlich verliert er die Beherrschung. »Um Gottes willen, Junge!« ruft er. »Weißt du eigentlich, was du willst?«

Damit gibt er sein tröstendes Vorhaben auf, geht rasend in die Küche und knallt die Tür hinter sich zu. In der Küche steht der Vater nun als Opfer seines schlechten Gewissens, seiner haßerfüllten Gefühle Robert gegenüber, und fühlt sich verwirrt und ohnmächtig. Im Wohnzimmer sitzt Robert und feiert einen Triumph, der ihm gar keine Freude bereitet.

Er hat versucht, die Macht über seine eigene Hilflosigkeit zu gewinnen – die Hilflosigkeit, die eine Folge der lähmenden Erkenntnis seiner eigenen, fehlenden Fähigkeiten, also eine Folge des Trotzalters ist –, indem er die Macht über seinen Vater gewinnen wollte. Aber gleichzeitig kann er nicht akzeptieren, daß Papa, der die führende Person und der Beschützer sein sollte, hilfloser ist als er selbst oder zumindest genauso hilflos. Papa darf überhaupt nicht hilflos sein!

Roberts mühevoller, aber notwendiger innerer Reifungsprozeß verläuft nicht, wie er sollte, wenn er seinen Vater als Ausweg dafür nutzen kann, daß er sich nicht mit sich selbst auseinandersetzen muß. Der Reifungsprozeß verzögert sich und wird schwieriger. Papa muß den Kampf an Robert zurückverweisen.

Robert geht es schlecht. Er kann die Hilflosigkeit seines Vaters nicht akzeptieren, und deshalb gibt er nicht nach. Die Tage können sehr wohl von Anfällen wie diesem und von noch schlimmeren Provokationen ausgefüllt werden.

Wenn dann sein Vater fortwährend die Situationen, die so entstehen, nicht beherrscht und an Robert immerfort nur appelliert, um letztendlich zusammenzubrechen und aufzugeben, dann wird der Teufelskreis geschlossen. Papa beginnt sein »unmögliches Kind« zu verabscheuen – und solche Gefühle kann man nur schlecht ertragen. Und Robert, der sein eigenes Benehmen und gleichzeitig die Hilflosigkeit des Vaters als unerträglich empfindet, leidet Höllenqualen. Wer wird ihn von diesen Qualen erlösen?

Der kleine Robert besitzt einen selbständigen Willen, der sich ständig weiterentwickelt, und der Wille ist stark. Robert unterläßt nichts, um ihn zu benutzen. Aber wenn einem die Reife und die Erfahrung fehlen, um den Willen richtig einzusetzen, jagt einem ein starker Wille Angst und Schrecken ein. Robert braucht klaren Bescheid in Wort und Tat darüber, wo die Grenzen seines Willens verlaufen.

Stellen wir uns vor, was passiert, wenn Roberts Vater die Situation anders angeht, indem er sich seinem Sohn offensiv widersetzt:

»Geh weg«, sagt der kleine Robert. »Ich will da sitzen.«

»Nein«, sagt Papa ruhig. »Hier sitze ich.«

Robert fährt beharrlich fort. Er muß unbedingt auf Papas Platz sitzen.

Auch Papa bleibt stur. »Ich sitze hier«, wiederholt er, »du kannst dich auf die Couch setzen.«

»Nein, das will ich nicht!« sagt Robert.

»Ach so«, sagt Papa, »dann sitzt du eben nicht auf der Couch.«

Robert fängt an zu schreien. »*Ich* will da sitzen!«

»Nein, du wirst hier nicht sitzen«, sagt Papa freundlich, aber bestimmt. »Hier sitze ich, und ich werde nicht weggehen. Aber du darfst auf meinem Schoß sitzen, wenn du möchtest.«

»*Nein!*« brüllt Robert fuchsteufelswild. »Ich will nicht!«

»Dann nicht. Ich werde jedenfalls hier sitzenbleiben.«

Robert, der wie immer entschlossen ist, seinen Vater bis zum Zerreißen zu provozieren, fängt an, Papa in den Oberschenkel zu kneifen.

»Hör auf damit«, sagt Papa. »Es tut weh. Das sollst du nicht machen.«

Er nimmt Roberts Hände in seine, küßt sie und läßt sie wieder los.

Robert fängt wieder an zu kneifen und sieht unausstehlich herausfordernd aus.

»Hör auf!« sagt Papa mit schärferer Stimme.

Robert kneift hoffnungsvoll weiter.

Papa nimmt mit einem festen Griff Roberts kleine Hände. Er sieht ihm warnend in die Augen.

»Tu das nicht. Du sollst nicht kneifen. Das tut weh. So

mußt du es machen: Du darfst streicheln. Du kannst meine Wange streicheln. Ganz lieb. So. Okay?« Mit Roberts Hand in seiner streichelt er sich selbst, ohne den Blick von Robert zu nehmen. Robert gibt das Kneifen auf.

Nun macht er sich daran, sich etwas anderes auszudenken, was den Vater aus dem Gleichgewicht bringen kann. Er sieht eine Blumenvase, die auf dem Tisch steht. Er schmeißt sie augenblicklich mit großem Klirren herunter auf den Fußboden, und die gewünschte Wirkung bleibt nicht aus.

Papa wird verdammt wütend. Er mochte diese Blumenvase, und Robert hat sie absichtlich kaputtgemacht.

»Was zum Teufel machst du denn da?« donnert er.

Eine Ohrfeige liegt in der Luft. Damit es nicht soweit kommt, trägt Papa seinen Sohn ins Kinderzimmer, setzt ihn auf sein Bett, geht hinaus und macht die Tür zu.

Großes Geschrei.

Draußen vor der Tür wartet Papa, schweigend.

Robert schreit und brüllt.

Schließlich gibt er wieder Ruhe, Papa öffnet die Tür und guckt hinein: »Bist du jetzt fertig?«

Erneutes Schreien.

Papa schließt die Tür wieder und wartet noch eine Weile.

Es wird wieder still im Kinderzimmer, und Papa stellt wieder dieselbe Frage: »Möchtest du jetzt herauskommen? Bist du jetzt fertig?«

Robert sieht ihn mit einem bösen Blick an, aber er schweigt.

»Super«, sagt Papa. »Dann gehen wir jetzt ins Wohnzimmer und sammeln die Scherben auf.«

Er nimmt Robert auf den Arm und geht ins Wohnzimmer. Aber bei der zerbrochenen Vase weigert sich Robert.

»*Nein!*« protestiert er. »*Ich will nicht!*«

»Doch«, sagt Papa. »Nun mußt du die Scherben aufsammeln. Du hast die Vase kaputtgemacht, und wenn man eine Vase kaputtmacht, muß man auch die Scherben aufsammeln.«

»*Ich will nicht!*« schreit Robert.

Papa ist weiterhin ruhig.

»Nun sammelst du die Scherben auf«, sagt er.

Und er nimmt Roberts Hand, schließt sie vorsichtig um eine Scherbe, hält seine eigene Hand darüber und legt so Scherbe für Scherbe auf den Tisch.

»So«, sagt er, »das ist fein! Und dann die nächste und die nächste.«

Am Anfang protestiert Robert noch, aber Papa nimmt davon keine Notiz. Schließlich sind alle Scherben aufgesammelt.

»So, das war's«, sagt Papa. »Nun können sie dort liegen bleiben, später werde ich versuchen, sie wieder zusammenzukleben.«

Danach kehrt er wieder zu dem Stuhl zurück, bei dem das ganze Drama seinen Anfang nahm, und setzt sich wieder hin. Er verhält sich, als wäre nichts geschehen; er ist ruhig wie gewöhnlich, freundlich in seiner Haltung und liest nun weiter seine Zeitung, wie er es getan hat, als alles anfing.

Robert bleibt eine Weile stehen. Er beobachtet Papa ein bißchen und sieht sich die Scherben an. Dann spaziert er ein wenig umher. Schließlich geht er in sein Zimmer und beschäftigt sich dort mit seinen Sachen. An diesem Tag provoziert er seinen Vater nicht mehr.

Bei dieser Vorgehensweise seines Vaters hat Robert die folgenden drei Mitteilungen bekommen:

Papa steht für das, was er sagt, gerade. Was er sagt, behält seine Gültigkeit. Papa braucht man nicht anzuzweifeln, auch wenn Robert gerade jetzt wegen seiner eigenen, inneren, oft unerträglichen Forderung nach Veränderung dazu verleitet wird, alles anzuzweifeln.

Papa hat alles im Griff. Er weiß, was zu tun ist. (Hat man eine Vase kaputtgemacht, sammelt man die Scherben auf.) Papa erfüllt seine Aufgabe als Leiter der »Herde« und bietet einem Unterstützung.

Papa liebt Robert, dagegen mag er gewisse Dinge nicht, die Robert macht. *Sein Verhalten wird abgelehnt, nicht Robert selbst.* Die Wut, die Papa zeigte, war gegen das Verhalten Roberts gerichtet. Es gab keine Aversion gegen den Jungen oder Abstandnahme von dem Jungen als Person.

Nun funktionieren kleine Kinder aber leider nicht nach der allgemeinen Logik, daß sich eine praktische und konkrete Erfahrung verallgemeinern läßt. Kinder müssen sich immer wieder davon überzeugen, daß das Geltende auch seine Gültigkeit behält. Daß es jetzt auch noch gilt, und bei dieser und jener Sache auch, und bei einer ganz anderen Gelegenheit ebenso. Hunderte, vielleicht Tausende von Beispielen müssen die Kinder sammeln, bevor ihre Erfahrungen zur Einsicht werden. Neue Fragen in Form von Herausforderungen und Provokationen kommen ständig auf die Eltern zu.

Der kleine Robert ist eine willensstarke Persönlichkeit, die bei seinem Vater sehr weit geht. Aber egal wie sehr er ihn – wie im obigen Beispiel – herausfordert, leistet der Vater einen Widerstand, der sich mit den Provokationen Roberts messen kann. Damit zeigt Papa, daß er seiner Aufgabe gewachsen ist und daß Robert ihm vertrauen kann.

Das Trotzalter ist die deutlichste Herausforderung des Vertrauens in die Eltern.

Stephanie Castendyk

Ummauerte Spielräume – Plädoyer gegen das eingesperrte Kind

Die Literatur ist voll von Gärten, Straßen und Hinterhöfen, in denen sich Kindheit abspielt. Überschaubare Areale – meines bestand aus drei Kellern, einem großen Garten und zwei Stichstraßen. Eine Welt, die wir uns zu eigen machen konnten, ohne überwacht zu werden. Sicher, ein Erwachsener war im Notfall erreichbar, aber keiner war da, an den wir uns bei jeder Kleinigkeit hätten wenden können. Wir waren angehalten, uns selbst zu beschäftigen: »Geht nach draußen, spielen!«

Nur wenn Kinder unter sich sind, wird der Baum zum Schiffsmast, lauern Gefahren hinter der nächsten Mauer, und die Hauskatze mutiert zum Dschungeltiger. Je nach Bedarf und nicht nur für eine Stunde, sondern manchmal einen ganzen Sommer lang. Der Blick eines einzigen Erwachsenen jedoch genügt, um diese Welt zu normieren, er reduziert sie auf das, was sie in seinen Augen ist: Ein Spielplatz ist ein Spielplatz. Und wo die Erzieherin kein Geheimnis sieht, gibt es auch keines für die Kinder. Unter Aufsicht bleibt der Ort ein Ort der Großen, er ist, was er für sie ist, austauschbar und schattenlos.

Nur wenn man allein ist, verändern sich die Dinge. Unsere Straße, auf der wir sonst Fußball spielten – vier bis sechs Kinder zwischen fünf und zehn Jahren –, wurde unheimlich, wenn es dunkel wurde, nach Kohle roch und die Laternen angingen. Der große Bruder geriet schon nach ein paar Schritten außer Sichtweite. Und ich selbst wurde immer spürbarer, mein Herzschlag, mein Atem, meine angespannten Muskeln. Dämmerung im Winter wird für mich immer dieses Schattenreich der Straßenlaternen bleiben.

Die Orte, die so erlebt werden, wenden sich nach innen, sie werden einverleibt in ihrer Fremdheit, ausgestattet mit Empfindungen und Geheimnissen. Später kann man sie wieder aufsuchen, denn sie sind zu Erinnerungsräumen geworden, in denen sich das eigene Erleben zitierbar abgespielt hat. Walter Benjamin hat die Aura, die eine kindliche Wahrnehmung den Orten verleiht, in seiner »Berliner Kindheit« zum Thema gemacht – ohne diese Wahrnehmung können wir uns kein Ich denken, ja, unser bürgerlich romantisches Konzept von Individualität ist an diese Qualität des Erinnerns gebunden.

Mein Sohn dürfte das irgendwann einmal anders sehen. Jetzt ist er fünf Jahre alt. Ein Stadtkind. Für ihn gibt es keinen Raum ohne Erwachsene. Irgendein Erzieher ist immer mindestens im Nebenzimmer. Selbst Materialien werden »erwachsen« wahrgenommen, denn es gibt zwar spielerische Zweckentfremdung, aber keine, die sich die Welt draußen einverleibt. Mit Autos wird gefahren, mit Spielsachen gespielt, mit Pappe gebastelt. Mit Mutters Sachen kann man sich verkleiden. Aber keine Regentonnen, in denen tauchen geübt wird, keine Bretter zum Balancieren, kein Schrott, der zum Baustoff wird. Immer sind Erwachsene zur Stelle, die Vernunft nicht nur anmahnen, sondern gleich durchsetzen. Sicher, der Sohn beschäftigt sich auch allein, spielt in seinem Zimmer, werkelt und malt, aber der Kontakt zu einem Erwachsenen ist jederzeit herstellbar. Und darauf legt er auch Wert! Er kennt nicht die Spannung und das wohlige Grauen des Alleinseins, die Entdeckungsreise ins Geheimnisvolle. Im Gegenteil, sobald er sich allein fühlt, nennt er das Angst und sucht Kontakt. Ein Außenraum ohne Erwachsene in Sichtweite ist ihm nicht vorstellbar, kein Park, kein Hof, keine Straße.

Und nicht nur Räume, sondern auch die dazugehörigen Dramen aus Verlust und Verrat, Mut und Demütigung, Eifersucht und erster Liebe gehören zu den Erfahrungen der anachronistischen Kinderwelt. Ich zum Beispiel war etwa sieben Jahre alt, als ich Gerd küßte. Wir beide auf einem Motorrad am Straßenrand, keiner sonst in der Nähe. Er dreht sich um, ich küsse ihn, und er haut mir eine runter. Das war ganz in Ordnung so. Aber unter den Augen einer Erzieherin wäre es nicht in Ordnung gewesen. Es hat etwas mit dem Alleinsein zu tun. Auch heute gibt es natürlich Küsse in der Kuschelecke des Horts oder zu Hause im Kinderzimmer. Aber es ist immer jemand da. Was, eine Ohrfeige? Das kleine Mädchen läuft wahrscheinlich zu Ingrid oder Ute, um sich zu beschweren, und alles wird besprochen, geschlichtet, in irgendein sozial akzeptables Format gepreßt. Jedem auch noch so intimen Erleben droht die unmittelbare Vergesellschaftung. Zumindest dann, wenn es nicht den Regeln der Großen entspricht. Orwells »Big Brother« ist – etwa seit 1984 – für unsere Kinder Realität geworden. Seine hundert Argusaugen sind die unseren. Und die Kinder haben sich schon so an unsere Überwachung gewöhnt, daß sie ohne gar nicht mehr auskommen.

Eingelassen zwischen die Eckpfeiler des alltäglichen Ablaufs (Essen, Schule, Bettruhe), war das Leben der Kinder früher freier als das der Erwachsenen. Denn die Regeln und Grenzen der Großen waren noch nicht allgegenwärtig: Eigentum, körperliche Unversehrtheit, Rivalenkampf – überall wurde erst ausgetestet, wo die eigenen Grenzen und die der anderen lagen, bis die allgemein gültigen Regeln in einem langsamen Anpassungsprozeß als eigene neu gesetzt wurden. Einsicht in die Notwendigkeit als Folge eigener Erfahrungen, nicht als Gegenstand erzieherischer Diskussion.

Wie war das noch, als die Kinder in der »Blechtrommel« eine Pissesuppe anrührten, die Klein Oskar trinken mußte? Undenkbar im Hort, genauso wie die gewöhnlichen Rangkämpfe – zumeist unter Jungen ausgetragen, aber ich war dabei – oder die Mutproben vom Klingelterror bis zum Brennesselfeld, durch das jeder laufen mußte, in Badehose! Kirschen klauen im Garten der alten Zimtzicke von gegenüber? Wir waren privilegiert, denn wir konnten Dinge tun, die den Erwachsenen verboten waren. Bei dem einen oder anderen durfte man sich zwar nicht erwischen lassen. Aber auch das war Freiheit. Und dieser Handlungsfreiheit entsprach – wie immer – auch ein größeres Maß an Verantwortung für sich und für andere. Denn kein Erwachsener entschied, ob der Sprung vom Garagendach zu hoch war oder ob man dazwischengehen sollte, wenn der kleine Bruder im Komposthaufen nach Eßbarem suchte. Man hat uns mehr zugetraut. Auch unangenehme Erfahrungen, Schmerzen und gelegentliche Demütigungen.

Unsere behüteten Stadtkinder kennen vergleichbare Aktivitäten nur aus dem Fernsehen oder aus Kinderbüchern. Der Krieg der Knöpfe, Emils kollektive Detektei oder Kalle Blomquist – Abenteuer dieser Art werden nicht mehr gespielt, sondern nur noch rezipiert. Das jedoch andauernd. Es gibt fast kein Kinderbuch, in dem nicht eine Welt gezeigt wird, in der Kinder unter sich sind. »Die rote Zora«? »Ronja Räubertochter«? »Harry Potter«? Auch heutige Bücher erzählen – anachronistisch – von Kindergemeinschaften, die fern von der Aufsicht der Großen ihre Abenteuer gemeinsam durchstehen. Mein Sohn liebt diese Bücher und kann nicht genug von ihnen bekommen. Aber selbst in den Ferien, zusammen mit zwei Achtjährigen – ebenfalls Einzelkindern –, zieht er nicht alleine los: »Wenn keiner von euch mitkommt, bleiben wir auch hier. Liest du uns was vor?«

Es hat immer Zeiten gegeben, in denen das Gros der Kinder Grenzerfahrungen direkt gemacht hat, zuletzt im Krieg und in der Nachkriegszeit. In besseren Zeiten wurden solche Erfahrungen spielerisch in Szene gesetzt. Erst heutzutage sind sie eine Abstraktionsstufe höher gerückt, nämlich in die Phantasie. Damit ähneln die Kinder in ungeahnter Weise den Erwachsenen: Abenteuer, Kampf und andere existentielle Erfahrungen werden ausschließlich in fiktiver Form konsumiert, als Film oder Buch.

So weit die nostalgische Bestandsaufnahme. Aber warum ist das so? Warum gibt es fast keine Straßenkinder mehr? Ich weiß es nicht. Allein an den Gefahren der Großstadt liegt es jedenfalls nicht. Denn auch bei uns gab es Autos und Kinderschänder. Genauso wie zum Beispiel in Ostberlin, wo kurz nach dem Mauerfall noch alle Kinder nachmittags auf den Straßen und in den Hinterhöfen spielten. Vierzehn Jahre später ist der Anblick eine Seltenheit geworden.

Es muß also noch andere Gründe geben als den Straßenverkehr, auf den immer so gerne verwiesen wird. Da ist zum einen die Angst. Eltern heute scheinen mehr davon zu haben, vielleicht weil man durch die Medien von jedem verschwundenen Kind, von jedem Unfall, jedem Mißbrauch gleich erfährt – als schlichen die Bösewichter allüberall umher, nur um sich an unseren Kleinen zu vergreifen.

Wichtiger scheint zu sein, daß das Straßenkind aus der Mode gekommen ist. Auf der Straße spielen nur die Armen und die Ausländer. Kinder, die allein draußen herumziehen, sind verwahrlost. Mein Kind ist nicht verwahrlost! Kinderaufsicht ist zum Statussymbol geworden. Wie die Eltern gehen sie – schon im Schulalter – täglich zum Reiten und auf den Tennisplatz. Wenn dazu das Geld nicht reicht, sitzen sie zu Hause vor dem Computer oder vor dem Fernseher – das sieht ja keiner.

Und dann gibt es dank der vielen Kindersendungen und Gameboys natürlich auch keine Notwendigkeit mehr, die Kinder rauszuschicken, nur weil man seine verdiente Ruhe braucht. Früher war diese Ruhe das Risiko wert. Denn in einer Drei-Zimmer-Wohnung mit vier Kindern und ohne Fernseher – wer hätte das schon ausgehalten? Heute hat man weniger Kinder und mehr Platz. Und wenn von den zehn Kindern in der Stichstraße nur sieben zu Hause bleiben, gibt es für die restlichen drei auch keinen Anreiz mehr, die Wohnung zu verlassen. Allein nach draußen, wo man niemanden trifft? »Rausgehen ist doof«, sagt mein Sohn.

In seiner »Geschichte der Kindheit« hat Philippe Ariès beschrieben, wie sich die Auffassung vom Kind im Lauf der Jahrhunderte veränderte. Vor dem 16. Jahrhundert ist es nichts als ein kleiner Erwachsener, der seinen Fähigkeiten entsprechend in deren Pflichten und Spiele (!) einbezogen wird. Im 17. Jahrhundert setzt sich die Überzeugung durch, daß Kinder unschuldig und somit erziehungsbedürftig seien. Das Benehmen der Erwachsenen sollte nun von Sitte und Anstand geprägt sein, während die Kinder zu diesem Ideal hingeführt werden mußten. Langsam begann die Zeit der Erziehungsanstalten, der Schulen und Hauslehrer, und damit das ausschließlich auf die Kindheit beschränkte Lernen im Kollektiv und unter Aufsicht. Jenseits des Unterrichts jedoch gab es weiterhin das »große Haus«.

Es lebten fast nie zwei Erwachsene und ein Kind zusammen, denn es gab unverheiratete Familienmitglieder, Bedienstete, Logiergäste und viele Kinder. Das heißt, die einzelnen Kinder hatten immer die unterschiedlichsten Ansprechpartner und eine nicht überschaubare Anzahl von Beschäftigungen, zumindest in großbürgerlichen Kreisen. Im Kleinbürger- und Arbeitermilieu ebenso wie auf dem Land ergab sich dieselbe ausgedehnte Anzahl von Ansprechpartnern daraus, daß die Türen zur Nachbarfamilie immer offen waren, ähnlich wie heute vielleicht noch in den Gartenlaubenkolonien.

Diese Struktur hat sich bis in die Nachkriegszeit erhalten. Erst in den fünfziger bis sechziger Jahren bleibt die Kleinfamilie ohne aktive Nachbarschaft und ohne Bedienstete quasi als Torso menschlicher Gemeinschaft übrig. Das Ideal, die Kinder mit mehr oder weniger schlagender Autorität zu einem erwünschten Verhalten zu zwingen, weicht dem Ideal von einem toleranten Miteinander. Die größere menschliche Gemeinschaft wird durch die Kindergemeinschaft ersetzt, in der die Kinder zwischen Schule und Abendritual ihre Zeit verbringen. Die Eltern sind dabei nach wie vor Erzieher, daß sie mit ihren Kindern auch spielen, kommt zwar häufiger vor, bleibt aber letztlich im Alltag die Ausnahme. Erst die seit den achtziger Jahren übliche Daueraufsicht bedeutet eine Art Umkehrung der Rollen. Denn die Eltern üben nun nicht mehr nur Autorität aus, sondern werden zum alleinigen Ansprechpartner für jedes kindliche Bedürfnis. Sie sollen ihrem Kind nicht nur Essen, Wärme und Trost spenden, sondern auch den Spielkameraden ersetzen.

Was also bedeutet das Konzept der Daueraufsicht für die Beziehung von Eltern und Kindern? Man kann sagen, alles ist besser geworden. Es wird – hoffentlich – weniger geschlagen, Kinder werden nicht mehr in den Keller gesperrt, und Hausarrest erübrigt sich von ganz allein. Statt dessen drohen nur Fernseh- oder Handyverbot. Kein Vater muß mehr den Tyrannen spielen und kein Kind zum Duckmäuser werden. Wir sind, so heißt es, zu Freunden geworden. So weit, so gut.

Das Konzept bringt allerdings eine gewisse Rollenunsicherheit mit sich. Man liest allenthalben, daß Kinder auch Grenzen brauchen, aber nirgendwo steht, wie schwierig es ist, dieser erzieherischen Aufgabe nachzukommen, wenn man gleichzeitig als bester Spielkamerad des Kindes gilt. Das Ergebnis dieser Verwirrung ist ein dauerndes Schwanken zwischen Erziehung und Spiel, zwischen der elterlichen Rolle und der des Kumpels. An die Stelle drastischer Strafen tritt nun der Kleinkrieg um Tischsitten, Zähneputzen oder Aufräumen und vor allem um einen Moment der Ruhe.

Noch nie im deutschen Kinderleben war der Alltag derart vom Tauziehen um Zeit geprägt wie heute. Ein bis zwei Erwachsene sind zuständig für ein bis zwei Kinder. Diese kleine Gemeinschaft soll sich alles sein. Nicht die Ansprüche der Kinder sind höher geworden, sondern der Kreis, an den sie gestellt werden, hat sich radikal verkleinert. Das funktioniert mehr recht als schlecht, solange in der Familie alles in Ordnung ist. Aber schon, wenn einer krank im Bett liegt oder unter beruflichem Druck steht, wird es schwierig. Endgültig kollabiert das System bei ernsthaften familiären Spannungen: das Kind ist ihnen hilflos ausgeliefert. Meistens wird es sogar zum Blitzableiter für Aggressionen, es hört die Vorwürfe und sieht jede Entgleisung, denn es kann ja nicht ausweichen.

Daueraufsicht heißt Dauerbeschäftigung, keine Freiheit für Kinder bedeutet keine Freiheit für Eltern. Doch das Binnensystem der Kleinfamilie, wie es sich erst seit dem Zweiten Weltkrieg langsam herausgebildet hat, ist ohne eine entlastende Kindergemeinschaft, ohne das »spielt draußen!«, überfordert, mal mehr, mal weniger. Allerdings darf es keiner zugeben. Das Konzept der Daueraufsicht wird – zumindest öffentlich – nie in Frage gestellt. Ein erstaunliches Phänomen, wenn man bedenkt, daß sich der beschriebene Kampf um Zeit in Tausenden von deutschen Haushalten täglich abspielt. Dabei ist die Überforderung der Frau doch im öffentlichen Diskurs längst zum Topos geworden: Beruf und Familie, wie ist das zu schaffen? Die Arbeitgeber sollen Teilzeitsysteme, die Betriebe Kindergärten einrichten. Der Mann soll seinen Anteil übernehmen. Und natürlich: mehr Geld für Ganztagsschulen! Alles wird diskutiert, nur nicht die Annahme, daß Eltern die geeignetsten, ja die besten Spielkameraden für ihre Kinder seien.

Eine mögliche Konsequenz aus dieser Diagnose wäre, das »große Haus« wieder zu etablieren. Die siebziger Jahre haben hierzu einen vernünftigen Vorschlag gemacht, die Wohngemeinschaft beziehungsweise die Landkommune. Man könnte – im Zeichen der Entideologisierung ohne gemeinsame Haushaltskasse und allseitige sexuelle Nutznießung – doch einfach Wohngemeinschaften zur kommunalen Kinderaufzucht gründen. Ansätze dazu gibt es, wenn auch selten. Aber leider: die architektonischen Voraussetzungen in der Großstadt sind nur selten gegeben, seit man Häuser nicht mehr als Einheit und en gros besetzen kann. Was also bleibt, um den Eltern und ihren Kindern zu ersparen, sich selbst zu genügen? Die Kindergemeinschaft.

Nur Mut: Laßt uns die Kurzen wieder rausschicken! Denn es ist ganz in Ordnung, wenn der Sohn mit aufgeschlagenen Knien nach Hause kommt. Und man kann auch damit leben, nicht immer die Kontrolle zu haben – sich gelegentlich Sorgen zu machen gehört dazu. Denn wenn wir sie nicht möglichst alle rausschicken, finden sie keinen zum Spielen. Und was ist dann? Dann muß ich den Fernseher eben doch anschalten, wenn ich Zeit haben will, dieses Plädoyer zu schreiben.

KINDER, DIE ERWACHSEN WERDEN

Peer Wüschner

Pubertät – die Entthronung der Eltern

Was macht die Zeit der Pubertät für die Erwachsenen so schwierig und aufwühlend? Warum finden sie sich so oft an ihren persönlichen Grenzen wieder, wenn sie es mit pubertierenden Kindern zu tun haben? Sind Traditionen geeignet, in dieser Zeit Orientierung und Hilfen zu bieten?

Kinder entwickeln sich in etwa einundzwanzig Jahren von Kleinkindern, die mit den Eltern in enger symbiotischer Gemeinschaft leben, zu jungen Erwachsenen. Dabei müssen sie sich Stück für Stück aus der sie schützenden und nährenden Hülle der Elternliebe und Fürsorge herausarbeiten; sie müssen sich kennenlernen, ihre Bedürfnisse erfahren, lernen, für sich selbst zu sorgen, und, vor allem, ihrem Leben eine eigene Richtung und eigene Inhalte geben.

Sie als Eltern können das auf der rationalen Ebene wissen, Sie können fühlen, daß es gut ist, und Sie können Ihrem Kind dabei sogar helfen wollen. Doch auch noch soviel Liebe und Fürsorge schützen vor Schmerzen nicht – wie jede Trennung ist auch diese schmerzhaft und dramatisch. Das Verhältnis Ihres Kindes zu Ihnen und Ihr Verhältnis zu Ihrem Kind berührt die tiefsten Gefühle in Ihnen, macht Sie wahrlich betroffen. Sie können versuchen, sich davor zu schützen, sich dagegen abschotten, so tun, als ginge Sie das alles nichts an – es wird Sie doch erreichen, was auch immer sie versuchen, um es zu verhindern. Gefühle haben ihre eigene Wahrheit.

Es ist also ein Verhältnis auf Zeit. Und doch: Wer Kinder hat, hat sie ein Leben lang. Und jeder hat Eltern – auch dieses Verhältnis begleitet uns ein Leben lang, wie wir wohl alle wissen. Es ist ein unglaublich intensives Verhältnis, in dem Liebe und Verzweiflung, Hingabe und Haß unmittelbar aufeinanderfolgen können. Natürlich spielen materielle Abhängigkeiten zumindest nach außen hin eine herausragende Rolle. Sie geben Ihnen als Eltern vielleicht auch den Eindruck, die einzig Gebenden in dieser Beziehung zu sein.

Es sollte niemanden wundern, wenn Sie sich in dieser Zeit vorrangig als Institution zur Befriedigung von Primärbedürfnissen, als da wären Essen, Geld, Wohnung und Kleidung, erleben. Sie als Eltern fallen mit Ihren Bedürfnissen anscheinend widerstandslos durch den Rost. Jedenfalls interessieren sich die Jugendlichen nicht merklich für Ihre Wünsche, es sei denn, es geht um sie selbst. Und doch: Die gemeinsame Geschichte von Eltern und ihren Kindern ist geprägt von gefühlsmäßigen Abhängigkeiten, Träumen und Sehnsüchten, in denen sich Gebende und Nehmende abwechseln. Diese bestimmen – meist nicht offensichtlich und unverstanden – Wünsche, Verfassung und Denken und damit das Geschehen.

Kinder geben ihren Eltern beispielsweise die Hoffnung, daß etwas von ihnen selbst in ihnen weiterlebt; seien dies nun Berufsträume, die sich die Eltern nicht erfüllen konnten, seien es Aspekte der Lebensqualität oder ganz einfach eine Haltung dem Leben gegenüber, die als wertvoll und bewahrenswürdig erlebt wird. Kinder geben ihren Eltern eine Hoffnung auf Sinn im eigenen Leben und auf Fortdauer des Erreichten oder Geschaffenen – seien dies nun Erkenntnisse und Lehren, die erworben wurden, oder materielle Dinge wie ein Haus oder ein Betrieb. Eigene Kinder vermitteln das Gefühl, gebraucht zu werden und nicht alleine auf der Welt zu sein. Das sind legitime Hoffnungen und intensive Gefühls- und Wunschwelten, die manchen über sich selbst hinauswachsen lassen können.

In der Pubertät werden diese Hoffnungen durchbrochen und auf den Prüfstand gestellt. Denn die Jugendlichen beginnen, ihre eigene Perspektive auf das Leben zu entdecken und ihre eigenen Bedürfnisse und Träume zu erproben. Die Welt der Eltern wird darin Eingang finden, da die Jugendlichen dadurch am stärksten geprägt werden – ob in der von ihnen erträumten und gewünschten Form oder aber ganz anders, ist zur Wahl der Jugendlichen geworden.

Die meisten Eltern malen sich schon vor der Geburt in bunten Farben aus, wie ihr Kind wohl werden wird, was es tun und lassen, was es gut finden und was es überhaupt nicht mögen wird. Ebenso machen sich Kinder ein Bild von Ihnen. Für Ihr Kind sind Sie der strahlende Stern, aber auch Lebensquell von Wärme, Nahrung und Zuwendung. Ihr Kind erlebt Sie als allmächtig und übergroß, auch wenn Sie selbst sich klein und völlig machtlos in Ihrem Leben fühlen sollten.

Eltern wie Kinder idealisieren und prägen einander. Sie haben große Träume voneinander, die ihnen Kraft und Durchhaltevermögen geben, an denen sie wachsen und reifen, aber auch zerbrechen und zugrunde gehen können. Man könnte sagen, Sie sind in der Pubertät mit Ihren Kindern an dem entscheidenden Punkt einer Reise angekommen, die mit großen Erwartungen begonnen hat. Sie führt Schritt für Schritt vom idealisierten Bild, das Sie sich voneinander gemacht haben, zu dem Menschen, der darauf wartet, dahinter entdeckt und »befreit« zu werden. Solche Traumbilder sind ja an sich nichts Schlechtes. Sie dürfen nur nicht zu einer Schablone werden, in die man jemanden preßt, sondern sollten Ansporn sein und Raum bieten, das Beste aus dem vorhandenen Potential herauszuholen.

Übung: »Ich kann ...«

Fordern Sie Ihren Jugendlichen zu einem Experiment auf, einer Art Wettbewerb, an dem Sie selbst auch teilnehmen. Setzen Sie sich einander gegenüber auf zwei Stühle in einem Abstand, daß ihre Knie etwa zwanzig Zentimeter voneinander entfernt sind. Legen Sie fest, wer beginnt. Stellen Sie außerdem eine Eieruhr in die Nähe, die auf zehn Minuten gestellt ist. Nun geht es darum, daß der, der anfängt, möglichst schnell und ohne Pause erzählt, was er alles kann – und zwar immer in Sätzen, die mit »Ich kann« beginnen (also zum Beispiel »Ich kann Hamsterkäfige säubern, ich kann Skateboard fahren, etc.«). Der andere darf dazu (wichtig!) keine Miene verziehen oder Kommentare abgeben. Aber er muß versuchen, sich »dazwischenzudrängeln«, das heißt, sobald der Sprechende zögert oder eine Denkpause macht, darf sein Gegenüber dies nutzen und selbst erzählen. Wobei wieder der, der nicht an der Reihe ist, versuchen muß, die nächste Sprechlücke zu nutzen. Dies geht so lange, bis die Eieruhr klingelt. Derjenige, der das Wort öfter an sich bringen konnte, hat gewonnen. Vielleicht gibt es ja auch einen lukrativen Preis zu gewinnen, der Ihren Sprößling a) motiviert mitzumachen und ihm b) hilft, sich richtig darauf einzulassen.

Diese Übung ist deshalb so wirkungsvoll, weil der Anspruch, keine Sprechpause entstehen und den anderen nicht zum Zug kommen zu lassen, den Verstand ausreichend beschäftigt, so daß bei den Inhalten der Aussagen auch das Unterbewußtsein seine Geheimnisse preisgibt.

Sinn der Übung ist, daß Sie einmal hören, was Ihr Kind sich alles zutraut und wie es um sein Selbstwertgefühl bestellt ist. Wenn es große Schwierigkeiten hat, überhaupt Aussagen zusammenzubekommen, oder das Können immer im gleichen Bereich angesiedelt wird, vielleicht auch spöttisch geäußert wird oder gar bitter, wissen Sie sehr schnell, wo Sie in Zukunft unterstützend eingreifen sollten. Vielleicht werden Sie auch überrascht sein, welche Dinge Ihr Gegenüber anspricht und daß er auf Fähigkeiten stolz ist, von denen Sie bisher gar nichts wußten. Dies wird Ihnen helfen, Ihr Bild von Ihrem Kind lebendig und beweglich zu halten. Und nicht zuletzt gilt das gleiche auch umgekehrt. Wahrscheinlich staunt auch der sonst allwissende Teenie, was er von seinen Eltern bisher alles nicht wahrnimmt …

Kommt Ihnen die folgende Szene bekannt vor? Ihr Sohn oder Ihre Tochter kommt aus der Schule und ist offensichtlich verärgert. Durch eine freundliche Nachfrage versuchen Sie der Stimmung auf den Grund zu gehen und erwähnen tröstend und aufbauend, das Mittagessen sei gleich fertig. Das herzliche Bemühen Ihrerseits wird mit einem »Ey, Mann, das nervt!« belohnt, Sohn oder Tochter geht zum Kühlschrank, holt sich dort etwas zu essen und geht auf ihr/sein Zimmer, dreht die Musik auf und läßt Sie mit einem dummen Gesicht und dem fertigen Essen stehen.

Es gibt einen Ausspruch, der die Verfassung der Jugendlichen in dieser Zeit recht anschaulich beschreibt: Wegen Umbau geschlossen.

Den Erwachsenen fällt in dieser Umbruchszeit eine mitunter undankbare und einseitige, aber entscheidend wichtige Aufgabe zu: die Qualität des Miteinander zu formen, indem sie diese wie eine Blaupause für die Heranwachsenden vorleben. Dafür braucht es neben einer besonderen Haltung im Umgang mit den Kids vor allem drei Dinge: Klarheit der Motive, Verständlichkeit der Gründe, Nachvollziehbarkeit des Handelns.

Auch wenn der Anschein dagegenspricht: Das Denken und Handeln der Erwachsenen sind die von den Kids heißersehnten Angebote, die möglichen Rankhilfen für das jugendliche Um- und Aufbruchschaos.

Das heißt nicht, daß Sie sich den Kids gegenüber rechtfertigen müssen. Es geht darum, nicht einfach zu verordnen, was getan werden muß, sondern dem Nachwuchs Gelegenheit zu geben zu verstehen, warum. Beispiel gemeinsames Abendessen: Die Kids sollten verstehen können, warum einem das regelmäßige gemeinsame Abendessen wichtig ist. Erklären Sie zuerst Ihre Motive, also das, was Sie bewegt, darauf zu bestehen. Das können der Zusammenhalt der Familie und die Teilhabe am gemeinsamen Leben oder ähnliche Punkte sein. Begründen Sie dann Ihre Motive: Durch verschiedene Arbeits- und Schulzeiten muß man sich bewußt Zeit füreinander nehmen und sich auf bestimmte feste Zeiten dafür einigen, sonst verliert man sich aus den Augen. Durch abschließende Fragen können Sie herausfinden, ob Ihr Bestehen auf dem gemeinsamen Abendessen und Ihre Gründe dafür verständlich und nachvollziehbar waren.

Erwarten Sie aber bitte keine Dankbarkeit für Ihre Mühen! Jedenfalls jetzt noch nicht. Rechnen Sie eher damit, daß Ihr Denken, Ihre Motivation, Ihre Äußerungen und Ihr Handeln einer genauen Untersuchung unterworfen werden. Die schießt oft genug über das Ziel hinaus und kann von Ihnen als verletzend bis unverschämt empfunden werden. Ich appelliere an Sie, dies nicht als persönlichen Angriff zu verstehen, sondern zu sehen, was sich dahinter verbirgt: die verzweifelte Suche nach Halt und Orientierung: Eignen sich die Wertvorstellungen und Handlungsmaximen der Erwachsenen für mein eigenes Leben? Um das herauszufinden, werden Sie auf Herz und Nieren geprüft.

Die Jugendlichen haben das Gefühl, der Boden, der sie bis hierher getragen hat, bricht auf einmal unter ihnen weg; die Grenzen der elterlichen Welt, die ihnen bis dahin Geborgenheit vermittelt haben, lösen sich für sie auf. Die Eltern erleben dies als extreme Stimmungsschwankungen, Launenhaftigkeit, Verunsicherung und Gereiztheit bei ihren Kindern. Das Alte geht für diese unwiderruflich zu Ende, und das Neue ist ihnen noch nicht greifbar. Bedenken Sie, daß diese Veränderungen nicht nur das Gefühlsleben und das Denken der Jugendlichen auf den Kopf stellen, sondern durch die Hormonumstellung bis tief in die Körperlichkeit wirken. Kids ringen buchstäblich um ihr Leben. Doch das müssen sie erst finden und wissen überhaupt noch nicht wie. Vorerst spüren sie es nur als einen dumpfen Drang, der sie aus ihrem tiefsten Innern umtreibt.

Je dramatischer dieser Umbruch vom Jugendlichen selbst empfunden wird, desto heftiger und eruptiver wird dieser Kampf nach außen getragen. Dies kann für die Erwachsenen zunächst völlig unverständlich sein, weil sich die Gründe für diese Ausbrüche nicht auf den ersten Blick erschließen lassen. Teenager tragen in der Regel ihr Herz nicht auf der Zunge. Sie gründeln in eigenen Tiefen, aus denen sie mitunter explosiv voller Vorwürfe gegen die Erwachsenenwelt aufsteigen, um dann gleich wieder in ihren eigenen Untiefen zu versinken. Daraus zu schließen, daß die Erwachsenen zu Statistenrollen im pubertären Drama verurteilt sind, auf die bei Bedarf eingeprügelt wird, stimmt so nicht. Die Art der Begegnung ändert sich lediglich. Sie werden persönlich zu einer direkteren Kommunikation herausgefordert. Ob und wie Sie diese Herausforderung annehmen, liegt bei Ihnen.

Was meint denn direktere Kommunikation, inwiefern werden Sie herausgefordert?

Die Heranwachsenden wollen von den »Großen« wissen, was es heißt, Mensch zu sein. Sie wollen den für sie wichtigen älteren Menschen als Gegenüber begegnen. Sie wollen sie in der Auseinandersetzung zur Ehrlichkeit mit sich selbst zwingen. Je mehr sich diese verstecken, desto größer wird ihre Sehnsucht danach, die Menschen hinter der Maske zu entdecken, zu erfahren, ob sie sich hinter einer Lebenslüge verbergen – und Pubertierende haben ein sehr feines Gespür für Authentizität. Sie wollen echte Menschen erleben, sie sind auf der Suche nach Hoffnung und Zukunft. Sie brauchen im Gegenzug Verständnis, Aufrichtigkeit und auch viel Mut von seiten der Erwachsenen. Die jungen Menschen wollen sich mit ihnen auseinandersetzen und sich an ihnen reiben, um zu sehen, ob sie standhalten – um selbst Halt zu finden. Gehen Sie ihnen ein Stück entgegen – begegnen Sie den Kids als Mensch mit all Ihren Unzulänglichkeiten und Fehlern, mit all Ihren Träumen und Gefühlen, mit Ihrer Verletzlichkeit, mit Ihren Grenzen, Ihren Enttäuschungen – aber auch mit Ihren Hoffnungen. Haben Sie Mut und verstecken Sie sich nicht. Zeigen Sie Ihr wahres Gesicht!

Mein Freund Hans arbeitet als Fahrer bei einem Kurierdienst und verdient dabei genug, um sich und seinen Sohn Fabian, dreizehn, als alleinerziehender Vater gut durchzubringen. Sie wohnen in einer hübschen und günstigen Wohnung mit kleinem Garten und haben ein recht gutes Verhältnis zueinander. Doch natürlich gibt es auch Auseinandersetzungen. Manchmal hat Hans das Gefühl, daß Fabian nicht genug aus seinen Möglichkeiten macht. Fabian ist musisch sehr begabt, und Hans hielt ihm das einmal vor, als Fabian herausplatzte: »Laß mich doch in Ruhe, du fährst doch nur jeden Tag mit einem idiotischen Golf durch die Gegend, um irgendwelche bescheuerten Briefe zu irgendwelchen beknackten Agenturen zu bringen. Du bist ein richtiger Loser!« und auf sein Zimmer rannte. Hans war zunächst tief getroffen; er wollte ja nur nicht, daß Fabian seine Begabung achtlos liegen ließ. Doch nachdem er sich etwas gefangen hatte, faßte er sich ein Herz und ging zu Fabian, um mit ihm darüber zu reden. Es ist ja nicht so, daß Hans keine Träume von sich gehabt hätte. Von denen erzählte er Fabian jetzt. Und er erzählte ihm, woran sie gescheitert sind. Und er erzählte ihm von den Träumen, die ihm geblieben waren. Er sagte ihm auch, warum Träume und Talente für das eigene Leben wichtig sind – sie verleihen einem Flügel und heben einen über sich selbst hinaus. Hans sagt heute, daß dieses Gespräch vielleicht eines der wichtigsten zwischen ihm und Fabian war. Es hat ihre Liebe zueinander vertieft und eine ganz neue Achtung zwischen ihnen entstehen lassen.

Jugendliche flüchten sich nur dann in Scheinwelten, wenn keine lebendigen Menschen in ihrem Umfeld bereit sind, sich mit ihnen und ihren Lebensfragen auseinanderzusetzen. Seien Sie bereit, sich dabei selbst in die Augen zu schauen, denn das werden Sie tun müssen. Das Motiv Ihrer »jugendlichen Lehrmeister« ist tiefe, mitunter verzweifelte Liebe und die Sehnsucht, in Ihnen eine Orientierungshilfe zu finden.

Manchmal glücken sie dann: Momente aufrichtiger Begegnung. Damit sie stattfinden können, brauchen sie ein bestimmtes Klima im Miteinander. Sie lassen sich nicht planen, sondern sind außerordentlich kostbar und fallen wie eine reife Frucht vom Baum, wenn man den Moment zu erkennen weiß. Was Sie tun können, ist, sich um ein Klima zu bemühen, in dem Begegnung möglich wird, und sich innerlich für diese bereitzumachen.

Die Jugendlichen wollen sich die Anerkennung und den Respekt der Erwachsenen erringen, die für sie wichtig sind; sie wollen von Ihnen wahrgenommen werden. Es fällt nicht leicht, Teenager mit ihren Stimmungsschwankungen, Launen und ihrem oft demonstrativen Desinteresse aufrichtig ernst zu nehmen und ihnen ehrlichen Respekt in einer äußerlich so unproduktiven wie widerborstigen Zeit entgegenzubringen. Aus Sicht der Erwachsenen sind die Kids bestenfalls erst auf dem Weg dahin, respektiert werden zu können. Die Kids fühlen ja selber, daß sie innerlich zutiefst verunsichert sind und keinen festen Boden unter den Füßen haben. Und doch sind Ernsthaftigkeit und Respekt die beiden Enden der Schnur, an denen Sie ziehen sollten, wenn Sie die weitere Entwicklung nicht nur passiv über sich ergehen lassen, sondern sie mit den Jugendlichen gemeinsam gestalten wollen.

Manch einer mag in dieser schwierigen Zeit dem Verlangen nachgeben, die ganze pubertäre Problematik auf einige wenige wichtige Fragen und Antworten zu reduzieren. Dafür steht beispielsweise die Auffassung, daß es in der Pubertät vorrangig um eine Machtprobe mit der Welt und Autorität der Eltern/Erwachsenen geht, und der müßte, der inneren Logik folgend, vorrangig mit den entsprechenden äußeren Machtmitteln begegnet werden. Dadurch könnten die Jugendlichen dann den ihnen bestimmten Platz in der bestehenden sozialen Ordnung erkennen und Halt und Sicherheit erfahren.

Solche Auffassung holt ihre Kraft aus einem Denken, das in Traditionen wurzelt; also auf Vorstellungen und Bildern, die aus Formen der Vergangenheit den Anspruch ableiten, für die Zukunft Sicherheit, Perspektive und Orientierung bieten zu können. Mit dieser Haltung verbindet sich meist auch die Angst der Erwachsenen davor, persönlich mit ihrem Leben und dem, was sie daraus gemacht haben, in Frage gestellt zu werden. Wer ist schon rundum mit seinem Leben zufrieden? Der autoritäre Verweis auf Traditionen und überliefertes Denken und Handeln schafft da vermeintlich Abhilfe. Für den Moment wird die Auseinandersetzung über das eigene Leben von den Erwachsenen vertagt.

Für die Kids ist eine solche Haltung aber fatal, denn sie bekommen Steine statt Brot. Keine einzige Frage wird dadurch beantwortet, kein Problem gelöst. So ein Rückzug auf bewährte Normen läßt die Jugendlichen mit ihren drängenden Lebensfragen schlicht allein und vertagt die notwendige Auseinandersetzung auf eine unbestimmte Zeit. Sie belastet das gegenseitige Verhältnis, weil vieles ungeklärt bleibt, und behindert so die weitere Entwicklung.

Sie und die anderen Erwachsenen können Jugendlichen mit zwingender Logik und inspirierenden Geschichten Regeln und Begriffe der Moral oder des gesellschaftlichen Miteinander nahebringen, sie werden dennoch wirkungslos verpuffen, wenn sie nicht überzeugend und nachfühlbar vorgelebt werden. Dazu gehört auch, am persönlichen Beispiel zu zeigen, wie Menschsein und Moral lebendig miteinander zu verbinden sind. Ein selbstgerechter Moralapostel erreicht die Kids nicht, weil er sich in seinen Gefühlen, seinem Menschsein verweigert.

»Einander helfen« zum Beispiel ist eine abstrakte Regel. Sie wird erst durch eine bestimmte Situation konkret, durch die Nähe zu Menschen lebendig und durch gefühlsmäßige Verbindung zu diesen erstrebenswert. Vorträge allein darüber können das konkrete Erleben nicht ersetzen. Es ist daher wichtig, daß Sie den Jugendlichen immer wieder die Gelegenheit bieten, durch gemeinsame Erfahrungen in bestimmten Situationen Haltungen anschaulich zu erleben.

In der Pubertät setzt sich jede Generation aufs neue mit den Lebensentwürfen der Elterngeneration auseinander. Das geschieht jedoch nicht auf eine abstrakte Weise, sondern im konkreten Erleben der Menschen. Pubertierende brauchen glaubhafte und lebendige Vorbilder, an denen sie sich reiben können, keine abstrakten unpersönlichen Regeln, für die sie in diesem Alter keinen rechten Sinn haben.

Die vorwiegend intellektuelle Auseinandersetzung mit Regeln kann später fruchtbar geführt werden. Jugendliche benötigen glaubhafte Gegenüber zur Orientierung, persönliche Beispiele, die ihnen nachvollziehbar vorleben, wie sie ihre Gefühle, Träume und Bedürfnisse mit den sozialen Notwendigkeiten in Einklang bringen können.

Die wenigsten Erwachsenen werden denken, das vollendet geschafft zu haben. Die meisten teilen wohl eher das Gefühl, ihre Träume irgendwo unterwegs verloren zu haben. Das führt dazu, daß man eher davor zurückscheut, sich an diesem Punkt auseinanderzusetzen. Denn man hat Angst davor, sich selbst im Spiegel zu sehen. Das kann auch schmerzlich sein; aber ist nicht das ganze Leben ein Abschiednehmen von überlebten Vorstellungen? Macht einen das nicht erst frei für neue Erfahrungen, die über das bis dahin Gekannte hinausgehen? Liegt in dieser Art der persönlichen Erfahrung nicht gerade die Parallele zur Pubertät?

Die Kids spüren jedenfalls mit ihrer in dieser Zeit so außerordentlich geschärften Wahrnehmung genau, wenn jemand Sicherheit nur vorgaukelt, auch wenn sie es vielleicht nicht angemessen in Worte kleiden können. Je näher die Bezugspersonen ihnen sind, desto wichtiger ist deren Aufrichtigkeit für sie. Desto schlimmer ist es, wenn sie sich hinter Ausflüchten und dem Verweis auf Traditionen verstecken und ihnen nicht als die unvollkommenen Menschen, die sie sind, begegnen. Jugendliche brauchen keine vollkommenen Menschen, sie brauchen lebendige Gegenüber. Auch wenn sie es vielleicht zuerst nicht wahrhaben wollen, weil sie sich so sehr wünschen, es wäre anders, heißt die Botschaft sonst für sie: Laß mich in Ruhe, sieh alleine zu, wie du zurechtkommst, und – lerne mit der Lüge zu leben! Und meide die Wahrheit – sie ist zu bedrohlich.

Übung: Bilderleben

Suchen Sie Jugend- beziehungsweise Kinderfotos heraus von Ihren Eltern, Ihrem Partner, guten Freunden oder anderen nahen Personen. Vertiefen Sie sich in die Person auf dem Bild und schauen Sie, was für Gedanken über diesen damals sehr jungen Menschen in Ihnen aufsteigen.

Spüren Sie Mut, Verzagtheit, Tatkraft? Was für ein Blick geht da in die Welt hinaus? Wirkt die Körperhaltung offen oder verschlossen? Schauen Sie in Träumeraugen? Sehen Sie freudige Erwartung? Spüren Sie Angst? Notieren Sie alle Eindrücke für sich. Zu dem Bild von einem anderen Menschen gehört auch das Werdende, die Veränderung. Diese Übung hilft, den Blick dafür zu schärfen. Legen Sie zu einem Kinderbild Ihres pubertierenden Teenagers ein aktuelles Foto und sehen Sie sich auch dort die Veränderungen an, wie ich es eben beschrieben habe. Das wird Ihnen helfen, Ihr Bild und damit Ihre Beziehung lebendig zu halten.

In den Medien ist der Rückgriff auf autoritäre Erziehungsideale wieder zum Thema geworden. Nicht zuletzt die zunehmende Gewalt von Jugendlichen ist dafür verantwortlich, daß liberale Erziehung vielfach als gescheitert angesehen wird. Es herrscht gegenwärtig eine ziemliche Verunsicherung darüber, was Erziehung heißt.

Besondere Aufmerksamkeit verdient das Thema »Tradition in der Erziehung« auch, weil in den letzten hundert Jahren in allen Lebensbereichen und auf allen Kontinenten Umbrüche zum Alltag geworden sind. Wenn das zwanzigste Jahrhundert eine Tradition hat, dann ist es sicherlich eine Tradition der rasanten Umwälzungen in politischen, wirtschaftlichen, technischen und sozialen Belangen, die das Leben bis tief hinein in das persönliche Alltagsleben jedes Einzelnen verändert haben.

Auch im beruflichen Umfeld treten anstelle der Aufgaben, bei denen festgelegte Abläufe zu lernen und dann strikt auszuführen sind, in zunehmendem Maße komplexe Aufgaben, die andere Anforderungen stellen.

Im persönlichen Bereich läßt sich ähnliches beobachten. Noch im letzten Jahrhundert wurden nur wenige außergewöhnliche Menschen von der Frage nach dem Sinn ihres Handelns berührt. Darüber entschieden allgemeingültige Traditionen und Normen, die von der Gesellschaft, also von außen, bestimmt wurden. Jetzt ist die persönliche Auseinandersetzung mit dieser Frage ein Massenphänomen geworden und findet auf der individuellen Ebene statt.

Deshalb können Traditionen keine Hilfe bieten, wenn sie die Jugendlichen mit dieser zentralen Frage allein lassen. Sie überleben sich selbst, wenn sie nicht mit den äußeren Gegebenheiten und dem persönlichen Leben und Erleben im jungen Menschen wachsen.

Früher hat ein Lebensentwurf Sinn und Bedeutung dadurch bekommen, daß er sich möglichst erfolgreich an der jeweils herrschenden gesellschaftlichen Norm ausrichtete. Der Zimmermannsgeselle, der auf die Walz geht, Yoga betreibt, aktives Mitglied der katholischen Jugendarbeit ist und sich für Altbausanierung und Internet begeistert, wäre früher undenkbar gewesen. Die Fesseln der Konvention hätten dies nicht zugelassen. Heute hat sich mit den wachsenden Möglichkeiten auch die Sinnstiftung und Bedeutungsfindung von der Gemeinschaft nach innen ins Individuum, den einzelnen Menschen verlagert. Also nehmen sich die Menschen, was ihnen geeignet erscheint, um mit den Herausforderungen umzugehen, die ihnen begegnen. Dabei kombinieren sie es zunehmend freier auch mit Elementen früher gegensätzlicher Traditionen auch aus anderen Kulturkreisen. Auch diese Begegnung der Gegensätze findet heute im Individuum, in jedem Einzelnen statt.

Wenn Sie Ihren Jugendlichen helfen wollen, ein erfülltes, glückliches und produktives Leben für sich und in der Gemeinschaft zu entdecken, ist also vor allem eines wichtig: Lassen Sie die Auseinandersetzung mit Ihren Überzeugungen zu, statt die Kids in die Wüste unpersönlicher Prinzipien zu schicken. Einen Sinn für Werte kann nur entwickeln, wer sie als lebendig erlebt. Speisen Sie die Kinder nicht mit leeren Worten oder mit Geld ab. Was sie wollen und brauchen, sind Sie: bedeutend, fehlbar, unvollkommen und verletzlich – aber ganz Mensch.

Zack Elias

Zutritt verboten – das Territorium der Jugendlichen

1. Fragt nicht.
2. FRAGT EINFACH NICHT.
3. Kommt nicht ständig in unser Zimmer.
4. Klopft an, bevor ihr ins Zimmer kommt.
5. Gebt nicht vor, in unseren Taschen einen Stift oder ein Blatt Papier zu suchen.
6. Fragt nicht, mit wem wir Mittag gegessen haben.
7. Macht keine Staatsaffäre daraus, wenn ihr uns fragt, was wir heute in der Schule gemacht haben, und wir antworten »nichts«. Hört auf zu sagen »Aber sicher habt ihr etwas gemacht in der Schule, sonst wärst du nicht sechs Stunden dort geblieben« oder »Okay, dann hast du also den ganzen Tag dort gesessen und an die Wand gestarrt?«
8. Fragt nicht dauernd, ob wir eine Arbeit zurückbekommen haben.
9. Fragt nicht nach Details über *irgend etwas* – denn entweder können wir uns nicht erinnern oder es ist uns sowieso egal.
10. Brecht nicht wegen jeder Kleinigkeit einen Streit vom Zaun. Es sei denn, es geht um etwas Lebensgefährliches wie Crack oder Heroin (eine Packung Zigaretten ist nicht wirklich lebensgefährlich).

11. Tut nicht so, als würdet ihr unsere Musik mögen. Und wenn sie euch wirklich gefällt, sagt es bitte keinem.
12. Sagt nicht, daß sich unsere Musik immer gleich anhört.
13. Tut bloß nicht so, als würdet ihr euch für die gleichen Dinge wie wir interessieren (MTV, die Spice Girls, usw.).
14. Hört auf, in Erinnerungen an eure Hippie-Tage zu schwelgen.
15. Fragt nicht, wohin wir gehen, wenn wir ausgehen. Wenn wir es euch sagen wollen, tun wir das schon von selbst.
16. Erinnert uns nicht jedes Mal, wenn wir ausgehen, daran, daß wir keine Drogen nehmen und keinen Alkohol trinken sollen.
17. Ihr sollt uns nach einer Party keine Fragen stellen.
18. Hört auf, uns sämtliche Zeitungs- und Zeitschriftenartikel über schwierige Teens zu lesen zu geben.
19. Bitte nicht in der Öffentlichkeit an unseren Kleidern rummachen, den Pullover glattziehen oder an unserem T-Shirt rumzupfen.
20. Wischt nicht mit Spucke an eurem Finger Schmutz aus unserem Gesicht.
21. Gebt nicht immer dem Hund oder sonst jemandem die Schuld (ihr wißt schon, wovon wir reden).

Wenn wir mit unseren Freunden zusammen sind

1. Zeigt euch möglichst wenig.
2. Tragt normale Schuhe. Nicht diese komischen Schlappen – denn unser Besuch will euch nicht rumschlurfen hören.

3. Lauft nicht im Bademantel oder in Unterwäsche rum.
4. Parfümiert euch nicht, wenn unsere Freunde da sind, denn das ganze Haus stinkt danach.
5. Ihr sollt uns oder unsere Freunde nicht wie Babys behandeln.
6. Steckt unseren Freunden kein Geld zu. Es ist ihnen nämlich peinlich, wenn ihr sie wie Kinder behandelt.
7. Gebt uns vor unseren Freunden kein Geld. Gebt es uns, wenn wir alleine sind. Und fragt uns nicht, ob wir welches brauchen. Wir melden uns schon, wenn wir mehr wollen.
8. Erzählt bloß keine Witze. Es sei denn, ihr seid absolut sicher, daß sie auch wirklich komisch sind.
9. Haltet euch von unseren Partys fern.
10. Setzt euch nicht zu uns, wenn wir ein Video anschauen.
11. Hört auf, unseren Freunden dauernd Fragen über ihre Familie zu stellen.
12. Nennt uns vor unseren Freunden nicht Schatz oder Maus oder sonstwie.
13. Hört auf, euch für unsere Freunde zu interessieren, denn sie interessieren sich auch nicht für euch …

Jesper Juul

Vom Kind zum Gegenüber

Nur wenige Zeiten im Leben einer Familie mit Kindern sind so von Mythen und Erwartungen umwabert wie die Jahre, wenn die Kinder in die Pubertät kommen und dreizehn, vierzehn und fünfzehn Jahre alt werden, und dafür gibt es eine Reihe guter Gründe.

Als Teenager verlieren Kinder, die bis dahin gut kooperiert haben, oft ihren Willen zur Zusammenarbeit, und Kinder, deren Integrität sehr verletzt worden ist, zeigen deutliche Zeichen destruktiven oder selbstzerstörerischen Verhaltens. Die Konsequenzen der elterlichen Erziehung und der familiären Interaktion beginnen sichtbar zu werden, und das kann manches Mal als eine fast unbarmherzige Rückmeldung für den Einsatz erlebt werden, der in den allermeisten Fällen gut gemeint war und von Herzen kam.

Daß wir jetzt diese klaren und kompetenten Rückmeldungen erhalten, liegt am Alter, das diese Kinder erreicht haben. Form und Inhalt dieser Rückmeldungen gehen zurück auf die Art, wie wir mit ihnen in den vorangegangenen dreizehn bis vierzehn Jahren umgegangen sind. Sie können überwiegend positiv oder überwiegend negativ sein, aber sie sind niemals eindeutig das eine oder das andere. Nur wir erleben sie manches Mal so, wenn wir uns nämlich in dem Glauben wiegen, alles drehe sich um uns.

Wenn Kinder vierzehn bis fünfzehn Jahre alt geworden sind, müssen sie sich von den Eltern abgrenzen und aus der Beziehung befreien. Sonst können sie sich nicht zu selbständigen, sozialen, verantwortlichen und kritischen Erwachsenen entwickeln. Das ist nichts, was sie gegen uns tun, sondern sie tun das für sich selbst, und es geschieht als natürliche Fortsetzung dessen, was wir für sie getan haben.

Die Prinzipien der Interaktion zwischen Kindern und Eltern können ganz wesentlich dazu beitragen, die Anzahl der destruktiven Konflikte zu verringern. Außerdem können sie das Fundament eines lebenslangen Vertrauensverhältnisses zwischen Eltern und Kindern werden, das nicht auf Anpassung an die Rollen als Vater, Mutter, Sohn und Tochter aufbaut, sondern auf eine gleichwürdige Freundschaft. Das Folgende sind Erfahrungen, die vielleicht dazu beitragen können, die Befreiung von den Rollen weniger schmerzhaft, sondern sinnvoller zu gestalten.

Lassen Sie das Erziehen. Wie merkwürdig das auch klingen mag, so ist doch der verbreitetste Übergriff gegenüber der Integrität des Teenagerkindes: Erziehung – liebevolle, gut gemeinte, insistierende Erziehung. Dafür gibt es zwei Gründe:

- Auch die beste und liebevollste Erziehung ist kontrollierend, regulierend und besserwisserisch – das ist so. Gerade diese Qualitäten der Erziehung erlauben es kleineren Kindern, sich geborgen und in guten und kompetenten Händen zu fühlen. Wenn die Kinder älter werden, erleben sie genau die gleichen Qualitäten als unangebrachte Einmischung, als Kritik und Unterschätzung, als Entmündigung – und das sind sie auch.
- Wenn Kinder in die Pubertät kommen, ist es zu spät, sie zu erziehen. Das Wichtigste, was Kinder von zu Hause mitbekommen, bekommen sie im Laufe der ersten drei bis vier Jahre. In den nächsten sechs bis sieben Jahren haben die elterliche Erziehung, ihr Vorbild und die von ihnen gewährleistete Lebensqualität weiterhin großen Einfluß; aber danach werden die Gleichaltrigen, andere Erwachsene und eigenes Innenleben die wichtigste Quelle der Inspiration für Kinder.

Alle Jugendlichen machen ihre Eltern darauf mehr oder weniger diplomatisch aufmerksam, zum Beispiel mit Wendungen wie »Das werde ich schon selbst herausfinden« bis hin zu »Halt dich da raus!«.

Bei der insistierenden und besserwisserischen Erziehung

ist das Problem, daß sie zwei Botschaften aussendet, auf die nur die wenigsten Jugendlichen ruhig und gelassen reagieren können.

Die erste Botschaft lautet: »Ich weiß, was gut für dich ist!« Wenn man in der Pubertät ist und vollauf damit beschäftigt, herauszufinden, wer man eigentlich ist, ist es entweder provozierend oder unsinnig, wenn die eigenen Eltern versuchen, einem die Antwort zu geben.

Die zweite Botschaft lautet: »Ich bin nicht zufrieden mit dir, wie du bist!«

Genau zu dem Zeitpunkt damit konfrontiert zu werden, wo man erstens selber nicht weiß, wer man unter dem Firnis der Erziehung eigentlich ist, und zweitens nicht sicher ist, wie gern man sich selber mag, ist unerträglich.

Zu diesem Zeitpunkt ist das Beste, was Eltern für sich selbst, für einander und für die Jugendlichen tun können, sich zurückzulehnen und das Resultat der Anstrengungen der vergangenen Jahre zu genießen. Und sollten sie nicht ganz und ungeteilt von dem begeistert sein, was sie sehen und erleben, so müssen sie dennoch versuchen, es zu genießen!

Genau das brauchen Jugendliche nämlich weiterhin, und zwar für den Rest ihres Lebens: Eltern, die voll und ganz hinter dem Versuch ihrer »Kinder« stehen, sie selbst zu werden und sich selbst kennenzulernen.

Angesichts der relativen Unvollkommenheit ihres »Produkts« tun viele Eltern das Gegenteil: Sie raffen sich auf und intensivieren ihre Erziehung in der Hoffnung, daß es noch etwas nützt. Das tut es nicht. Zumindest die Eltern schaffen es nicht.

Viele moderne Eltern, die sich auf diese Last-Minute-Erziehung werfen, tun das nicht so sehr aus Überzeugung, sondern vielmehr, weil sie nicht wissen, was sie sonst mit ihrer Liebe und ihrem Verantwortungsgefühl anstellen sollen. Sie sind so sehr daran gewöhnt, von sich selbst Aktivität zu verlangen, daß es ihnen unverantwortlich erscheint, sich zurückzulehnen und sich an dem jungen Menschen im guten wie im bösen zu erfreuen. Wenn sie aktiv sind, fühlen sie sich als Eltern wertvoll und vergessen dabei unter Umständen, daß sie die Jugendlichen daran hindern, sich als wertvollen Teil des Lebens ihrer Eltern zu erleben.

Viele Jahre lang haben wir mit dem Mißverständnis gelebt, Kinder und Jugendliche sollten jedes Wort verstehen, das wir ihnen sagen. Damit gehen wesentliche Teile der Botschaft oftmals verloren. Der persönliche Ausdruck geht verloren, und wir ersetzen ihn durch den pädagogischen, wodurch der Kontakt schlechter wird, als er sein müßte, sowohl der Kontakt zum Kind wie zu uns selbst. Schon im Verhältnis zu sehr kleinen Kindern können sich Erwachsene ruhig ohne pädagogische Redaktion ausdrücken, wenn es sich um Persönliches und Zwischenmenschliches dreht.

Auch im Verhältnis zu Teenagern ist es wichtig, daß Eltern aktive Sparringspartner bleiben. Es ist wichtig, daß sie ihre Ansichten und Haltungen zum Ausdruck bringen, aber ohne das erzieherische Ziel, den Jugendlichen ändern oder formen zu wollen. Da liegt der Unterschied zwischen besserwisserischer Erziehung und gleichwürdigem Dialog.

Wenn die vierzehnjährige Tochter der Mutter ihren Freund vorgestellt hat und sie fragt: »Ist er nicht einfach süß?«, ist der Unterschied zwischen unangemessener Erziehung und gleichwürdigem Dialog:

»Wie der sich benimmt! Er ist bestimmt nichts für dich!«

Und:

»Er ist nicht gerade mein Fall, aber wenn ich sehe, wie deine Augen glänzen, finde ich das schön.«

Im Verhältnis zu Teenagern ist es genauso wie im Verhältnis zu Erwachsenen wichtig, sich zur Verfügung zu stellen, statt sich vorzudrängen, als habe man einen Sonderzutritt zu ihrem Gedanken- und Seelenleben:

»Dazu habe ich meine eigene Ansicht. Willst du sie hören?«

»Da muß ich mich einmischen. Bist du bereit, mir jetzt zuzuhören?«

»Ich bin unruhig, was mit dir vorgeht, und ich will gern mit dir darüber reden. Kann das jetzt sein?«

Es geht nicht darum, im üblichen gesellschaftlichen Sinn höflich zu sein. Es geht darum, prinzipiell Respekt vor der Souveränität eines anderen Menschen auszudrücken und die zehn Sekunden Pause in den Dialog einzubauen, die oftmals entscheiden, ob die Initiative als Kränkung erlebt wird oder als Einladung zu einem Dialog. Für viele Teenagereltern wird das zur Möglichkeit, die beiderseitige Verletzbarkeit und den Grenzverlauf neu zu entdecken und den feinfühligen Respekt wiederzugewinnen, der so oft in den Jahren des Zusammenlebens in den Hintergrund rückt.

Wenn junge Menschen selbständig werden, so ist das für ihre Eltern gleichzeitig ein schmerzvoller Verlust. So schmerzvoll, daß viele ihm erst Jahre später in die Augen sehen, manche niemals.

Die lebensnotwenige und wertvolle Rolle, die sie bis jetzt im Leben des Kindes gespielt haben, ist abgeschlossen, und auch wenn sie ja weiterhin Eltern sind und auch weiterhin gebraucht werden, ist ihre Rolle als Erzieher und ihre Verantwortung für das Leben des Kindes für immer beendet.

Der Verlust wird von Eltern unterschiedlich erlebt. Für manche kommt er wie eine schockierende, tränenreiche Erkenntnis, für andere wie kleine Wolken von Traurigkeit, und wieder andere fühlen sich vor allem erleichtert. Erst indem sie dem Verlust in die Augen sehen, können Eltern den Positionswechsel vom Vortrab zur Nachhut vornehmen.

Viele Eltern wissen nicht (oder haben vergessen), daß dieser Positionswechsel im Verhältnis zu den jungen Menschen notwendig ist, und wenn diese Trennung erfolgt, werden sie vom Schmerz über den Verlust überrumpelt. Zum Ausdruck kommt diese innere Realität – der nicht eingestandene Verlust – nicht selten als beinahe schon panischer oder aggressiver Versuch, sich als Erzieher und Kontrollinstanz durchzusetzen.

Wenn die »Befreiung« der Kinder anfängt, geschieht auch im Leben der Eltern etwas Bedeutungsvolles. Die Partnerschaft der beiden Erwachsenen und ihr individuelles Leben rücken wieder in den Fokus, und das bringt die

Notwendigkeit mit sich, das Gleichgewicht zwischen Elternschaft und Partnerschaft neu zu justieren. Das Leben der Teenagereltern verläuft in mancher Hinsicht symmetrisch zu dem der Kinder: Beide durchlaufen eine kritische Lebensphase, wo die Identität und der Sinn des Lebens in den Fokus gerückt sind. Beide machen sich frei von alten Rollen und Funktionen und müssen mit der Unsicherheit in bezug auf die neuen umgehen, und beide sind geneigt, sich mit einer Hand an das zu klammern, was war. Es ist das biologische Los der Kinder, erwachsen zu werden, und die Erwachsenen erhalten ganz klare Möglichkeiten für einen Reifeprozeß auch ihrer Persönlichkeit.

Auch weiterhin ist es die wichtigste Aufgabe der Eltern, für das Familienklima verantwortlich zu sein – das heißt: verantwortlich für die Qualität der Interaktion, die wiederum entscheidend ist für das Verhalten und das Befinden jedes einzelnen. Diese Verantwortung kann nicht delegiert werden, im Gegensatz zu der für praktische Dinge des familiären Alltags wie Waschen, Kochen, Einkaufen, Saubermachen und dergleichen.

In Skandinavien betrachten wir es seit Jahren als Selbstverständlichkeit, daß die Jugendlichen einen angemessenen Teil der Verantwortung für diese praktischen Funktionen in der Familie übernehmen, während man das in großen Teilen des übrigen Europas ganz anders sieht. Die Jungen sind hier ganz befreit und die Mädchen mehr oder weniger verpflichtet. Aber man trifft noch immer sehr viele Familien, in denen die Mutter, obwohl berufstätig, die gesamte Verantwortung trägt, und keine könnte sich vorstellen, es ginge auch ganz anders.

Wie ich es sehe, entscheidet ein einziger Faktor, ob und in welchem Umfang die Jugendlichen verpflichtet werden sollen, bei den täglichen Verrichtungen der Familie zu helfen. Es kommt ausschließlich darauf an, ob die Eltern das wollen oder nicht. Und nach meiner Erfahrung ist es besonders wichtig, daß Eltern sich das klarmachen.

Haben die Familien auf diesem Gebiet Schwierigkeiten,

wenn die Kinder groß sind, dann hatten sie die auch schon früher. Oft liegt das daran, daß die Eltern niemals sich selbst und ihre Forderung ernstgenommen haben und deshalb den Kindern gegenüber ein doppeltes Spiel spielen. Sie haben die Kinder vielleicht fünf- oder zehnmal im Laufe eines Tages gebeten aufzuräumen, und es dann doch selber gemacht. Vielleicht hat es in dieser Hinsicht immer mehr oder weniger Konflikte gegeben, Konflikte, die zwar niemals richtig ernst wurden, die aber auch niemals ordentlich bearbeitet wurden. Schließlich kann es auch daran liegen, daß die Kinder mit einigen allzu rigiden Forderungen »überkooperiert« haben, seien diese nun direkt oder indirekt gewesen.

Auch auf diesem Gebiet ist es wichtig, Grenzen und Forderungen in einer direkten, persönlichen Sprache auszudrücken, wenn man vorhat, darüber zu verhandeln.

– »Wir haben uns darüber unterhalten, und wir möchten gern, daß du die Verantwortung für das und das oder für etwas anderes, das eine entsprechende Hilfe für uns ist, übernimmst. Was sagst du dazu?«

Wenn die Reaktion lautet:

– »Warum soll ich das?«

... ist die Antwort:

– »Weil wir das so wollen. Nicht unbedingt die Aufgabe, die wir gerade genannt haben. Aber wir wollen, daß du einen praktischen Beitrag zum Familienleben leistest.«

Von entscheidender Bedeutung ist, die Verantwortung dort zu plazieren, wo sie hingehört: die der Erwachsenen bei den Erwachsenen und die der Jugendlichen bei der oder dem Jugendlichen. Das kann bedeuten, daß zuerst folgende Standardsätze von dem automatischen Elternanrufbeantworter gelöscht werden müssen: »Nein, nun hör aber mal zu! Das kann doch wohl nicht zuviel verlangt sein, daß du ...« – »Wenn das so viel Scherereien gibt, sollten wir vielleicht mal über dein Taschengeld reden.« – »Als ich in deinem Alter war ...«

Die Verantwortung der Eltern für die Qualität der Interaktion und ihre praktischen Forderungen an die Jugendlichen in der Familie hängen zusammen. Im Prinzip ist es wichtiger, wie der Entscheidungsprozeß in einer Familie abläuft, als zu welchem Resultat er führt. Es ist besser, sich viel Zeit für die Entscheidungsfindung zu nehmen, als wegen des häuslichen Friedens schnelle Kompromisse einzugehen, wie es auch besser ist, abzusichern, daß beide Parteien ernst genommen werden, als die Diskussionen mit einer »gerechten« Lösung abzuschneiden.

In vielen Familien werden die Erwachsenen das erste Mal ernsthaft mit der Qualität ihrer bisherigen Entscheidungsprozesse konfrontiert, wenn die Kinder alt genug sind, gegenzuhalten. Die Eltern haben bis dahin auf der Grundlage eines verwickelten Systems von halbherzigen Kompromissen und natürlichem Pflichtgefühl überlebt, das auf Dauer sicher für eine langsame Unterminierung der wechselseitigen Beziehung sorgen wird. Das wird sich spätestens dann zeigen, wenn die Kinder zu Hause ausgezogen sind. Ich erinnere daran, Kinder, die nicht kooperationswillig sind, geben damit meist ein Zeichen, und das deutet darauf hin: In dieser Familie wird zu viel »überkooperiert«!

In manchen Familien passiert es dann, daß einer der Jugendlichen plötzlich ohne eigentliche Begründung verweigert, Absprachen und Pflichten zu erfüllen. Nach meiner Erfahrung hat das sehr unterschiedliche Hintergründe. Es kann auf dem Hintergrund einer sehr rigiden Erziehung dazu kommen, aber auch in durchaus flexiblen Familien. Oft erweist es sich jedoch als charakteristisch gerade für die flexiblen Familien, daß sich ihre Forderungen nach Flexibilität, Rücksichtnahme und sozialer Verantwortung als stark moralisch erweisen und insofern als rigide. Dies wirkte auf die Familie über lange Zeit hinweg drückend oder blockierend, bis dann der Jugendliche die Verantwortung übernahm und sich verweigerte.

Wenn so etwas in einer Familie geschieht und weder Streitereien noch vernünftige Gespräche helfen, bleibt nur eines zu tun: Der Jugendliche muß offiziell von allen seinen

Pflichten gegenüber der Gemeinschaft auf unbestimmte Zeit befreit werden.

Warum das?

Weil das Verhalten des Jugendlichen ein Signal dafür ist, daß sich über lange Zeit ein bedrohliches Ungleichgewicht zwischen seiner persönlichen Verantwortung (für sich selbst) und seiner sozialen Verantwortung (für andere) entwickelt hat. Wenn seine Integrität nicht bedroht wäre, würde er nicht so radikal unsozial auftreten. Wenn seine soziale Verantwortlichkeit auf einem angemessenen Niveau neu etabliert werden soll, ist es nötig, ihm zu helfen, zu seiner persönlichen Verantwortung zurückzufinden, die ja die Voraussetzung für ein wirkliches soziales Verantwortungsgefühl ist.

Das klingt für die meisten Erwachsenen leicht, aber ausgesprochen provozierend. Es ist mir andererseits als das einzige Mittel bekannt, das mit großer Garantie wirksam ist und, noch wichtiger, das auf einer soliden ethischen Basis wirkt. Erfahrungsgemäß dauert es ungefähr sechs bis acht Monate, bis der Jugendliche anfängt, der Familie wieder seine Hilfsbereitschaft zu zeigen. In dem Maße, wie die Eltern damit zurechtkommen, die Hilfsbereitschaft willkommen zu heißen und nicht, damit Raubbau zu treiben, wird die soziale Verantwortlichkeit des Jugendlichen im Rahmen der Familie nach etwa einem bis anderthalb Jahren solide etabliert sein. Dazu kommt der nicht unwesentliche Hauptgewinn: Seine persönliche Verantwortung entwickelt sich und baut nicht mehr auf Trotz auf.

Dieser Heilungsprozeß ist für beide Seiten schwierig durchzustehen. Es ist für den Jugendlichen schwer, nicht zur Gemeinschaft beizutragen. (Man soll sich nicht von seiner ersten Reaktion, die vielleicht »Toll!« lautet, täuschen lassen.) Das ist oft auch sehr schwierig für die Eltern, weil sie genau entgegengesetzt zu allem, was sie gelernt haben, denken und handeln sollen.

Es wird ein Entwicklungsprozeß für beide Seiten, da führt kein Weg dran vorbei, wo die Eltern erkennen werden, daß ihr Moralkodex nicht immer auf solidem Fundament ruht: Das heißt nicht, ihre Moralbegriffe seien »falsch« gewesen, sondern nur wie automatische Lehrmeinungen ohne die Substanz gelebten Lebens.

Es sind die Eltern, die entscheiden. Sie sind die Kapitäne des Schiffes. Ob sie sicher in den Hafen gelangen und einer Meuterei entgehen, hängt davon ab, wie verantwortlich sie ihre Macht ausüben und wie willig sie sind, Tempo und Kurs zu korrigieren, je nach Beschaffenheit von Wind und Besatzung.

Manchmal gelingt es nur beinahe, und das Kind, in das man während der ganzen Zeit des Heranwachsens sein Herzblut investiert hat, zeigt plötzlich, daß es vom Kurs abgekommen ist, in Form von Kriminalität, Drogenmißbrauch oder durch andere Verhaltensweisen, die zu vermeiden sich die Eltern so bemüht hatten.

Ich kenne keine Situation, wo es für Eltern verlockender ist, die Erzieherrolle wieder zu entdecken oder zu intensivieren in dem verzweifelten Versuch, der Entwicklung Einhalt zu gebieten. Aber wenn auch der Schmerz und der Wille groß sind, es ist dennoch zu spät für Erziehung. Es würde nur dazu führen, die Situation für beide Partner zu verschlechtern.

Im Kontakt mit den Jugendlichen ist es wichtig, an den allgemeinen Prinzipien, wie sie im vorangegangenen entwickelt wurden, festzuhalten oder sie einzubauen. Das selbstzerstörerische Verhalten der Kinder und Jugendlichen ist nicht gegen die Eltern gerichtet. Es ist zuerst und zuletzt eine Unterminierung ihrer eigenen menschlichen Würde. Die Erwachsenen müssen versuchen, so direkt und so persönlich zu sein, wie sie es zu dem Zeitpunkt können, das heißt, sie müssen selbst die Verantwortung für ihre Gefühle und Reaktionen übernehmen, aber weder die Rolle des Therapeuten noch die der Polizei, noch die eines Richters oder Pfarrers.

Eltern müssen die Verantwortung übernehmen, daß die Familie Hilfe erhält. Zunächst ist es nicht so wichtig, ob das ein guter Freund der Familie ist, ein Lehrer, ein Pfarrer oder ein professioneller Familientherapeut. Am wichtigsten ist, daß die ganze Familie Hilfe bekommt, auch die anderen Kinder oder Jugendlichen. Alle fühlen sich mitschuldig, und alle können sie mitverantwortlich sein.

Wenn ein junger Mensch beginnt, autodestruktiv aufzutreten, sind es viele Faktoren, die da hineinspielen und die hineingespielt haben. Dazu gehören die Freunde, das soziale und ökonomische Umfeld in der Gesellschaft und in der Familie, die Kultur, die kommunale Kinder- und Jugendpolitik und noch viele andere Dinge. Und dann natürlich die Familie.

Unabhängig davon, wie machtvoll die übrigen Faktoren zu sein scheinen, müssen wir als Eltern dem ins Auge sehen, daß etwas in der Art, wie wir mit unseren Söhnen und Töchtern zusammengelebt haben, sie verletzbar gemacht hat. Etwas von dem, was wir ihnen gegeben haben oder ihnen zu geben versäumt haben, hat es ihrem Selbstgefühl oder ihrer Eigenverantwortlichkeit unmöglich gemacht, stark und widerstandsfähig heranzuwachsen. Wir haben das Beste getan, was wir konnten, und ganz unschuldig sind wir mitschuldig geworden.

Unser wichtigster Beitrag zum weiteren Leben der Jugendlichen ist deshalb, unsere Mitverantwortung zu übernehmen. Das ist wichtig für unseren eigenen Seelenfrieden, und es ist wichtig, weil die persönliche Mitverantwortung, die wir nicht übernehmen, über dem Jugendlichen als Schuld hängenbleibt, und sie wird ihn damit zusätzlich verletzbar machen.

Über das hinaus, was ich bereits genannt habe, gibt es noch zwei wichtige Gründe, Hilfe von außen zu suchen. Eltern sind nie in der Lage, den Prozeß der Interaktion in ihrer Familie zu überschauen oder zu durchschauen. (Ich und meine Kollegen unter Psychologen und Familientherapeuten können bezeugen, daß das auch für sogenannte Experten gilt.) Es ist wichtig, Hilfe zu bekommen, um diese destruktiven Prozesse, die in der Familie ablaufen und die abgelaufen sind, zu sehen, weil sie es sind, für die sie Verantwortung übernehmen müssen: Die Verantwortung dafür, daß es diese destruktiven Prozesse gab, und die Verantwortung, zu versuchen, sie durch etwas Konstruktiveres zu verändern, wenn es sie noch immer gibt.

Es ist äußerst begrenzt, was die öffentlichen Hilfsdienste erreichen können, wenn die Familie nicht den Willen hat, sich selber genau anzuschauen und ihre Interaktion zu verändern.

In den Jahren zwischen dem Beginn der Pubertät und dem Erwachsenenleben sind die Jugendlichen in einer ganz besonderen Situation, die es ihnen schwermacht, ein selbstzerstörerisches Verhalten ohne die Hilfe von Eltern, wie sie oben beschrieben ist, zu verändern.

Sie sind, ungeachtet der manchmal rauhen Oberfläche, verletzbar wie die Schmetterlinge, die gerade ausgeschlüpft sind und ihre Flügel in der Sonne trocknen. Wenn das beinahe gelungen ist, fangen manche von ihnen an, destruktive und selbstzerstörerische Dinge zu tun, an denen sie zwar unschuldig sind, für die sie aber verantwortlich sind. Wenn Eltern oder andere Erwachsene dazu beitragen, daß sie sich schuldig fühlen, festigen sich ihre Verhaltensmuster, und die Selbstzerstörung ist kaum noch aufzuhalten. Sind die Erwachsenen hingegen bereit, eine aktive, persönliche Mitverantwortung zu übernehmen, wird es ihnen möglich sein, langsam das Selbstgefühl zu entwickeln, das die Voraussetzung dafür ist, daß sie sich selbst besser behandeln können.

DIE FAMILIE – IMMER IN BEWEGUNG

Marcel Rufo

Jeder braucht eine Stimme – Geschwisterbeziehungen in der Familie

Kein Geschwisterteil bleibt von der Eifersucht verschont, unabhängig von seinem Geburtenrang. Allerdings hat sie verschiedene Ursachen, je nachdem, ob es sich um das älteste, das jüngste oder ein mittleres Kind handelt. Das älteste ist eifersüchtig auf die zärtliche Umsorgung des kleineren Kindes durch die Eltern. Das kleinere dagegen ist eifersüchtig auf das, was das ältere Kind vor seiner Geburt erlebt hat. Ein Mittelkind fragt sich, warum es einen Großen gibt, der rumkommandiert, und einen Kleinen, der immer so extrem umsorgt wird.

Hat man es besser als älteres oder als jüngeres Kind? Wer von den Geschwistern hat die angenehmste, die bequemste Position? Diese Überlegung ist berechtigt, sobald man von einer Familie spricht. Und doch denke ich, daß die Frage nach dem Altersrang unter Geschwistern unerheblich ist. Denn was für die Entwicklung des Kindes zählt, für das Verhältnis zu den Eltern und für den Aufbau seiner Zukunft, ist nicht der Geburtenrang, sondern seine Persönlichkeit und seine Fähigkeit, sich neuen Situationen anzupassen. Das Verhältnis zwischen Geschwistern entsteht aufgrund äußerst feiner Mechanismen. Dabei spielt das Altersverhältnis nicht zwangsläufig eine Rolle.

Mir scheint, daß die Eltern von heute so große Fortschritte bei der Erziehung ihrer Kinder gemacht haben, daß die Gräben zwischen dem älteren und dem jüngeren Kind verschwunden sind. Ein entscheidender Punkt bleibt für mich als Jugendpsychiater allerdings bestehen: Die Eltern sind nach den Erfahrungen mit dem ersten Kind beim zweiten souveräner. Mit dem ältesten Kind begründen sie gleichsam ihre Elternschaft. Dank ihrer psychologischen Grundkenntnisse sind Eltern heute in der Lage, bei der Erziehung des zweiten Kindes gewisse Fehler zu korrigieren, die sie beim ersten vielleicht noch gemacht haben. Wenn zum Beispiel das Erstgeborene an Schlafstörungen litt, werden sie seinem Bruder oder seiner Schwester diesbezüglich mehr Aufmerksamkeit entgegenbringen, um dasselbe Symptom zu vermeiden. In dieser Hinsicht wird das zweite Kind wohl besser betreut und aufgezogen als das erste. Auf dieselbe Weise profitiert das dritte Kind von der Erziehung des zweiten, das vierte von der des dritten und so fort.

Durch die Ankunft eines weiteren Kindes werden bisherige Vorrechte der anderen Kinder in Frage gestellt, egal wie alt sie sind. Wenn ein Bruder oder eine Schwester geboren wird, bedeutet das fast immer eine gleichzeitige Neuorganisation des Familienalltags: Das älteste Kind kommt in den Kindergarten, ist stärker in der Obhut des Vaters (also weniger abhängig von der Mutter), geht öfter zu den Großeltern. Auf der psychischen Ebene müssen die älteren Kinder mit der Idealisierung des Letztgeborenen zurechtkommen. Für das Mittelkind kann diese Situation recht unbequem sein: Es steht in direkter Konkurrenz zum dritten Kind und wird zugleich vom ältesten verachtet, auf das es auch manchmal eifersüchtig ist.

Im allgemeinen ist ein Mittelkind hin- und hergerissen zwischen zwei Möglichkeiten, die sich zeitweise in Rivalität verkehren können: Es fühlt sich dem Letztgeborenen nahe, mit dem es sich durch regressives Verhalten zu identifizieren versucht, und wünscht sich zugleich ein enges Verhältnis zum Erstgeborenen, dem es gleichkommen möchte. So will es etwa bei Spielen mitmachen, die ihm noch nicht zugänglich sind, weil es nicht lesen kann. Oder das Mittelkind will unbedingt auch in den Kindergarten, obwohl es noch nicht einmal für ein paar Minuten auf sein Kuscheltier verzichten kann.

Ich persönlich glaube nicht an eine besondere Anfälligkeit des Mittelkindes. Das zweitgeborene Kind hat es oft leichter als das älteste. Denn dieses trägt die meisten Risiken in einer Familie; alle Wünsche und Projektionen der Eltern lasten auf ihm; manchmal setzt sich eine belastende Erwartungshaltung sogar über Generationen fort.

Durch ihre Erfahrungen beim ersten Kind begreifen die Eltern, daß die Entwicklung eines Kindes stärker von ihm selbst abhängt als von seinen Eltern. Zuvor hatten sie eine etwas andere Vorstellung davon, was es bedeutet, ein Baby aufzuziehen; nun stellen sie fest, daß das Kind durch die Einzigartigkeit seiner Persönlichkeit eher seine Eltern formt als umgekehrt. Dieser »Erziehungsprozeß« ist für die nachfolgenden Kinder äußerst bedeutsam, denn ihre Eltern sind nun weniger ehrgeizig und haben ihre Anforderungen etwas zurückgeschraubt. Ich stelle immer wieder fest, daß jüngere Kinder im Leben oft gut zurechtkommen, und daß ihre Entwicklung verhältnismäßig problemlos abläuft. Ein Mittelkind steht weniger unter dem Druck der Eltern, die vollauf damit beschäftigt sind, das älteste Kind erfolgreich zu fördern und das Nesthäkchen zu bemuttern. So ist es für das mittlere keinesfalls frustrierend, sich am Abend allein vor dem Fernseher zu räkeln, während Papa das Baby badet und Mama mit dem großen Lesen übt.

Das Mittelkind kann auch mit großen Schwierigkeiten zu kämpfen haben, wenn das Letztgeborene extrem idealisiert wird – zum Beispiel, wenn nach lauter Brüdern endlich ein Mädchen geboren wird oder umgekehrt. Aufgrund seines Geschlechts ist es ein »anderes« Baby, das die gesamte Aufmerksamkeit auf sich zieht, und zwar die der Eltern genauso wie die der Großeltern. Wenn eine solche Situation andauert, kann es zu einer dauerhaften Bevorzugung kommen, die für die anderen Kinder immer schwer zu ertragen ist. Selbst wenn ich mich hier wiederhole, möchte ich allen Eltern raten, das Neugeborene zum Wohle aller von Zeit zu Zeit einer der Großmütter oder einer Freundin anzuvertrauen. Die gewonnene Zeit kann man mit den anderen Kindern verbringen. Man sollte dann etwas mit ihnen unternehmen, das ihrem Geschlecht entspricht.

Das Erstgeborene hat in der Familie immer die herausgehobenste Stellung, denn es hat vor der Ankunft des oder der Nachgeborenen etwas Einzigartiges erlebt. Für alle ist es das Kind, das die Familie begründet und so die Fruchtbarkeit der Eltern bewiesen hat. Sein ehemaliger Status als Einzelkind rückt es näher an die erwachsenen Verwandten heran, mit denen es schon viel gespielt und entdeckt hat. Oft nimmt es in der Familiengeschichte einen wichtigen Platz ein. Wenn es zum Beispiel seine ersten Schritte im Garten seines Großvaters gemacht hat, wird diese Erinnerung in die Familiengeschichte eingehen, was nicht der Fall ist, wenn ein nachgeborenes Kind dasselbe tut.

Es hat vor allem den Vorteil, das »erste« Kind zu sein, an dem die Meßlatte ausgerichtet wird, anhand derer sich Vergleiche zu den Geschwistern aufstellen lassen. Aufgrund seines Altersvorsprungs findet das älteste Kind früher als seine Geschwister sein Identifikationsmodell: Ein Junge bewundert seinen Papa, ein Mädchen ist entzückt, wenn es seiner Mutter ähnelt, während die anderen alle noch ihren Platz suchen. »Groß« zu sein, gibt dem ersten Kind auch Verantwortung in der Familie. Die Eltern können ihm zudem eine gewisse Autorität über die kleineren Geschwister verleihen. Große Geschwister sind häufig echte »Schutzengel«, die ihre Geschwister beschützen und für einige Zeit die Eltern ersetzen können. Manche nehmen diese Rolle nur widerwillig, andere sehr gerne an. Ein Erstgeborener kann hier bereits Verhaltensweisen ausprobieren, die er später als Erwachsener wiederholen wird.

Eltern sollten ihr erstgeborenes Kind ein altersgemäßes Leben führen lassen und es nicht älter machen, als es ist. Es muß manchmal klein sein dürfen, das ist die beste Vorsorge gegen künftige Probleme. Es darf Angst haben, müde sein, an den Weihnachtsmann glauben oder weinen, wenn ihm etwas wehtut. Eltern sagen ihrem ältesten Kind häufig, daß es groß ist, wenn es in ihrem Interesse liegt, aber es weiß sehr genau, wie sie sich manchmal mit der Wahrheit arrangieren!

Das Erstgeborene ist auch ein guter Beobachter und weiß erstaunlich genau, wie viele Küsse und Streicheleinheiten die Eltern dem »Kleinen« zukommen lassen. Diesen käme niemals in den Sinn, so genau mitzurechnen. Egal wie alt es ist, das ältere Kind muß sich der Liebe seiner Eltern gewiß sein, sonst kann seine hartnäckige Eifersucht sämtliche familiären Beziehungen durcheinanderbringen.

Ebenso wichtig ist es, das Erstgeborene nicht in die Position eines »Ersatz-Elternteils« zu bringen oder es zum Vermittler zwischen Eltern und dem Spätergeborenen zu machen. Damit würde man ihm eine erdrückende Verantwortung aufbürden, die es manchmal auf seinen Kinderschultern gar nicht tragen kann. Es gehört zum Beispiel nicht zu seiner Rolle, die Hausaufgaben seines jüngeren Bruders zu überwachen oder ihn als »Mentor« bei seinen ersten Schritten im Sportverein zu begleiten. Man braucht nur zu beobachten, wie unwillig es solchen Aufgaben nachkommt, um zu begreifen, daß es einfach in aller Ruhe das Leben eines Kindes in seinem Alter führen will.

Brav zu sein, zu schlafen, wenn man schlafen soll, sein kleines Geschwisterchen nicht zu schubsen, obwohl es das manchmal wirklich verdient hat ... ein Vorbild zu sein, ist gar nicht einfach, und es ist sogar sehr mühsam, wenn es zum Dauerzustand wird. Die Frustration des Älteren wird häufig als erstes am kleineren Kind ausgelassen.

Wenn die Rolle der Eltern in einer Familie geschwächt wird, können Erstgeborene für die Geschwister eine große Stütze sein. Sie können das Bild eines schwachen Vaters oder einer schwachen Mutter beeinflussen. Die Geschwister idealisieren das Erstgeborene, und dieses gleicht den Mangel an elterlicher Konsequenz oder Kompetenz aus. Deshalb betrachten manche Spätergeborenen das älteste Geschwister eher als Vater oder Mutter denn als Bruder oder Schwester. Solche Substitutionen sind besonders auffällig, wenn die Eltern sich trennen: Die ältere Schwester erzieht die kleinen Geschwister und ersetzt die Mutter, die die Kinder alleingelassen hat, oder der älteste Bruder nimmt für die kleineren verlassenen Kinder den Platz des Vaters ein, den sie zum Aufbau ihrer psychischen Identität brauchen.

Wenn die Eltern sich trennen, kommen die meisten Geschwister nicht auf den Gedanken, daß auch sie sich trennen müßten; nie beschließt ein Kind, bei der Mutter zu bleiben, wenn das andere sich für den Vater entscheidet. So einen ausgesprochenen Aufopferungssinn hat kein Geschwisterkreis. Die Kinder wollen zusammenbleiben, und zwar bei dem Elternteil, mit dem sie sich besser verstehen oder der dringender Schutz braucht. Gegenüber der emotionalen Gefahr, die eine Scheidung darstellt, bilden die Geschwister eine Gruppe, an deren Spitze sich das Erstgeborene stellt. Es übt psychischen Druck auf die jüngeren Kinder aus, damit sie auch seine Richtung einschlagen. Wenn also die Kleinsten sagen: »Wir wollen Papa (oder Mama) nicht sehen, weil wir ihn (sie) nicht lieben«, dann geben sie nur das wieder, was das älteste Kind ihnen pausenlos vorgesagt hat: »Ich liebe ihn (sie) nicht, weil er (sie) uns verlassen hat, und deshalb liebt ihr ihn (sie) auch nicht mehr.«

In den seltenen Fällen, in denen eine Scheidung die Trennung von Geschwistern nach sich zog, ist das nicht auf den Wunsch der Kinder zurückzuführen. Die Eltern entscheiden für sie und überzeugen sie dann davon, daß das die beste Lösung ist. Die meisten Kinder leiden unter dieser doppelten Trennung – von einem der Eltern und von einem Bruder oder einer Schwester.

Auch in Familien von Ausländern, die erst seit kurzem im Land leben, hat das Erstgeborene eine wichtige Rolle. Vor allem die älteste Schwester füllt einen entscheidenden Platz aus, der dem der Eltern gleichkommt: Sie beschützt und erzieht die Kleineren, so wie es für sie als künftige Ehefrau auch vorgesehen ist. In sozial schwachen ausländischen Familien sind große Brüder häufig die ersten Identifikationsfiguren der Kleineren, und zwar weitaus eher als die Eltern, die durch ihre schwierige sozio-ökonomische Lage oft disqualifiziert sind: Sie sind arbeitslos oder üben einen sehr anstrengenden Beruf aus, kommen mit der Landessprache schlecht zurecht und können daher in der Familie nicht die stärkste Position innehaben.

Das letztgeborene Kind bewundert das erstgeborene fast immer. Je mehr das jüngere das ältere Kind beobachtet, um so selbstverständlicher identifiziert es sich mit ihm. Letztgeborene haben einen enormen Vorteil gegenüber Einzelkindern: Sie haben einen Bezugspunkt, an dem sie ihre Zukunft ausrichten können.

Germain, neun Jahre, ist das Kind »exotischer« Eltern: Sein Vater stammt aus der Provence, seine Mutter aus Dänemark. Er hat große schulische Schwierigkeiten. Obwohl er intelligent und guten Willens ist, rafft er sich einfach nicht zum Lernen auf. Seine Mutter macht sich Sorgen: Kommen seine Probleme vielleicht daher, daß er schon als Kleinkind Dänisch gelernt hat? Ist die Zweisprachigkeit eine Belastung?

Doch das Problem liegt woanders. Germain fühlt sich bedroht von einem allzu brillanten großen Bruder, der mühelos durch die Schule gleitet wie auch durchs Leben – er ist ein erfolgreicher Surfer. Die Eltern sind sehr stolz auf ihn und begleiten ihn oft zu Wettkämpfen.

Wenn ich diesen kleinen Jungen betrachte, frage ich mich, wie es möglich sein soll, der Bruder eines Surf-, Tennis- oder Fußballcracks zu sein. Germain ist sich einfach nicht sicher, ob es sich überhaupt lohnt, ein guter Schüler zu sein. Wie der Rest der Familie ist er fasziniert von seinem älteren Bruder und dessen Bilderbuchleben.

Einen älteren Bruder oder eine ältere Schwester zu haben bedeutet, daß man über eine Identifikationsfigur verfügt, die »auf Augenhöhe« steht, während ein Einzelkind nur von Erwachsenen umgeben ist: seinen Eltern. Erstgeborene sind für nachfolgende Geschwister immer ein Stück weit »Puppenvater« oder »Puppenmama«, vor allem bei einem großen Altersunterschied. Ihre Idealisierung durch die kleineren Geschwister kann extreme Formen annehmen.

Die Französische Revolution, die Erklärung der Menschenrechte und die Verfassung moderner Rechtssysteme haben das Leben von Spätergeborenen völlig verändert. Bevor die ältesten und die jüngeren Geschwister in bezug auf das väterliche Erbe theoretisch rechtlich gleichgestellt waren, hatte ein Spätergeborener beim Tod der Eltern den Schoß der Familie zu verlassen und sein Schicksal selbst in die Hand zu nehmen.

Obwohl die Begriffe vom Erst- und Spätergeborenen sich in unseren Gesellschaften erheblich gewandelt haben, ist das Zusammenleben noch heute nicht immer einfach. Jedes Kind hat seinen eigenen Charakter, und trotz der gemeinsamen Eltern und des gleichen genetischen Erbes denken sie nicht unbedingt ähnlich und sind oft durchaus verschiedener Meinung. Jeder entwickelt sich in seinem eigenen Rhythmus; manche Kinder haben mit Schwierigkeiten zu kämpfen, andere nicht.

In der Regel steckt das Erstgeborene nach ein paar Wochen der Ungewißheit gegenüber dem neugeborenen Kind sein Terrain ab und richtet sich darauf ein, seine Grenzen zu schützen und seine Vorrechte zu bewahren. Dank seines Altersvorsprungs verfügt es wenigstens eine Zeitlang über die nötigen physischen Kräfte, um sich durchzusetzen. Um etwas dagegenzusetzen und sich nicht in der Situation eines Leibeigenen wiederzufinden, muß das jüngere Kind zwangsläufig kreativ nach einer eigenen Nische suchen.

Der Geschwisterkreis ist ein Ort des Wettkampfs; die Kleinsten wollen die Größeren ein- oder gar überholen, während diese alle Hebel in Bewegung setzen, um ihre Vorherrschaft zu wahren. Es ist die Aufgabe der Eltern, Rivalitäten zu vermeiden und einen konstruktiven Wettbewerb zu organisieren. Dazu ein konkretes Beispiel: Alle Kinder malen ein Bild und wollen von den Eltern eine Beurteilung haben. Damit keiner der kleinen Künstler sich frustriert fühlt, ist es unerläßlich, die Qualitäten jedes einzelnen hervorzuheben. Es ist allgemein bekannt, daß kleinere Kinder vor allem phantasievoll sind und größere Meister der Perspektive und der Architektur. Erst durch die Beobachtung der einzelnen Begabungen wächst die Lust darauf, sich selbst weiterzuentwickeln, das ist bei Künstlern genauso wie bei Geschwistern. Alle treten miteinander in einen Wettstreit, um daran zu wachsen.

Die Eltern müssen darauf hinarbeiten, Klischees über die Geschwisterränge abzulegen: etwa, daß das Erstgeborene gewissenhaft und eifrig sei, das Mittelkind sich zwischen zwei Polen befinde und das Letztgeborene verletzlich sei und von den beiden anderen gepiesackt werde. Wenn man versucht, ein Kind in eine Rolle hineinzuzwingen, hemmt man damit automatisch seine Entfaltung.

Ein Schubladendenken ist immer ein Problem, und häufig besteht ein Zusammenhang mit dem, was die Eltern mit ihren eigenen Geschwistern erlebt haben: Sie projizieren ihre eigenen Erinnerungen als Erst-, Letzt- oder Mittelgeborenes auf ihr Kind.

Statt dessen sollten Eltern die Charakterzüge, die ihre Kinder voneinander unterscheiden, positiv hervorheben und jedes seinem Alter und seiner Persönlichkeit entsprechend behandeln. Ich kann nicht genug betonen, daß man Vergleiche möglichst vermeiden sollte, damit keines der Kinder einen Minderwertigkeitskomplex entwickelt. Die grundlegende Aufgabe der Eltern ist es, jeden seinen Platz finden zu lassen, zunächst innerhalb der Familie und später in der Gesellschaft. Ich stelle täglich fest, wie verheerend es ist, Geschwister miteinander zu vergleichen, und welche schlimmen Konsequenzen das vor allem in schulischer Hinsicht haben kann. So sabotieren manche Kinder geradezu ihre Schullaufbahn, um es nicht so zu machen wie ihr Bruder oder ihre Schwester.

Maxime steckt in einer schwierigen Phase. Er klaut aus dem Geldbeutel seiner Mutter sowie aus den Schultaschen seiner Kameraden; sogar bei der Großmutter hat er beim letzten Besuch eine kleine Silberdose mitgehen lassen. Sein sechstes Schuljahr ist für ihn eine Quälerei, und die Lehrer klagen über seine Frechheit.

Maxime ist das jüngste von drei Geschwistern. Sein Bruder und seine Schwester sind den Lehrern als exzellente Schüler in bester Erinnerung, und sie weisen Maxime ständig wieder auf sie hin. Beinahe alle empfingen ihn am Anfang des Schuljahres beim Durchgehen der Klassenliste mit einem »Ah! Du bist der Bruder von Thomas und Murielle! Was für gute Schüler ...«, und jedesmal, wenn er eine schlechte Note bekommt, bemerken die Lehrer unweigerlich, daß seine großen Geschwister die Aufgabe mit Leichtigkeit gemeistert hätten.

Maxime hat beschlossen, sich dadurch hervorzuheben, daß er genau das Gegenteil von seinen Geschwistern tut, also versagt er in der Schule. Das ist seine eigene Art, sich unter den Geschwistern einen unverwechselbaren Platz zu verschaffen.

Wenn die Rivalitäten zwischen älteren und jüngeren Geschwistern zu stark werden oder von Lehrern und Eltern ungeschickt gefördert werden, dann hat das schwächere oder sensiblere Kind ständig das Gefühl zu versagen. Es fühlt sich gegenüber seinem Schicksal machtlos und hält sich für unfähig, die Träume seiner Eltern zu erfüllen. Es beginnt an allem zu zweifeln, insbesondere an sich selbst. Um den Erfolg anderer zu akzeptieren und zu begreifen, muß man zunächst sich selbst wertschätzen und sicher sein, daß ihr Erfolg einen selbst nicht benachteiligt, vor allem nicht in bezug auf die Zuneigung der Eltern.

Elisabeth Beck-Gernsheim

Die Evolution der Familie

In früheren Jahrhunderten war die Arbeit für Kinder fast immer auf mehrere Personen verteilt. Dem Grundmuster nach war die Mutter meist zuständig für die physische Versorgung des Kindes, der Vater für die Einübung in Gehorsam und Glauben. Doch da die Mutter gleichzeitig auch eine wichtige Arbeitskraft in der Familienwirtschaft war, wurden ihre Aufgaben oft an andere Personen übertragen – an Großeltern, im Haushalt mitlebende Verwandte, ältere Geschwister, an Mägde, Ammen, Kindermädchen. So war damals, im Rahmen der vorindustriellen Arbeits- und Lebensform, die Delegation der Kinderbetreuung ein selbstverständlicher, ja zum Teil von der Wirtschaftsform notwendig geforderter Teil des Alltags, über entsprechende Arbeitsteilung, Zuständigkeitsdefinitionen, Gewohnheiten vorgängig geregelt.

Die Wende setzte ein mit der Auflösung der Familie als Wirtschaftsgemeinschaft im Übergang von der vorindustriellen zur modernen Familie. Mit der Trennung von Berufsarbeit und Familie kam es zunächst einmal zu einer Entfernung des Vaters vom Alltag der Familie und des Erziehungsgeschehens. Diese Tendenz wurde in der Folgezeit erheblich verstärkt, nicht zuletzt durch die Verstädterung und die damit wachsende räumliche Distanz zwischen Arbeitsstätte und Wohnung. Hinzu kommt für die Gegenwart ein weiterer Einschnitt: Während im 18. und 19. Jahrhundert der Vater noch eine deutlich ausgeprägte Autoritätsposition besaß, ist in der zweiten Hälfte des 20. Jahrhunderts vielfach ein erheblicher Autoritätsverlust des Vaters festzustellen, ausgelöst durch ökonomische und soziale Veränderungen ebenso wie durch politische Umwälzungen und den

Zusammenbruch politischer Glaubenssysteme im Gefolge zweier Weltkriege. Mitscherlichs klassisch gewordene Studie hat diese Entwicklung pointiert auf die Formel gebracht: »Auf dem Weg zur vaterlosen Gesellschaft«.

Dem kann man entgegenhalten, daß in jüngster Zeit neuerliche Veränderungen im Verhältnis von »Mann und Familie« sich ankündigen. So ist in aktuellen Veröffentlichungen viel von den »neuen Vätern« und der »neuen Väterlichkeit« die Rede. Und auch empirische Untersuchungen konstatieren eine zunehmende Orientierung des Mannes an der Familie.

In unserem Zusammenhang ist freilich wichtig, was sich daraus für die faktische Verteilung der Erziehungsarbeit ergibt. Und da zeigt sich dann, daß dem Einstellungswandel nur ein geringer Wandel im tatsächlichen Verhalten entspricht. Diejenigen Familien, wo die Väter einen Großteil der Erziehungsarbeit übernehmen, stellen immer noch eine kleine Minderheit dar.

Auch wenn in den letzten Jahren sich ansatzweise wieder Formen einer »Umverteilung« der Arbeit für Kinder herausbilden – zum gegenwärtigen Zeitpunkt sind sie dennoch in vielerlei Hinsicht eingeschränkt, unsicher und konfliktbelastet. Denn diese Delegation wird nicht wie in der vorindustriellen Gesellschaft von der vorherrschenden Arbeits- und Lebensform selbstverständlich getragen, sondern muß heute im Gegensatz dazu durchgesetzt werden. Das erfordert private Regelungen, die mit erheblichem Folgeaufwand verbunden sind (Zeit, Geld, Ausprobieren verschiedener Lösungsmuster), darüber hinaus starke psychische Belastungen erzeugen (Frage, ob das Kind Schaden leidet, entsprechende Schuldgefühle).

Im Verlauf des 20. Jahrhunderts bahnt sich auch eine Wende in den pädagogischen Theorien an, mit entsprechend neuen Akzenten für die Arbeit am Kind. Vorher ging es darum, für das körperliche und geistige Gedeihen des Kindes zu sorgen, es gleichzeitig aber auch einzupassen in die von der Gesellschaft und den Eltern vorgegebenen Bedingungen.

Jetzt aber kommt eine weiterreichende Devise auf, die zunächst auf relativ kleine Gruppen beschränkt bleibt, doch dann – vermittelt über ein schnellwachsendes Angebot populärwissenschaftlicher Literatur – immer breitere Schichten erfaßt und etwa seit den sechziger Jahren immer mehr den Familienalltag und das Familienleben durchdringt. Das Gebot dieser modernen Erziehungsratgeber heißt: bestmögliche Förderung der Fähigkeiten des Kindes. Und gleichzeitig wird verlangt: bewußte Respektierung seiner Bedürfnisse und Wünsche.

Ein neuer Markt entsteht, mit immer neuen Programmen für das allseitig zu fördernde Kind. Und schnell nehmen die neuen Möglichkeiten den Charakter neuer Pflichten an. Denn die Eltern können nicht nur, nein: sie sollen nun auch das Kind mit Zahnspange und orthopädischen Einlagen, mit Skikurs und Sprachferien versorgen.

Das alles mag dem Kind nützen (oder auch nicht: wann wird aus Wohltat Plage?). Sicher ist jedenfalls, alles verlangt fortwährenden Einsatz der Eltern, vor allem der Mütter. Diese müssen zunächst einmal viel »Informationsarbeit« leisten. Denn es gibt heute eine enorme, ja sich ständig vergrößernde Kluft zwischen selbstverständlich verfügbarem und kulturell gefordertem Wissen über Kinder. Auf der einen Seite sind die jungen Erwachsenen von heute Laien, was den Umgang mit Kindern betrifft, weit mehr als die Frauen und Männer früherer Generationen. Dies liegt vor allem an dem demographischen Sachverhalt, daß es in unserer Gesellschaft weit weniger Kinder gibt als in früheren Jahrhunderten; so wächst der einzelne kaum in einem größeren Geschwisterkreis auf, sieht auch wenig Kinder in der täglichen Umwelt, bis er dann selbst welche hat. Auf der anderen Seite aber sollen die Eltern von heute möglichst Mini-Experten sein, was Kinder betrifft. Denn als Resultat der einschlägigen Fortschritte in Pädagogik, Psychologie, Medizin steht immer mehr Wissen zur Verfügung und wird populärwissenschaftlich verbreitet, und als »gute« Eltern gelten nun die, die dieses Wissen sich aneignen zum Wohle des Kindes. Dieser Trend, in der pädagogischen Diskussion unter dem Stichwort »Verwissenschaftlichung der Erziehung« bekannt, bedeutet für die direkt Betroffenen nichts anderes als eine Verwissenschaftlichung der Arbeit, die sie zu leisten haben – steigender Anspruch und steigender Aufwand. Weil Erziehung immer ein zweiseitiges Verhältnis ist, deshalb ist die »Eroberung des Kindes durch die Wissenschaft« (Peter Gstettner) immer auch eine Eroberung der Eltern, vor allem der Mütter. Über Kinder wird ein Netz von Theorien geworfen: Und mit demselben Netz werden auch die Mütter gefangen.

Dabei ist dieses Lernen auch eine Sisyphusarbeit, die ständig spiralenförmig sich fortsetzt. Das hat zum einen mit der Natur des »Arbeitsgegenstandes« zu tun: Weil das Kind sich verändert, nämlich heranwächst, deshalb gibt es für jede Altersstufe neue Regeln und Ratschläge. Darüber hinaus liegt es an den »Arbeitsanweisungen« selbst, die in bestimmter Hinsicht unsicherer werden und gerade dadurch immer neue Fragen und neuen Bedarf nach Antworten produzieren. Denn immer zahlreicher und widersprüchlicher werden die Konzepte und Theorien, Experten und Gegenexperten im Themenfeld »Kind«. Der Wissenschaftsstreit um Erziehungsmethoden wird im Kinderzimmer zum häufigen Wechsel der Erziehungsmoden. Die Forderung nach allseitiger Förderung, heute oberstes Gebot, wird gleichzeitig schon wieder in Zweifel gezogen: Das Problem der »Überförderung« rückt ins Blickfeld. Unter diesen Bedingungen ist Lernen nicht mehr so einfach wie einst, wo es hieß: gehorsam und gläubig den Anweisungen der Experten zu folgen: Jetzt werden vielmehr die »aufgeklärten«, die »mündigen« Eltern verlangt, die aus den widersprechenden Ratschlägen selbst eine eigene Meinung sich bilden. Doch viele können das nicht, zum Beispiel weil die entsprechenden Bildungsvoraussetzungen fehlen, die einen bewußten Umgang mit Informationsangeboten erlauben. So erzeugt die Informationskonkurrenz oft Verwirrung, Verunsicherung – und die Suche nach weiteren Informationen.

Aber warum eigentlich, das ist die naheliegende Frage, betreiben die Eltern unter diesen Umständen nicht einfach

»Arbeitsverweigerung«? Warum lassen sie nicht ab von der Suche nach Informationen, warum schieben sie nicht alle pädagogischen Weisheiten beiseite? Die Antwort heißt, daß in unserer Gesellschaft zahlreiche Barrieren existieren, die ein Ausbrechen aus dem Dickicht der Ratschläge erschweren. Zunächst einmal sind die Eltern praktisch von allen Seiten vom Gebot bestmöglicher Förderung umstellt, von Fernsehen bis Zeitschriften, von Werbung bis Schule. Und die Botschaft, die ihnen vermittelt wird, hat einen immer wiederkehrenden Refrain: daß Nicht-Beachtung der kindlichen Bedürfnisse zu irreversiblen Schädigungen führt und Mangel an Förderung zu Entwicklungsverzögerung, ja Leistungsversagen. Dabei ist »Leistungsversagen« ein Wort, dessen Bedeutung die Eltern sehr wohl verstehen, denn in der sozial mobilen Gesellschaft ist »Leistung« eine Schlüsselkategorie. Wo die Möglichkeit und Verheißung des Aufstiegs besteht, die als Kehrseite immer die Gefahr des Abstiegs enthält, da wird der Zwang immer spürbarer: durch individuelle Planungen, Anstrengungen, Bildungsbemühungen den eigenen Platz in der gesellschaftlichen Hierarchie zu sichern.

Unter diesen Bedingungen kann Arbeitsverweigerung nur den »herzlosen« Müttern gelingen, denen, die »Rabenmütter« sind, gemessen an den neu definierten Erwartungen. Die meisten aber können sich den kulturell vorgeschriebenen Standards nicht entziehen. Sie tun lieber mehr als zu wenig und leiden unter den bekannten Schuldgefühlen, ob sie wirklich genug tun. Die pädagogischen Theorien erzeugen die Angst, zu wenig Arbeit zu leisten, und diese Angst verpflichtet von neuem auf die Orientierung an pädagogischen Ratschlägen. So schließt sich der Kreis.

Wie es in einer amerikanischen Frauenzeitschrift heißt: »Unstimulated time is a waste of baby time«. Um der vielseitigen Anregung willen begleiten Mütter (und hin und wieder die Väter) das Kind zu Zirkus und Zoo, gehen mit zum Schwimmkurs fürs Baby, organisieren Elterninitiativen und Stadtteil-Feste für Kinder. Die »naturwüchsige Kindheit« ist in vielerlei Hinsicht vorbei, die »Inszenierung der Kindheit« beginnt. Und auch hier wieder ist Arbeitsverweigerung schwierig, denn diese Inszenierungs-Aktivitäten entspringen ja nicht einer bloßen Laune der Eltern. Sie haben vielmehr ihren objektiven Grund darin, daß unter den Bedingungen der mobilen Gesellschaft Erziehung und Förderung ein Teil der Arbeit zum Statuserhalt ist. Wo der Zwang regiert, durch individuelle Anstrengungen den eigenen Platz in der Gesellschaft zu sichern, da wird er notwendig schon ins Kinderzimmer hineingetragen: Die Kindererziehung wird eingespannt zwischen Aufstiegswunsch und Abstiegsbedrohung.

Zusammenfassend kann man sagen, in der hochindustriellen Gesellschaft ist zwar die physische Versorgung des Kindes in mancher Hinsicht einfacher geworden, dank Technisierung des Haushalts und vorgefertigten Produkten wie Wegwerf-Windel und Babykost. Aber dafür wurden, wie die historisch vergleichende Familienforschung sichtbar macht, mit der Entdeckung der Kindheit zunehmend neue Themen entdeckt: »Unsere Welt ist von den physischen, moralischen und sexuellen Problemen der Kindheit geradezu besessen« (Philippe Ariès, »Geschichte der Kindheit«). So sind auf anderer Ebene zahlreiche neue Aufgaben hinzugekommen, wie es in einer neueren Studie zur Familienentwicklung heißt: »Die Familie steht heute unter einem Erziehungsdruck, der historisch seinesgleichen sucht« (Franz Xaver Kaufmann, »Staatliche Sozialpolitik und Familie«). Das Kind, einst ein Geschenk Gottes, manchmal auch eine unerwünschte Last, ist heute den Eltern/den Müttern vor allem »ein schwieriges Behandlungsobjekt« (Hartmut von Hentig, Vorwort zu Ariès »Geschichte der Kindheit«).

Betrachten wir nun, wie diese pädagogische Wende die Arbeit fürs Kind verändert. Das fängt bei dem simplen Tatbestand an, daß zum Erziehungsalltag immer mindestens zwei gehören, eine erziehende Person und eine, die erzogen werden soll. Da aber diese beiden Parteien nach Alter, Erfahrung, Wissen, Bedürfnissen weit voneinander entfernt sind, kommt es oft genug zu »divergierenden Interessen«, oder deutlicher gesagt, zu den bekannten Konfliktsituationen: Die Mutter will, das Kind will nicht, und umgekehrt. Die pädagogische Wende vom autoritären zum liberalen Erziehungsstil hat genau in solchen Situationen ihre sichtbarsten Konsequenzen, weil sie nämlich die Spielregeln dafür verändert, wie mit Konflikten umzugehen ist. Vereinfacht gesagt, eine Machtverschiebung findet statt, von »erzieherfreundlich« zu »kinderfreundlich«. Auch das heißt für die zu leistende Arbeit: Sie wird zunehmend mühsamer.

Was soll man tun, wenn Konflikte entstehen? Wie reagieren, wenn »Partner Kind« seine eigenen Wünsche, Bedürfnisse, Vorstellungen hat (zum Beispiel was den Nutzwert von Mittagsschlaf, Hausaufgaben oder Süßigkeiten angeht), die deutlich von denen der Eltern abweichen? Nach der neuen, kindorientierten Pädagogik sind strikte Gebote und Verbote verbannt. Statt dessen soll ein Aushandeln stattfinden: »Familienkonferenz« heißt das elegante Stichwort dafür. Aber schaut man genauer hin, so verlangen Veranstaltungen dieser Art endlos Erklärungen und Erklärungsversuche, geduldige Appelle an Einsicht und Rücksicht, Diskussionen und nochmals Diskussionen, eine Mischung aus Engelsgeduld und Frustrationstoleranz – das heißt zähe Verhandlungsarbeit, nicht selten von Turbulenzen begleitet, eine Art Weltgipfelkonferenz en miniature und auf Dauer, wobei hier noch erschwerend hinzukommt, daß die Beteiligten die Schwächen, Empfindsamkeiten, kritischen Punkte der jeweils anderen Partei aus jahrelanger Übung genauestens kennen und sich noch dazu kaum entrinnen können, weil Arbeit und Leben untrennbar verknüpft sind.

Nicht strikter Befehl, sondern wechselseitige Rücksichtnahme: dieses Motto der neuen Pädagogik verändert also von Grund auf die Arbeitsbedingungen. Während die Geschichte der Kindheit über viele Jahrhunderte hinweg vor allem Unterwerfung der Bedürfnisse und Interessen von Kindern gegenüber denen der Erwachsenen verzeichnet; während noch im 19. Jahrhundert Anweisungen verbreitet waren, die Erwachsenen sollten ihre Welt schützen gegen »Störungen von seiten der Jugend«, kommt nun die umgekehrte Devise auf. »Wir werden ... unseren Kindern und späteren Generationen nur dann gerecht, wenn wir ihre Bedürfnisse ... zur Richtschnur, zur Ausgestaltung unserer und ihrer Welt werden lassen« (Reinhart Lempp »Familie im Umbruch«). Jetzt sollen die Erwachsenen vor allem das Kind schützen gegen alles, was seine Entwicklung hemmt. Deshalb werden sie selbst zu Verzicht aufgefordert, zum Zurückstellen eigener Bedürfnisse, Rechte, Interessen. Im Zuge des historischen Wandels verändern sich damit die gesellschaftlichen Definitionen der beiden Personen, die in Mutterschaft zusammengebunden sind – die Frau und das Kind.

Matthias Ochs / Rainer Orban

Idealfamilie? Realfamilie! Die vielfältigen Formen des Zusammenlebens

Familie ist in der derzeitigen öffentlichen Debatte eines der spannendsten gesellschaftlichen Themen – unter anderem auch infolge der PISA-Studie. Mittels der Bilder von Familie werden Machtverhältnisse aufgebaut, befördert und nicht selten auch zu zementieren versucht. Der 2001 verstorbene katholische Bischof Dyba äußerte sich Anfang 1999 in der Sendung »Talk im Turm« wie folgt: »Zwei Lesben mit einer Anonympulle Sperma im Tiefkühlfach, das ist doch keine Familie.« Soweit der Bischof. Die Frage ist, ob er recht hat – und weiterführend, warum so viele Menschen und gesellschaftliche Gruppen anscheinend viel Wert darauf legen, in Fragen der Familie recht zu haben und sich durchzusetzen.

Wenn wir uns anschauen, welche Positionen die beiden großen christlichen Kirchen zur Familie einnehmen, so können wir folgendes festhalten: Die katholische Kirche erklärt Familie als eine Ordnung Gottes, die dem Staat vorausgeht. Aus ihrer Sicht ist der Staat verpflichtet, diese eine Form der Familie, die Vater-Mutter-Kind-Familie, als Folge der Eheschließung, zu schützen. In der evangelischen Kirche überwiegt eher die Meinung, daß es den Menschen freigestellt sein sollte, Familie nach ihren eigenen Vorstellungen zu gestalten.

In gesellschaftlichen Diskussionen wird Familie immer wieder als Keimzelle der Gesellschaft betrachtet und bezeichnet. In Deutschland und den westlichen Ländern wird seit einigen Jahrzehnten eine Mutter-Vater-Kind(er)-Familie propagiert, die der Heiligen Familie wie aus dem Gesicht geschnitten erscheint. Mit spitzer Feder formuliert, könnte man das als einen »Treppenwitz« der Geschichte bezeichnen. Kritisch ist nachzufragen, ob dieses Familienbild unseren sozialen Realitäten überhaupt noch gerecht zu werden vermag.

Familie ist und war immer Spiegel wie auch Impulsgeber von Gesellschaft. Die Formen familiären Zusammenlebens sind wirtschaftlich und kulturell beeinflußt und bedingt, und umgekehrt wirkt Familie, wie auch immer geformt und gelebt, auf die sie umgebende Gesellschaft. Allein die Erwartung, Familie könnte in ihrer Form und Gestaltung, in ihren Aufgaben innerhalb eines gesellschaftlichen Systems stets unveränderlich gleich bleiben, ist unsinnig. Familie muß sich zwangsläufig auf vielfältige Weisen gestalten, soll sie allen Ansprüchen der jeweiligen Zeit gerecht werden.

In dem Maße, wie sich Gesellschaft wandelt und entwikkelt, wird sich immer auch Familie wandeln und entwickeln müssen. Wir können nicht im Ernst erwarten, daß Familie eine uneinnehmbare Festung bleibt, während rundherum alle Schranken fallen. Eine solche Festigkeit ist nicht nur unmöglich, auch deren Forderung muß sich enorm schädigend auswirken. Es macht einfach keinen Sinn, mit einem Boot, welches für Windstärke fünf ausgelegt ist, bei Orkanböen zu segeln. Kein normaler Mensch käme auf eine solche Idee. Familie aber soll in alter Form neuen Herausforderungen widerstehen – aus unserer Sicht spiegelt sich in diesen Forderungen nur die Unfähigkeit der Verantwortlichen in Politik, Wirtschaft und Gesellschaft wider, auf die rasanten gesellschaftlichen Veränderungen angemessen antworten zu können und zu wollen. Diese Forderung zieht nämlich die Übernahme von realer Verantwortung nach sich, das heißt die Verpflichtung, auch steuernd einzugreifen.

Halten wir fest: Familie ist erstens etwas anderes und zweitens mehr als die sogenannte Kernfamilie mit Vater, Mutter, Kind.

Familie bedeutet im Hebräischen Vaterhaus. Aus dem Griechischen abgeleitet, hat Familie zu tun mit Wohnhaus, Hausstand, Stamm, Heimat. Laut Brockhaus stammt Familie aus dem Lateinischen und bedeutet soviel wie Dienerschaft, Hausgenossenschaft, Gesinde. Der französische Begriff famille bezeichnet in der Regel größere Gesinde und Lebenseinheiten. Immer hat Familie also mit Haus(-stand) zu tun.

Sind nun zwei »Lesben mit einer Anonympulle Sperma im Tiefkühlfach« eine Familie oder nicht? Man mag die Nase darüber rümpfen und sich auf den Schlips getreten fühlen, wenn man hört, daß ein homosexuelles Paar ein Kind großzieht. Sicher ist aber, daß diese Konstellation ebensowenig eine Garantie für oder gegen eine gelingende Biographie ist wie das Aufwachsen mit leiblichen Eltern. Die Qualität von Familie ist abhängig von der Qualität der gelebten Beziehungen. Familie ist weder notwendigerweise Mutter-Vater-Kind noch sind bestimmte Familienformen oder -konstellationen von Natur aus gut oder schlecht.

Die bunte Entwicklung familiärer Lebensformen findet bezeichnenderweise in einer großen Anzahl von Begriffen für Formen, wie sie aktuell in den Medien und in der Fachliteratur Verwendung finden, Ausdruck. Es ist die Rede von: Zwei-Eltern-Familien, kinderlosen Ehepaaren, Alleinstehenden, bikulturellen Familien, Commuter-Ehen, Ein-Eltern-Familien, Patchworkfamilien, Single-Mamas, Alleinwohnenden, Partnerschaften mit getrennten Haushalten, Shuttle-Paaren, Mehr-Generations-Familien, biologischen Kernfamilien, Married Singles, Teilzeit-Ehen, Two Location Families, Single-Papas, Adoptivfamilien, Inseminationsfamilien, traditionellen Familien, Zweitfamilien, Pflegefamilien, multilokalen Mehr-Generations-Familien, Alleinerziehenden, Singles, Fortsetzungsfamilien etc.

Aus der obigen Auflistung ist allerdings nicht zu schließen, daß Familien in der Vergangenheit weniger komplex und variantenreich waren als heute. Tatsächlich war das familiäre Leben sehr viel unvorhersehbarer als heute. Ungeplante Schwangerschaften, der Tod von Kindern oder der frühe Tod eines Elternteils und die damit verbundenen Neuorganisationen in Ein-Eltern Familien, Patchworkfamilien, Mehr-Generations-Familien etc. kamen noch im 19. Jahrhundert viel häufiger vor als heutzutage, sie standen buchstäblich auf der Tagesordnung.

Uns ist wichtig, Sie für das Problem der Gültigkeit beziehungsweise Ungültigkeit der in den Medien herumschwirrenden Statistiken zu den verschiedenen Familienformen zu sensibilisieren.

Noch wichtiger aber ist, deutlich zu machen, daß statistische Häufigkeit nicht das ist, was wirklich zählt. Vielmehr geht es darum, den verschiedensten familiären und familienähnlichen Alternativen Lebensraum und Respekt zu gewähren!

Letzteres ist unter anderem Aufgabe der Familienpolitik (auch wenn es zur Zeit politisch en vogue ist, vieles der Selbstverantwortung der Bürger und Familien zu übertragen). Beispielsweise sind in den skandinavischen Ländern achtzig Prozent der jungen Mütter berufstätig. Es werden dort genügend finanzielle Mittel bereitgestellt zur Absicherung der Betreuung kleiner Kinder. Deutschland hingegen ist europäisches Schlußlicht, was Betreuungsplätze vor allem für Kleinkinder angeht. Ein weiteres Beispiel: In Deutschland wurde zum 1. Januar 2002 in Teilen des öffentlichen Dienstes der Sonderurlaub (bisher ein Tag) für Väter bei Geburt eines eigenen Kindes abgeschafft. In Frankreich hingegen wurde vor zwei Jahren ein Gesetz verabschiedet, das berufstätigen Vätern nach der Geburt ihres Kindes vierzehn Tage Sonderurlaub garantiert.

Die Entscheidung für Kinder ist in Deutschland oftmals immer noch gleichbedeutend mit der Übernahme traditioneller Rollenmuster. Natürlich gibt es viele Familien, die sich mit den gesellschaftspolitisch angebotenen Rahmenbedingungen gern und gut einrichten: Der Mann verdient den finanziellen Lebensunterhalt der Familie, und die Frau kümmert sich um Kinder und Haushalt. Dagegen ist auch gar nichts einzuwenden, zumal es sich wie selbstverständlich anbietet! Problematisch wird die familiäre Situation allerdings, wenn das traditionelle Familienmodell scheitert – dann stehen keine alternativen gesellschaftspolitisch gesteuerten Rahmenbedingungen zur Verfügung, die im Notfall wirklich hilfreich sind.

Unter einer Kernfamilie verstehen wir eine Konstellation, in welcher Kinder mit ihren leiblichen Eltern in einem Haushalt leben. Über den Anteil dieser Familienform an der Gesamtheit aller Familien in Deutschland gibt es unterschiedliche Angaben. Die Oldenburger Familienforscherin Rosemarie Nave-Herz schreibt etwa, daß trotz einer Zunahme anderer Familienformen der Anteil der Zwei-Eltern-Familien an allen Familien 85 Prozent beträgt (wobei zu dieser Zahl auch unverheiratete Eltern mit Kindern zählen). Bernhard Nauck, Professor für Familiensoziologie an der Universität Chemnitz, gibt geringere Prozentzahlen an. Er geht davon aus, daß in Westdeutschland etwa 75 bis 80 Prozent und in Ostdeutschland etwa 65 bis 70 Prozent der Kinder mit beiden Eltern in einem Haushalt leben. Der Erziehungswissenschaftler Matthias Petzold hingegen formuliert, daß die klassische Vater-Mutter-Kind-Familie in Deutschland nicht mehr die häufigste Familienform darstellt. Den größten Anteil aller Privathaushalte nehmen Single-Haushalte, den zweitgrößten Familien mit Kindern (und nur ein Teil dieser Kinder lebt mit beiden leiblichen Eltern) ein. Diese Angaben passen zu dem Befund, daß der Anteil jener Erwachsener in Deutschland, die einen Haushalt mit Ehepartnern und Kind(ern) führen, im Jahr 1996 nur noch 32 Prozent betrug, mit fallender Tendenz.

Möglicherweise werden Sie sich nun fragen, wie diese Zahlen mit der Tatsache zusammenpassen, daß derzeit jede zweite bis dritte Ehe geschieden wird (die Scheidungsrate lag laut Statistischem Bundesamt im Jahr 2000 in Deutschtand bei 46,3 Prozent). Dazu gibt es folgendes festzuhalten: Nicht selten werden Scheidungen in kinderlosen Ehen vollzogen. Außerdem trennt sich eine ganze Reihe von Paaren erst, wenn die Kinder das Elternhaus bereits verlassen haben.

Uns ist sehr wohl bewußt, daß sich viele der auf den ersten Blick traditionell geformten Familien (Mutter, Vater,

Kind(er)) den aktuellen Herausforderungen des Arbeits- und Alltagslebens durchaus sehr angemessen stellen und die »Ideal-Falle« hinter sich lassen. Die äußere Form allein sagt also nicht unbedingt etwas aus über die dahinterliegenden (Ideal-)Vorstellungen, an denen das Handeln ausgerichtet wird.

Wir wollen im folgenden jedoch auf Familien schauen, die dem Idealbild der Form nach entsprechen und die sich auch »inhaltlich« nach diesem Bild ausrichten.

Eine verhängnisvolle Falle für traditionelle Familien besteht darin, nicht mehr mit dem Partner oder den Kindern in Beziehung, sondern nach festgefügten Bildern zu leben. Grundsätzlich können natürlich alle Familien in diese Falle geraten, in Kernfamilien ist die Gefahr allerdings um so größer, weil sie dem Familienideal so nahe sind. Die Versuchung, den inneren Hollywood-Film vom Familienidyll ablaufen zu lassen und die anderen Familienmitglieder als Leinwand für dieses Movie zu (be)nutzen, ist in der traditionellen Kleinfamilie einfach verlockender. Je nach persönlicher Vorliebe und familiärer Vorerfahrung ist der Film eher konservativ getönt, spielt im vermeintlich alternativen Milieu oder setzt den sehnsuchtsvollen Traum des kleinen Kindes in uns endlich in Szene.

Nicht selten verlieren diese Bilder das Wichtigste aus dem Blick: die realen, sich verändernden Menschen. Wissen Sie, wie es Ihrem Partner und Ihren Kindern zur Zeit wirklich geht? Welche Gedanken und Gefühle beschäftigen die einzelnen Menschen in Ihrer Familie momentan? Welche Visionen haben die einzelnen Familienmitglieder davon, wie sie in zwei oder fünf Jahren mit wem, wo und wie leben möchten? Wie zufrieden ist Ihr Partner mit seinem Leben, Beruf, seiner Familie? Wie zufrieden fühlen sich Ihre Kinder in der Schule, mit ihren Freunden und der Familie? Welche Bedürfnisse und Träume haben die einzelnen Familienmitglieder? Wie möchte Ihr Partner alt werden? Welche Vorstellungen haben Ihre Kinder von ihrer beruflichen und privaten Zukunft? Wie geht es Ihrem Partner in seiner Beziehung zu Ihnen? Was für Vorstellungen hat Ihr Partner vom Leben nach dem Tod und vor der Geburt? Über welche Vorstellungen verfügen Ihre Kinder hierzu? Was macht wem in Ihrer Familie so richtig Spaß? Was bereitet Ihnen als ganze Familie große Freude? Was befriedigt die einzelnen Menschen in Ihrer Familie zutiefst? Wissen Sie, wofür es sich für Ihren Partner lohnt zu leben? Worin sehen die Menschen in Ihrer Familie den Sinn in ihrem Leben? – Inwiefern ist die Stimmung heute eine andere als gestern?

Eine weitere Falle für traditionelle Kleinfamilien ist, fast automatisch und schleichend in »chronifizierende« Rollenverteilungen hineinzugleiten.

Letztlich geht Papa – obwohl ursprünglich anders geplant – doch ganztags arbeiten, und Mama kümmert sich, weil es einfach praktischer ist, um die Kinder. Das scheint verständlich und völlig legitim. Abends nach der Arbeit ist Papa einfach kaputt – auch verständlich. Und am Wochenende ist Ausruhen von der tatsächlich superstressigen Arbeitswoche angesagt. Die Kinder bleiben, wie üblich, mehr oder weniger an Mama kleben. So ist das eben.

Ähnlich verhält es sich mit dem Thema Erziehungsurlaub, seit neuestem Elternzeit genannt. Den hätte Papa total gern übernommen, ehrlich. Aber es ist doch besser, wenn Papa im Job bleibt – bei der momentanen Lage auf dem Arbeitsmarkt kann sich keiner ein Risiko leisten. Und ein Risiko für die Familie wäre vor allem, wenn Papa seine Arbeit verlöre, er verdient doch viel mehr, als Mama es je könnte …

Auch hier gilt wieder: Wenn Mann und Frau sich mit ihrer Lebenssituation wohlfühlen, dann steht alles zum Besten. Denn eine der wichtigsten Prämissen der Familientherapie lautet: Wenn etwas gut funktioniert, dann behalte es bei! Schwierig wird es allerdings, wenn Rollenverteilungen sich so verfestigt haben, daß beim Auftreten eines Veränderungswunsches eine Umsteuerung als nicht möglich oder als für den Zusammenhalt und das Funktionieren der Familie bedrohlich angesehen wird.

Natürlich besteht auch in anderen Familienformen die Gefahr eingefrorener Rollenverteilungen, nach unserer familientherapeutischen Erfahrung jedoch bei weitem nicht in demselben Ausmaß wie in der traditionellen Kleinfamilie. Für diese ist eine traditionelle Rollenverteilung konstituierend. Tatsächlich scheitern die ansonsten sehr scheidungsrisikoarmen traditionellen Ehen gerade dann, wenn sich feste Muster der Rollenverteilung verflüssigen.

Traditionelle Zwei-Eltern-Familien stehen vor der Gefahr, zu vergessen, daß es noch eine Welt jenseits der eigenen Familie gibt: Nachbarn, Freunde, Möglichkeiten und Verantwortungen, Träume, Projekte etc. – und vor allem andere Eltern.

Der englische Soziologe Frank Furedi beobachtet in seinem Buch »Die Elternparanoia« einen massiven Zerfall der Erwachsenen-Solidariät in unseren westlichen Gesellschaften. Erwachsene kümmern sich nur noch um ihre eigenen Kinder: Wenn sie beispiclweise andere, fremde Kinder in Konfliktsituationen sehen, bleibt keiner von ihnen stehen, um zu vermitteln oder einzugreifen. Sie zeigen kein Interesse daran, andere Kinder zu inspirieren, zu erziehen oder spontan deren Eltern auszuhelfen. Eine Folge dessen ist, so Furedi, daß Eltern schließlich andere Erwachsene nicht als vertrauenswürdig, sondern als potentiell suspekt und gefährlich empfinden.

Unsere Überzeugung ist: Wer nur die eigenen Schäfchen ins trockene bringen möchte, nur an seine eigene Familie denkt, setzt diese aufs Spiel! Denn Familie muß sich entwickeln und verändern. Entwicklung aber ist ohne Impulse von außen nicht möglich. Es braucht den Kontakt, die Anregungen, die Auseinandersetzungen mit der Umwelt, um sich und seine Familie in Veränderungsprozessen zu erhalten.

In Deutschland sind Patchworkfamilien nicht so verbreitet wie in Amerika, wo sie bereits die häufigste Familienform darstellen. Zehn Prozent aller deutschen Familien leben in

Patchwork-Konstellationen, so die Schätzung des Soziologieprofessors Norbert Schneider.

Unter einer Patchworkfamilie verstehen wir eine Familienform mit zwei Erwachsenen unterschiedlichen Geschlechts, in der mindestens einer der Erwachsenen mindestens ein Kind in diese Verbindung mitbringt. Andere Begriffe für diese Familienform sind »Stieffamilie« oder »offene Familie«, wobei ersterer im umgangssprachlichen Gebrauch häufig immer noch negativ besetzt ist – eine Stiefmutter wird schnell mit einer Rabenmutter assoziiert, und Stiefkinder erleiden in Momenten unserer überschießenden Phantasien leicht das Schicksal von Aschenputtel.

Mitglieder in Patchworkfamilien haben in der Vergangenheit meist Verluste und gravierende Einschnitte in ihrem Leben erfahren: zerbrochene Familienideale, Veränderungen in der Beziehung zwischen Eltern und Kindern, Trennung, Scheidung, Tod und ein damit einhergehender teilweise tiefgreifender, grundsätzlicher Wandel der Lebenssituationen und -umstände. Gerade für Patchworkfamilien ist daher ein konstruktiver Umgang mit Verlust und Abschied eine wichtige Voraussetzung für ein gutes Funktionieren. Jedem Familienmitglied muß unbedingt die Möglichkeit geboten sein, seine Gedanken und Gefühle, auch Trauer, Schmerz und Angst, offen zum Ausdruck zu bringen.

Beispielsweise kann es für einen kinderlosen Partner durchaus schwierig sein, anzuerkennen und zu akzeptieren, daß sich die Realität einer Patchworkfamilie anders gestaltet als ursprüngliche Träume und Phantasien von Ehe und Familie. Zudem tragen Erwachsene in Patchworkfamilien die Verantwortung, besonders sensibel auf die Reaktionen der Kinder in neuen Familiensituationen einzugehen. Kinder haben zumeist keine Kontrolle über die sich verändernden Lebensumstände, es ist ihnen in den wenigsten Fällen freigestellt, im Haushalt des einen oder anderen leiblichen Elternteils zu leben oder sich auszusuchen, mit wem sie zusammenleben möchten. Um so mehr sollten sich deshalb die Erwachsenen darum bemühen, dem Kind gefühlsmäßig zu versichern, daß es sich geborgen fühlen kann, zum Beispiel, indem sie nicht Konflikte auf der Elternebene über seinem Kopf austragen, oder indem sie sich Zeit nehmen zu reden und zu verstehen, daß für Kinder der Verlust eines Elternteils mit persönlichen Verlustängsten verbunden sein kann. Gleichwohl sollten Eltern sich ihren neuen Partner keinesfalls danach aussuchen, ob er dem Kind genehm ist oder nicht! Das bringt Kinder lediglich in die unmögliche Position, für ihre Eltern entscheiden zu müssen. Paradoxerweise liegen die Beweggründe der Eltern, die Kinder bei der Partnerwahl bis zu einem gewissen Grad mit einzubeziehen, oft nicht so sehr in der Sorge um das Wohl der Kinder, sondern in einem verborgenen Schuldgefühl und dem Versuch, etwas wiedergutmachen zu wollen.

Eine Patchworkfamilie ist und wird niemals eine biologische Zwei-Eltern-Familie sein! Es ist wichtig, das anzuerkennen! Denn der Versuch, im zweiten Anlauf vielleicht doch noch die ersehnte Idealfamilie aufzubauen, birgt teuflische Gefahren in sich, vor allem für die Kinder.

Menschen können sich in ganz unterschiedlichen Phasen ihrer familiären, persönlichen und biologischen Entwicklung zu Patchworkfamilien zusammenfinden. Dies hat unmittelbare Auswirkungen darauf, wie sie sich als Familie definieren: Die sechzehnjährige Melanie betrachtet den dreizehnjährigen Sohn des neuen Partners ihrer Mutter nicht als Familien-, sondern als WG-Mitglied, das jetzt im Zimmer nebenan wohnt. Sie nennt den Partner ihrer Mutter Manfred, ihre sechsjährige Schwester Jennifer nennt ihn Papa.

Im Alltag von Patchworkfamilien haben die Beteiligten unter Umständen sehr unterschiedliche Gewohnheiten, Werte und Vorstellungen darüber entwickelt, wie Familien »funktionieren«. Was ist zu tun?

Familienmitglieder in Patchworkfamilien brauchen meist Zeit, viel Zeit, um sich aneinander zu gewöhnen, sich kennen und lieben zu lernen (oder auch um festzustellen, daß man besser wieder auseinandergeht). Das gilt für alle, sowohl für die Erwachsenen untereinander, die Kinder untereinander und die Kinder und Erwachsenen in ihrem Verhältnis zueinander. Die Bedeutung des Kennenlernens ist hier eine ganz andere als in der Kernfamilie. Sie beinhaltet unter anderem auch eine Entscheidungsmöglichkeit für oder gegen eine bestimmte Lebensweise, für oder gegen ein Dazugehören – eine Entscheidung, die es in der biologischen Kernfamilie so zunächst nicht gibt.

Es gibt familientherapeutische Theorien, die besagen, daß ältere familiäre Bindungen »Vorrang« vor nachfolgenden, jüngeren Bindungen hätten. In Patchworkfamilien hat die Eltern-Kind-Beziehung zumindest eines Elternteils in der Regel eine längere Geschichte als die Beziehung zwischen den Erwachsenen. Dies bedeutet, daß in einer Patchwork-Konstellation eine Mutter sich im Zweifelsfall ihrer Tochter gegenüber loyaler zeigt als gegenüber ihrem neuen Partner. Auch wenn sich das Loyalitätsverhalten nicht immer nach dieser ›Regel‹ verhält, so ist es doch unbestreitbar, daß die Kompetenz der einzelnen Familienmitglieder, den anderen Familienmitgliedern Raum zu geben, um ihre verschiedenen Loyalitäten und Bindungen leben zu können, maßgeblich über den Erfolg gerade dieser Familienform entscheidet. Loyalitätsverhalten drückt sich zum Beispiel auch in der Form der Anrede aus: Mamas neuer »Schatz« muß nicht automatisch der Kinder neuer »Papa« sein.

Nicht selten ersehnen wir das am allermeisten, was in der Wirklichkeit am wenigsten realisierbar ist. Die Tendenz, fremde, nicht leibliche Elternteile radikal auszuschließen, führt gerade in der Pubertät, wenn es um Identitätsfragen geht (»Wer bin ich?« und »Wo komme ich her?«) zu enormen Spannungen. Für Kinder ist es wichtig, diese Frage für sich beantworten zu können. Dies gelingt vor allem dann, wenn sie die Beziehungen zu den verschiedenen, auch den nicht-anwesenden Elternteilen selber mitgestalten können. Gerade in Zeiten der Veränderung wird dieser Wunsch häufig sehr stark empfunden. Eltern sollten dieses Bedürfnis ihrer Kinder erkennen und respektieren. Wenn das Kind etwa den Wunsch äußert, eine aus seiner Sicht jetzt wichtige Bezugsperson, wie etwa den leiblichen, abwesenden Vater kennenzulernen oder eine Beziehung zu ihm aufzubauen, dann sollte ihm ein Kennenlernen möglich gemacht werden. Das »Wie« des Kennenlernens bietet den Eltern wiederum Möglichkeiten zur eigenen Gestaltung: Ist der Vater beispielsweise durch Tod oder Abwesenheit unerreichbar, kann man dem Kind von ihm erzählen und Fotos zeigen. Je nachdem, wie Sie die Bezugsperson, die für Ihr Kind wichtig ist, einschätzen, sollten Sie mehr oder weniger zum Gelingen eines Kennenlernens oder Treffens beitragen.

Wir erleben in unserem familientherapeutischen Alltag immer wieder, daß die neue Partnerin des Vaters fordert, dieser möge den Kontakt zu seinen Kindern aus vorherigen Verbindungen möglichst minimieren. Leider gibt es immer noch genügend Männer, die diesem Wunsch aus Angst, die Partnerin zu verlieren, nachkommen. Tatsächlich haben wir jedoch bisher noch keinen Fall erlebt, in dem eine solche Handhabung auf lange Frist gutgegangen ist: Entweder kamen die Kinder mit dem Verlust nicht zurecht, oder die neue Beziehung des Vaters war nicht von Dauer, oder aus den Familienmitgliedern der alten Familie bildeten sich mit der Zeit voneinander völlig losgelöste individuelle Einzelsatelliten ohne Kontakt und Bindung zueinander.

Ein anderes häufig auftretendes Problem in Patchworkfamilien besteht darin, daß der neue Partner der Mutter sich als Vater der angenommenen Kinder aufspielt und versucht, die Existenz des tatsächlichen Vaters zu ignorieren. Die Reaktion der Mutter hierauf (nach anfänglicher Freude darüber, daß sich der neue Partner so nett um die Kinder kümmert) ist oft, daß sie die Erziehungsversuche ihres Partners sabotiert und indirekt ihre Kinder zum Boykott aufruft. Solche Konstellationen haben keine lange Zukunft.

Eine Voraussetzung dafür, daß Raum für unterschiedliche Loyalitäten und Bindungen entsteht, ist der flexible Umgang mit Nähe und Distanz. Dies bedeutet, daß der Vater die Fähigkeit entwickeln muß, seiner Traurigkeit und seinem Schmerz angemessen zu begegnen, wenn seine Kinder nach dem Besuchswochenende wieder zur Mutter verschwinden. Gleichzeitig muß er die Kompetenz besitzen, am nächsten Besuchswochenende wieder die Beziehung aufnehmen zu können und diese nicht durch einen Pseudokontakt zu vermeiden. Die neue Partnerin dieses Mannes muß ihren Partner »loslassen« können, wenn dieser für eine Woche ohne sie mit seinen Kindern in Urlaub fährt. Für die Mutter kann es eine Herausforderung darstellen, zuzulassen, daß ihren Kindern die Beziehung zum Vater ebenfalls sehr wichtig ist. Sie sollte weder offen noch versteckt eine bevorzugte Loyalität der Kinder ihr gegenüber erwarten.

Ein »Gehen-und-Ankommen-lassen« der verschiedenen Familienmitglieder in Patchwork-Konstellationen ist ein Schlüssel zum Erfolg dieser Familienform. Ein Gefühl der Zusammengehörigkeit kann in Patchworkfamilien zum Beispiel durch gemeinsame Rituale, Freizeitaktivitäten oder Projekte gefördert werden. Es können manchmal auch ganz banale Dinge sein, die man gemeinsam unternimmt. Die Aufmerksamkeit ist das, was zählt. Solange das Miteinander im Vordergrund steht, wird die Beziehung gestärkt und entwickelt sich.

Renate Schmidt

Der Quark steht im Kühlschrank oder: Wer organisiert die Familie?

Erwerbstätigkeit und Familie zu vereinbaren ist bis heute das Problem der Mütter. Das wird so bleiben, wenn sich nichts grundlegend ändert.

Mitte der achtziger Jahre untersuchte Frau Prof. Ursula Funke, Wirtschaftswissenschaftlerin aus Mainz, die Lebensumstände von Männern und Frauen, die bis in Führungspositionen aufgestiegen waren. Die Studie kam für die Geschlechter zu markant unterschiedlichen Ergebnissen. So waren 97 Prozent der Männer in Leitungsfunktionen verheiratet oder lebten in einer festen Partnerschaft. Auffallend auch, daß die männliche Führungscrew mit überdurchschnittlich vielen Kindern gesegnet war. Zu 40 Prozent waren dagegen die Frauen in vergleichbaren Führungspositionen weder verheiratet, noch lebten sie in einer festen Partnerschaft, noch hatten sie Kinder.

Neuere Untersuchungen kommen zu ähnlichen Ergebnissen. Zwar sind Frauen in Führungsfunktionen heute häufiger verheiratet – auch ein Zeichen der Emanzipation der Männer, die erfolgreiche Frauen heute selbstverständlicher akzeptieren als in früheren Jahren. Kinderlos bleiben Karrierefrauen aber nach wie vor zu 40 Prozent: Es darf unterstellt werden, daß der größte Teil dieser Frauen sich nicht von vornherein bewußt für Kinderlosigkeit entschieden hat.

Die Ergebnisse der Studien deuten darauf hin, daß der größere Teil der bundesdeutschen Bevölkerung, nämlich die Frauen, vor eine inhumane Alternative gestellt ist: Entweder das zu leben, was in ihnen steckt und nach außen wirkt – also berufstätig sein, Erfolg haben, Karriere machen. Oder das zu leben, was ebenfalls in ihnen steckt und was eher nach innen wirkt – einen Partner und Kinder zu haben. Die Alternative heißt also kurz gefaßt: entweder Verzicht auf Erfolg und Karriere oder Verzicht auf Partnerschaft und Familie, also auf Liebe.

Dieser anhaltende Wahlzwang in Deutschland-West hat fatale Konsequenzen. Heute lebt in Deutschland die am besten ausgebildete Frauengeneration, die es jemals gab: 55 Prozent der Abiturienten sind weiblich, der Anteil der Frauen bei den Studienanfängern liegt bei 52 Prozent, unter den Studienabsolventen bei 46 Prozent. Gleich viele Mädchen und Jungen verfügen über eine abgeschlossene Berufsausbildung.

Wirklich neu ist jedoch: Diese Frauengeneration will die erworbene Bildung und Ausbildung auch tatsächlich nutzen. Zu erwarten ist, daß damit eine erneut drastisch sinkende Geburtenrate verbunden ist. Denn Karriere ist in Deutschland meist nur um den Preis des Verzichts auf Kinder oder um den Preis der Reduzierung vorhandener Kinderwünsche möglich. Schon jetzt liegt die Geburtenrate hierzulande niedriger als in nahezu allen anderen europäischen Ländern.

41 Prozent aller Akademikerinnen bleiben kinderlos, über 30 Prozent der Frauen des Geburtsjahrgangs 1965 sind kinderlos, der größere Teil von ihnen wird es ebenfalls bleiben. Deutschland hat die viertniedrigste Geburtenrate der Europäischen Union und wird nur noch von Italien, Spanien und Griechenland unterboten.

Ein Vergleich der Geburtenrate mit familienpolitisch bedeutsamen Indikatoren, wie zum Beispiel die Höhe der finanziellen Leistungen für Familien oder die Größe der Wohnungen, zeigt keinerlei Zusammenhänge auf. Es gibt europäische Länder mit höheren finanziellen Leistungen für Familien, die auch eine höhere Geburtenrate aufweisen, und es gibt Länder mit deutlich schlechteren finanziellen Familienleistungen als in Deutschland, aber ebenfalls mit dennoch höheren Geburtenraten. Ein einziger Zusammenhang ist gesichert: Eine höhere Erwerbsbeteiligung von Frauen geht einher mit steigenden Geburtenraten.

So sind in den skandinavischen Ländern, zwischenzeitlich gleichfalls in Frankreich und in den Benelux-Staaten, Frauen zu mehr als 70, teilweise bis zu 80 Prozent am Erwerbsleben beteiligt. Das unterscheidet sich nicht mehr von der Erwerbsbeteiligung der Männer. Zugleich ist in diesen Ländern die Geburtenrate durchweg höher als die der Deutschen und liegt bei 1,7 bis zwei Geburten pro Frau.

In Deutschland ist die Erwerbstätigkeit der Frauen zwar gestiegen, von 50,2 Prozent 1980 auf 60,5 Prozent im Jahr 1998 (2002 waren es 62 Prozent). Damit erreicht Deutschland in der Europäischen Union aber ebenfalls nur den viertletzten Platz – wie bei der Quote von 1,3 Geburten pro Frau (1998). Die beiden schlechten Plazierungen hängen wiederum mit der Schlußlichtposition bei Betreuungseinrichtungen zusammen. Natürlich gibt es dafür, daß in Deutschland Mütter weniger häufig erwerbstätig sind als Väter, sachliche Gründe: Väter verdienen mehr, Kinder können nicht einfach sich selbst überlassen bleiben, Betreuungseinrichtungen fehlen, und aufgrund ihres niedrigeren Einkommens fällt die Kinderbetreuung den Müttern fast automatisch zu.

Aber auch wenn beide, Vater und Mutter, erwerbstätig sind und gleichviel verdienen, zum Beispiel bei einem Lehrerehepaar, ist es fast ausschließlich Sache der Mütter, Kinder und Erwerbstätigkeit zu vereinbaren. Das weiß ich aus eigener Beobachtung.

Ich bin nun seit mehr als vierzig Jahren ununterbrochen erwerbstätig. In dieser Zeit habe ich mit Kolleginnen und Kollegen zusammengearbeitet und war Vorgesetzte von Mitarbeiterinnen und Mitarbeitern.

An den unterschiedlichsten Arbeitsplätzen und in unterschiedlichen Funktionen habe ich regelmäßig folgende Telefonate von Müttern um die Mittagszeit mitverfolgt: Erster Versuch, 13.20 Uhr, erfolglos. Zweiter, 13.30 Uhr, auch, dritter, 13.45 Uhr, erfolgreich. Mutter: »Da bist du ja endlich, wie war's in der Schule? Du, auf dem Herd steht der Schweinebraten, mach die Flamme nicht zu groß, sonst brennt er an. Zur Nachspeise steht ein Quark im Kühlschrank. Habt ihr die Englisch-Schulaufgabe rausbekommen? Waas? Eine Vier. Also heute Nachmittag bleibst du zu Hause und lernst. Um fünf bin ich daheim und höre dir Vokabeln ab.«

In den vierzig Jahren meiner Berufstätigkeit habe ich kein einziges Mal ein vergleichbares Gespräch eines Vaters mitgehört. Auch nicht bei den Männern, deren Frauen erwerbstätig waren. Das heißt, Mütter haben, selbst wenn sie berufstätig sind, eine Abteilung im Kopf, in der gespeichert ist, wann die Kinder zur nächsten Tetanusschutzimpfung müssen, wann Elternsprechtag ist, wann wer in der Familie Geburtstag hat und was diejenigen sich wünschen, daß endlich mal wieder die Schwiegereltern einzuladen sind, daß im Kühlschrank Eier, Butter und Joghurt fehlen, daß der Zahnarzttermin nicht verpaßt werden darf und die Sachen aus der Reinigung geholt werden müssen.

Und wenn sie einmal ihrem allerliebsten Ehegespons einen Zettel mitgibt: »Eier, Butter, Joghurt besorgen, Sachen aus der Reinigung abholen« und wenn er – weil Zettel verloren – mit Eiern, Butter und einem Kasten Bier nach Hause kommt, dann muß er selbstverständlich gelobt werden.

Wie sehr die Väter erwarten, daß ihnen von den Müttern die Sorge um die Kinder abgenommen wird, und zwar möglichst vollständig, zeigt ein weiteres persönliches Erlebnis.

Es war Mitte der achtziger Jahre, ich sollte bei einem hochvornehmen Seminar auf Schloß Gracht bei Köln über Frauenförderung im Betrieb reden, und zwar vor Führungskräften der deutschen Wirtschaft. Fünfunddreißig von ihnen saßen da in Hufeisenform, alphabetisch sortiert.

Ich wollte das Ganze ein bißchen lockerer angehen, bin außerdem der Meinung, daß Frauen jetzt genug gefördert sind, genügend qualifiziert und genügend berufsorientiert. Die beste Frauenförderung ist die Emanzipation des Mannes, sein Vatersein wirklich anzunehmen. Das wollte ich mit einem fiktiven Einstellungsgespräch des Jahres 2000 darstellen und begann:

»Stellen Sie sich vor: ein Großunternehmen, die Personalchefin, nennen wir sie der Einfachheit halber Schmidt, sitzt dem Bewerber für eine gehobene Führungsposition, nennen wir ihn Herrn Dr. Zeitz (hier benutzte ich den Namen des neben mir sitzenden Letzten im Alphabet), verheiratet, drei Kinder, 37 Jahre alt, gegenüber.

Frau Schmidt blättert in den Unterlagen und sagt: ›Also, Herr Dr. Zeitz, Sie haben ja ganz ausgezeichnete Qualifikationen. Nur eines finde ich nicht, Sie sind doch verheiratet und haben drei Kinder?‹

Dr. Zeitz: ›Ja.‹

Frau Schmidt: ›Dann habe ich es wahrscheinlich überblättert. Sagen Sie, wann haben Sie Ihre Erwerbstätigkeit wegen der Kinder unterbrochen, waren teilzeitbeschäftigt oder haben Elternzeit in Anspruch genommen?‹

Herr Dr. Zeitz merkt, worauf das hinausläuft, wird trotz seines Selbstbewußtseins verlegen, kommt sogar ein bißchen ins Stottern und sagt: ›Meine Frau, also ich und meine Frau haben beschlossen, daß diese Aufgabe meine Frau übernimmt.‹

Daraufhin klappt die Personalchefin Schmidt bedauernd die Bewerbungsunterlagen zu und sagt: ›Dann kommen Sie für eine Führungsposition in unserem Haus leider nicht in Frage. Wir legen Wert darauf, daß unsere Führungskräfte, soweit sie Kinder haben, die Kompetenzen, die man in der Familienarbeit erwerben kann, auch tatsächlich selbst erwerben.‹

Da Frau Schmidt aber eine gute Psychologin ist, klopft sie Herrn Dr. Zeitz begütigend auf die Schultern [habe ich auch tatsächlich getan] und muntert ihn auf: ›Sie sind ja noch jung, Ihre Kinder sind noch klein, holen Sie diese Erfahrungen nach, dann stehen Ihnen alle Türen unseres Hauses offen.‹«

Nach diesem in meinen Augen vollkommen harmlosen, auflockernden Beispiel versicherten mir dreiunddreißig von fünfunddreißig Führungskräften der deutschen Wirtschaft, daß ich, erstens, ungeheuer aggressiv sei (ich bin eine Seele von Mensch) und, zweitens, daß ihre Frauen vollkommen freiwillig zu Hause blieben und das viel lieber täten, als in ihren ungeliebten Berufen zu bleiben. Zu diesen »ungeliebten« Berufen gehörten Lehrerin und Musikerin genauso wie Betriebswirtin, Sekretärin, Verkäuferin und Programmiererin.

Zwei Führungskräfte der deutschen Wirtschaft kamen in der Kaffeepause, einzeln und sich vergewissernd, daß niemand zuhörte, zu mir, sagten mir, daß ich völlig recht hätte, daß ihre Frauen trotz Kindern im Beruf geblieben seien, daß man das in »diesen Kreisen« aber nicht laut sagen könne.

Dieses fiktive Einstellungsgespräch habe ich seinerzeit vorverlegt ins Jahr 2000. Als unheilbare Optimistin möchte ich es jetzt ins Jahr 2010 verlegen.

Dieses Beispiel macht einmal mehr deutlich, daß sich vor allem in den Köpfen, insbesondere der westdeutschen Bevölkerung und insbesondere in ihrem männlichen Teil, etwas ändern muß. Es muß deutlich werden, daß Frauen und Mütter natürlich auch wegen des Geldes arbeiten. Aber nicht allein deshalb, sie arbeiten wegen der Freude am Beruf, wegen der Anerkennung durch Kollegen und Vorgesetzte. Dies gilt für die Fabrikarbeiterin genauso wie für die Bankkauffrau, für die Ingenieurin genauso wie für die Verkäuferin. Deshalb ist es so dringend notwendig, daß beide Geschlechter die Vereinbarkeit von Kindern und Erwerbstätigkeit als gemeinsame Aufgabe und Anliegen von Müttern und Vätern betrachten.

Frauen sind grundsätzlich genauso klug und genauso dumm wie Männer. Sie sind genauso leistungsfähig und im Durchschnitt genauso fleißig und genauso faul. Wenn aber eine Abteilung in unserem Kopf notwendig ist, um die Familie zu organisieren, und nahezu die gesamte Verantwortung bei den Müttern liegt, dann sind die Väter im Beruf automatisch im Vorteil. Denn dieser Teil des Kopfes, aber auch ihre Hände und ihre Zeit bleiben gänzlich frei für berufliche Anforderungen.

Wenn Mütter also den gleichen beruflichen Erfolg (und damit auch ein annähernd gleiches Einkommen) erreichen wollen, müssen sie entweder deutlich fleißiger sein – und sich überfordern. Oder sie müssen Arbeit abgeben. Geschieht das nicht, werden sich die Einkommensabstände zwischen Männern und Frauen verfestigen und möglicherweise sogar noch vergrößern. Dies wiederum würde die Rollenverhältnisse zementieren: mit dem Vater als Ernährer und der Mutter als für die Familie Zuständiger.

Manchmal bedarf es einiger Zahlen, um zu verdeutlichen, daß die Vereinbarkeit von Beruf und Familie kein Randthema ist, sondern ein zentrales Anliegen. Im Mai 2000 zählte das Statistische Bundesamt in Deutschland 8,9 Millionen Mütter mit einem oder mehreren minderjährigen Kindern.

Für sie gilt: Je jünger die Kinder sind, desto weniger ist es den Müttern möglich zu arbeiten. Nur jede zweite Mutter mit einem Kind unter sechs Jahren ist erwerbstätig. Nur etwa ein Viertel von ihnen arbeitet Vollzeit. 57 Prozent der Mütter mit Kindern unter fünfzehn Jahren sind erwerbstätig, Mütter mit Kindern im Alter von fünfzehn bis achtzehn Jahren stehen dagegen zu 70 Prozent (Paarfamilien) beziehungsweise 75 Prozent (Alleinerziehende) im Erwerbsleben.

Das wirkt sich natürlich auf die Einkommensverhältnisse aus. Selbst vollzeitbeschäftigte Frauen verdienen weniger, nämlich lediglich 82 Prozent der Summe, die den Männern überwiesen wird. Das hat jedenfalls das Kölner Institut der deutschen Wirtschaft für 1999 herausgefunden. Bei Teilzeitbeschäftigung verdienen Frauen dagegen 17 Prozent mehr als Männer. Als Grund wird richtigerweise vermutet, daß die wenigen Männer, die Teilzeit arbeiten, sofort die Karriereleiter hinunterrutschen.

Ein Weiteres kommt hinzu: Selbst beruflich höchstqualifizierte Frauen suchen sich Arbeitsstellen in den schlechter bezahlten Sparten der Wirtschaft aus. Frauen wählen außerdem im dualen Ausbildungssystem stets dieselben »typisch weiblichen« Berufe, zum Beispiel Verkäuferin, Arzthelferin, Friseurin, Bürokauffrau, Erzieherin. (Männer übrigens immer die »typisch männlichen« Berufe wie zum Beispiel Kfz-Schlosser.)

In Deutschland wird zwar prinzipiell für gleiche Arbeit der gleiche Lohn gezahlt. Aber wird auch für gleichwertige Arbeit der gleiche Lohn gezahlt?

Wir sollten uns fragen: Warum ist es nicht nur in unserer Gesellschaft, sondern in ganz Europa weniger wert, alte und kranke Menschen zu betreuen, Kinder zu erziehen, sich in den unterschiedlichsten Formen um Menschen zu kümmern, als zum Beispiel technische Zeichnungen anzufertigen, Schornsteine zu fegen oder sich am Häuserbau zu beteiligen? Darüber sollten wir diskutieren. Das halte ich für weit wichtiger, als junge Frauen ungewollt in Männerberufe zu drängen. Soweit sie es selbst wollen, müssen sie es aber natürlich in allen Bereichen dürfen.

Die gleiche Verteilung der Pflichten, nämlich für die materielle Grundlage der Familie zu sorgen *und* sich die nichtbezahlte Arbeit in Familie und Haushalt zu teilen, entlastet beide, Mütter und Väter. Dieses Prinzip macht Familien weniger krisenanfällig, zum Beispiel bei Arbeitslosigkeit. Aber auch eine Trennung endet dann weniger häufig mit einer materiellen Katastrophe.

Appelle allein werden nicht genügen, ich betone es nochmals. Wenn Mütter sich selbst entlasten wollen, wenn sie Freiräume für ihre eigene Erwerbstätigkeit schaffen und nutzen wollen, dann müssen sie Vätern etwas zutrauen, sie ihren eigenen Stil mit den Kindern, aber auch in ganz profaner Hausarbeit finden lassen. Frauen müssen, wo es notwendig ist, liebevollen, sanften oder auch deutlichen Druck ausüben und etwa Hausarbeit, die er übernommen, aber nicht erledigt hat, einfach liegenlassen. Die starken Nerven, die frau braucht, um vielleicht ungespültes Geschirr oder ähnliches einfach zu übersehen, stehen in keinem nennenswerten Verhältnis zu dem möglichen Gewinn, der aus einer vernünftigen Teilung der Familienarbeit für alle Beteiligten erwächst.

Auch Väter gewinnen. Sie sehen sich nicht mehr allein auf ihr Leben im Beruf reduziert, sondern stoßen mit einem kontinuierlich gelebten Familienleben in eine neue Dimension vor. Sie können ihre Rationalität und ihren Pragmatismus um die auch ihnen mögliche Emotionalität erweitern. Viele Väter entdecken leider erst als Großväter oder alte Väter in einer zweiten Partnerschaft diese häufig verkümmerte Seite ihrer Persönlichkeit.

Wie sehr mehr Emotionalität, weniger Macht- und Erwerbszwang, mehr körperliche und seelische Nähe nicht allein den Kindern, sondern auch den Vätern selbst nützt, beschreibt eindrucksvoll Walter Hollstein:

»Der Vergleich [mit Dinosauriern; Anmerkung der Verfasserin] ist übertrieben, richtig aber ist, daß Männer von heute mit Veränderungen konfrontiert sind wie noch keine andere Generation zuvor. Das gilt auch für das überlieferte Wort vom ›starken Geschlecht‹, an das Männer und Frauen seit Jahrhunderten glauben. Ausgang der neunziger Jahre formulierte der erste internationale Kongreß über Männergesundheit und -krankheit, der in London stattfand, in einer Schlußerklärung ebenso bündig wie drastisch: ›In Wirklichkeit ist das starke Geschlecht das schwache Geschlecht.‹ Und: ›Je mehr ein Mann Macho ist, desto kränker ist er tatsächlich.‹« Und Hollstein formuliert im weiteren: »Die Wissenschaft bestätigt mit Eindeutigkeit: Nicht genetische und biologische Faktoren sind für die schlechte Gesundheit und den hohen Krankenstand von Männern verantwortlich, sondern Verhaltensweisen, in denen sich das gesellschaftlich vorgeschriebene Mannsein ausdrückt.«

Die Männerforschung hat dem Bericht von Hollstein zufolge zwischenzeitlich »sechs Zwänge« belegt, unter denen das »starke Geschlecht« mehr oder weniger heftig leidet. Drei davon sind für uns interessant:

»Erstens: das eingeschränkte Gefühlsleben. Zweitens: der Kontroll-, Macht- und Wettbewerbszwang. Männer lernen früh, ihren Selbstwert über äußeren Erfolg zu bestimmen. Kontrolle, Macht und Wettbewerb sind Garanten dieses Erfolges. Umgekehrt schließen sie Fürsorge, Nächstenliebe und Mitmenschlichkeit aus. Drittens: die Sucht nach Leistung und Erfolg als die zwanghafte Notwendigkeit, das eigene Mannsein immer wieder neu erfahrbar zu machen und zu messen.«

Ich will nicht so weit gehen und behaupten, Engagement in der Familie verbessere generell den Gesundheitszustand der Väter. Sich Zeit für Kinder zu nehmen nützt aber allen, den Kindern, ihren Müttern und ihren Vätern. Ohne Zeit ist Familie nicht möglich, und ohne Zeit kann Erziehung nicht gelingen.

RAUS AUS DEM NEST
UND IN DIE WELT

Donata Elschenbroich

Die Welt entdecken – was Kinder erfahren und wissen wollen

Was sollte ein Kind in den ersten sieben Lebensjahren erfahren haben, können, wissen?

Wer fragt so? Eltern. Auch für Eltern sind Kinder eine Botschaft des Möglichen. Das ist nicht nur Verheißung, das ist beunruhigend. Hat dieses Kind, was es braucht? Wenn ein kleiner Abstandsschritt zum Alltag mit einem Kind möglich ist, fragen sich das alle Eltern, irgendwann nach den ersten Jahren. Anfangs war man noch damit beschäftigt, das Kind kennenzulernen, seinen Rhythmus, sein Temperament. Und das Kind war vollauf beschäftigt mit seinem mitgebrachten Programm, seinen frühen ontogenetischen Entwicklungsaufgaben. Jede, kaum bewältigt, löste schon die nächste Aufgabe aus: Fixieren, Greifen, Sitzen, Beißen, Laufen …

Aber dann, je weiter das Kind in der Sprache vordringt, weitet sich der Horizont atemberaubend schnell, und die Möglichkeiten und Alternativen der Anregung vervielfältigen sich. Was wir nicht tun, ist das eine Unterlassung, ist das Vernachlässigung? Was wir nicht anregen, wird das brachliegen? Dabei sein, im Weg sein, umgehen mit allem, was zur Hand war, so war das Kind unterwegs zur Welt, es hatte Stoff, ganz offensichtlich. Aber reicht das für die Zukunft?

Keine Mutter, kein Vater, die nicht insgeheim mehr von sich erwarten. Mehr wovon? Das gleiche wie in der eigenen Kindheit kann es nicht sein. Wie machen es andere Eltern? Was sagen die Fachleute? Was braucht *dieses* Kind? Auf einmal beginnt die Zeit knapp zu werden. In den ersten Monaten und Jahren konnte es den Eltern oft nicht schnell genug gehen – bis der Nachtschlaf wieder ungestörter wurde, bis das Kind von sich aus gern einmal in einem anderen Haus übernachtete. Nun läuft die Zeit davon. In Gedanken überschlägt man die restliche Kindheit: wieviel Jahre noch, bevor die Schule beginnt? Sollen das zwei, drei Jahre Spielparadies sein, soll man das Kind schützen vor Ansprüchen, es »in Ruhe« lassen? Aber die Zweitsprache, die jemand in dieser Familie spricht – wenn sie dem Kind je zu einer zweiten Muttersprache werden soll, dann müßte man sie jetzt einführen. Von »Entwicklungsfenstern« hat man gelesen, von optimalen Zeitpunkten für den Erwerb kognitiver Grundfähigkeiten, den mathematischen, sprachlichen, musikalischen. Wird sich mit jeder Kerze auf der Geburtstagstorte ein Entwicklungsfenster schließen? Macht man es sich zu leicht, was hat man übersehen? Die vierjährige Cousine in England unterschreibt schon auf der Postkarte mit ihrem Namen und einem Gruß …

Eltern, nicht anders als Tiere bei der Aufzucht, sondieren das Terrain, in das sie die Jungen schicken. Sie umkreisen es in Gedanken, konzentrisch, wie der Vogel das Nest umflattert. Wo sind heutzutage die nahrhaften Weideplätze, wann ist der ungefährlichste Zeitpunkt für den nächsten Entwicklungsschritt nach draußen? Zugleich wissen wir, daß, anders als Spatzen oder Känguruhbabys, der Nesthocker Mensch bei seinem Aufwachsen keinem verläßlichen genetischen Programm folgen kann.

Was sollte ein Kind in seinen ersten sieben Jahren erfahren haben, können, wissen? Womit sollte es zumindest in Berührung gekommen sein?

So fragen auch ganze Kulturen. Zumindest beantworten Gesellschaften die Frage faktisch durch das, was sie Kindern in ihrem ersten Lebensabschnitt ermöglichen oder verweigern. Die Organisation von Kindheit, die Gestaltung dieser Lebensphase eines Teils der Bevölkerung, ist eine gesellschaftliche Daueraufgabe. Durch welche Schleusen schicken Gesellschaften ihre Kinder weltwärts?

Wie zum Beispiel teilen sich in verschiedenen Gesellschaften die Generationen den Raum? Den Raum innerhalb der Wohnungen, den Raum in den Städten? Wieviel Raum wird Kindern in öffentlichen Diskursen, in den Medien, zugestanden – sind Kinder vor allem ein Frauenthema, etwas für die Wochenendbeilage, oder ein Thema für die erste Seite, für die gute Sendezeit? Mit welchen kulturellen Phantasien werden die ersten Lebensjahre der Kinder besetzt: Dominieren Leistungserwartungen oder eher regressive Phantasien über eine spannungsfreie Oase, ein »Kinderparadies«? Wieviel Zeit, Mütter-Zeit, Beziehungs-Zeit, wird für Kinder aufgewendet, und was ist sie einer Gesellschaft wert, wird diese Zeit geachtet, wird sie vergütet? In welchem Ansehen stehen diejenigen, die sich beruflich mit Kindern beschäftigen – gilt ihr Beruf als attraktiv oder eher als »zweite Wahl«?

Für solche Filter in den Kulturen des Aufwachsens fehlen uns vergleichende Untersuchungen. Eine Zukunftsaufgabe.

Was sollte ein Kind in seinen ersten sieben Jahren erfahren haben, können, wissen? Womit sollte es zumindest in Berührung gekommen sein?

So fragt auch die Berufsgruppe der Erzieher in Kindergärten. So umfassend fragt sie noch nicht lange, erst seitdem eine neue Bildungsdiskussion allmählich mehr Aufmerksamkeit auch auf die frühen Jahre lenkt.

Seit 1996 hat jedes in Deutschland lebende Kind ein Recht auf einen Kindergartenplatz. Ab dem Alter von spätestens vier Jahren gilt nun jedes in Deutschland lebende Kind als »Kindergartenkind«.

Rund 4000 wache Stunden verbringen Kinder heute vor dem Schuleintritt in einem Kindergarten. In diesen Stunden sollen sie ausdrücklich mehr als nur »betreut« werden: Das Kindergartengesetz von 1996 formuliert einen Bildungsauftrag an alle Kindergärten. Damit ist die historische Trennung in verschiedene Typen von Kindergärten – Betreuung von Kindern, während die Mütter in der Fabrik oder auf dem Feld arbeiten einerseits, Anregung und Bildung der Kinder in ausgesuchten Kindergärten gegen höhere Gebühr oder über unbezahlte Mitarbeit von Müttern andererseits –, diese Trennung, die immer eine Klassentrennung war, überwunden, zumindest vom Anspruch her. Seit das Kindergartengesetz in Kraft getreten ist, gibt es keinen Trägerverband, keine Fortbildungsakademie, die diesem neuen »Bildungsanspruch an die frühen Jahre« nicht jährlich mehrere besorgte Tagungen widmet.

Erzieher sind in Deutschland keine verwöhnte Berufsgruppe. In den vergangenen dreißig Jahren haben sich die Beschäftigten in diesem Berufsfeld vervierfacht. Aber am Status der Erzieherinnen – zu 95 Prozent sind es Frauen – hat sich nichts geändert, sie verdienen bestenfalls zwei Drittel des Gehalts von Grundschullehrerinnen, und ihre Ausbildung an Fachschulen, fern von Kunst und Wissenschaft, macht es ihnen unmöglich, in einem anderen europäischen Land zu arbeiten. Deutschland bildet, was den Status der Erzieherausbildung angeht, mit Österreich das Schlußlicht der europäischen Länder. In den Beruf der Kindergärtnerin lenkt man junge Frauen, die keine guten Erfahrungen mit dem Lernen gemacht haben. Die Bildungsexpansion, die gestiegenen Quoten von Abiturientinnen haben dem Berufsfeld viele selbstbewußte, unternehmungslustige junge Frauen entzogen.

Kindheit war im 20. Jahrhundert einige Male ein Hoffnungsthema, es mobilisierte Visionen und Energien weit über die unmittelbar mit Kindern Beschäftigten, wie Eltern und Erzieher, hinaus. Der letzte große historische »Kindheitsaufbruch« in diesem Sinne waren die Jahre nach 1968.

Viele der heute in Politik und Medien Erfolgreichen haben in den siebziger Jahren in Kinderläden gearbeitet. Es gab damals diesen fast intuitiven Konsens: Um den autoritären Charakter, wie ihn Nationalsozialismus und fünfziger Jahre hervorgebracht haben, zu überwinden, muß man im Kindergarten anfangen. Ein demokratischer Charakter kann nur in frühen Jahren sozial und psychologisch grundgelegt werden.

Der Umgang mit Kindern wurde liberaler, andere Themen gelangten in den Horizont ihres Aufwachsens. In den achtziger Jahren jedoch erlahmte die reformerische Energie. Um Kinder und Kindheit wurde es stumm. Als Rentenverdiener war noch von ihnen die Rede, von den immer weniger werdenden Kindern und Rentenverdienern. Darüber hinaus zogen Kindheit und Kinder wenig Phantasie auf sich. Eine soziale Minderheit, um die sich die Angestellten in den sozialen Berufen schon kümmern würden. In der westdeutschen Fachszene der Kindergärten ging es in den achtziger Jahren vor allem um »Betreuung« auf »Betreuungsplätzen« mit »bedarfsgerechten Öffnungszeiten« – während die Mütter arbeiteten oder studierten.

Das Interesse verlagerte sich von den Kindern auf die Frauen. »Vereinbarkeit von Familie und Beruf« war die Devise. Der Kindergarten – ein Dienstleistungsbetrieb.

In der Fachdiskussion der Berufserzieher in diesen Jahren ging es vorwiegend um »Rahmenbedingungen der Kinderarbeit«. Unsinnlich bis in die Sprache hinein hießen Kindergärten fortan »Einrichtungen«, in denen »bedarfsgerecht betreut« werden sollte, mit der »Elternschaft« wurden »Betreuungsansätze« und »Öffnungszeiten« gemäß deren »Erwartungshaltung« »ausgehandelt«, und den Kindern im Kindergarten begegnete man nicht mehr in Räumen, sondern in »Räumlichkeiten«.

Erträglich für die Kinder sollte ihre betreute Unterbringung allerdings sein, soviel wollte man in einem reichen Land verlangen können. Der Kindergarten sollte vor allem ein spannungsfreies und ein unterhaltsames Milieu sein. Lernen, wenn überhaupt, sollte spontan, unbemerkt zustande kommen. Erwartungen an Begegnungen mit Kunst und Wissenschaft wurden auf spätere Jahre verschoben. Die Erzieherinnen hatten da nichts beizutragen, sie waren fürs Soziale zuständig. Lernen, Bildung wurden gleichgesetzt mit »Leistungsanspruch«, und diesen nicht »vorzuziehen« galt als die besondere Aufgabe von Erziehern. »Kreativ«, »gewaltfrei«, waren die Stichworte. Wenig Zukunftssorgen scheint man sich um Kinder in den achtziger Jahren gemacht zu haben, in diesen Jahren der Wachstumsgewißheit der alten Bundesrepublik, den Jahren mit der niedrigsten Arbeitslosenrate der deutschen Geschichte.

Die Kindheit nicht verschulen! Noch heute entwerfen Erzieherinnen in ihren Zukunftsszenarios bevorzugt Rückzugsecken, geschützte Raumebenen in Kindergärten mit gedimmtem Licht, »snooze rooms«, Klangmulden, Duftkojen, gepolsterte Nester, Hängematten ... Beruhigungspädagogik, Freizeitpädagogik. Dagegen: das Kind als Forscher, Erfinder, stimuliert durch Schreibecken, Werkbänke, Exploratorien – in diese Richtung gehen die Entwürfe noch selten. Und doch ist die Berufsgruppe in Bewegung und sucht: wie den neuen Bildungsauftrag verstehen?

Die jungen Eltern – selbst noch aufgewachsen im leistungskritischen Klima der achtziger Jahre – haben in ihrer Ausbildung und am Arbeitsplatz den Übergang von der Industriegesellschaft zur Wissensgesellschaft längst erfahren. Die rapiden Umwälzungen der Alltagsgewohnheiten beschäftigen die Erzieher genauso wie die Eltern ihrer Kindergartenkinder. Man hat auch gehört, daß in internationalen Vergleichsstudien das deutsche Bildungswesen schwach abschneidet. Ein neues Kindheitsbild, ein neues Selbstbild der Erzieher ist im Entstehen: »Lernen zu lernen« – wie kann das aussehen in den viertausend Stunden?

Die deutsche akademische Elementarpädagogik kommt den 400000 Erzieherinnen bei ihrer Suche nicht zur Hilfe. Mit einer Handvoll Lehrstühlen führt die Pädagogik der frühen Kindheit in Deutschland ein Schattendasein. Selbst wenn man nicht alles Heil von akademischer Pädagogik erwartet: Es gibt in diesem Feld kaum Dissertationen, Kongresse, keine Habilitationen, in den Bibliotheken fehlen internationale Zeitschriften. Man kann deshalb in Deutschland auf breiter Ebene bisher nur wenig lernen von guter Praxis in anderen Ländern. Von den »Early Excellence Centers« in England etwa, von der Reggio-Pädagogik in Italien, von den Projekten zum »emergent curriculum« (Curriculumforschung für den Elementarbereich) in den USA, von der sorgfältigen Kleinkindpädagogik in Japan wissen nur wenige. Die deutsche elementarpädagogische Szene ist abgeschnitten von solchen Anregungen, sie kennt mehr oder weniger nur sich selbst.

Was sollte heute ein Kind in den ersten sieben Lebensjahren wissen, können, erfahren haben? Womit sollte es zumindest in Berührung gekommen sein?

Drei Jahre lang, zwischen 1996 und 1999, haben wir das Menschen allen Alters, aller Schichten und Bildungshintergründe gefragt. Eltern, Großeltern, Erzieher, Jugendliche. Hirnforscher, Entwicklungspsychologen, Medizinsoziologen und Grundschuldidaktiker. Den Direktor eines Altenheims, einen Erzbischof, Mütter in der Müttergenesungskur, arbeitslose Väter, Unternehmer, den General der Schweizer Armee, den Verkäufer im Bahnhofskiosk, die Verkäuferin im Media-Markt, eine türkische Analphabetin, die Studentin der Betriebswirtschaft – welche Wünsche haben sie, Fachleute aller Art, an das Weltwissen der heute Siebenjährigen?

Warum Siebenjährige? Eine magische Zahl. Ein erster Lebensabschnitt in vielen Kulturen. In Deutschland markiert er eine Schwelle vom beiläufigen zum formalisierten Lernen; dieser Lebensabschnitt mündet ins erste Schuljahr.

Eine solche Recherche muß vielstimmig sein. Alle hatten dazu etwas zu sagen, und alle waren sie Autorität.

Als das Bildungsministerium in der »Delphi«-Studie (1996–1998), einer mehrstufigen Befragung von über tausend Experten aus Wissenschaft, Wirtschaft und Politik, die Einschätzungen zur Zukunft des Wissens und den vermuteten Rückwirkungen auf das Bildungssystem abfragte, war im Entwurf des Fragebogens unter achtzig Fragen nicht eine einzige auf die vorschulische Zeit gerichtet. Keine einzige Frage sprach die Grundlegung von Neugier und Interesse in der frühesten Bildungsphase an. Im letzten Moment wurden noch zwei Fragen zu Bildungserfahrungen in vorschulischer Zeit aufgenommen. Dann allerdings war in diesem Punkt das Plädoyer der Experten einhellig: für gesteigerte Erwartungen an Bildung in frühen Jahren.

Mittlerweile haben sich – gemessen an der Betreuungspädagogik und der »fun morality« der achtziger Jahre – die Erwartungen an die Vorschulzeit als eine elementare Bildungszeit deutlich erhöht. Problemlösungsbereitschaft, Kooperationsfähigkeit, Lernen zu lernen – daß die Voraussetzungen dafür bis in die frühe Kindheit zurückreichen, daran zweifelt eigentlich niemand mehr. »Basic skills« vermitteln, Schlüsselqualifikationen – jeder ahnt, was mit diesen Begriffen gemeint sein könnte, und niemand hat etwas dagegen. Nur: bei welchen Gelegenheiten, und wie baut man solche Fähigkeiten auf? Da braucht es konkrete Anregungen für spontane und geplante Bildungsgelegenheiten, Bilder, Beispiele, die das Mögliche als das Realisierbare vorstellen. Für solche Beispiele und Anregungen danken wir den Gesprächspartnern.

Was Siebenjährige können / erfahren haben sollten Bildungsgelegenheiten – Anregungen – Erfahrungen – Ahnungen – Fragen

Dies ist keine Checkliste der bei den Kindern abzuprüfenden Fertigkeiten und Erfahrungen. Eher schon ist es eine Checkliste der Pflichten der Erwachsenen. Es soll ihrer Selbstverpflichtung dienen: Welche Bildungsgelegenheiten schulden wir den Siebenjährigen? Ein Versprechen: dafür zu sorgen nehmen wir uns vor, wir Eltern, Erzieher, Nachbarn. Angeboten soll es den Kindern werden. In den Horizont der Erwachsenen sollten diese Möglichkeiten in den ersten sieben Lebensjahren ihrer Kinder irgendwann einmal getreten sein.

- Die eigene Anwesenheit als positiven Beitrag erlebt haben: »Wenn du nicht wärst ...« »Da hast du uns gefehlt ...«
- Gewinnen wollen und verlieren können.
- Wissen, was »schlecht drauf sein« bedeutet (»Theory of mind«): Hunger nicht mit Ärger verwechseln, Müdigkeit nicht mit Traurigkeit. Elementare psychosomatische Zusammenhänge ahnen: Bettnässen zum Beispiel hat mit Gemütsbewegung zu tun.
- Einem Erwachsenen eine ungerechte Strafe verziehen haben.
- Bilder für seelische Bewegung kennen: »Wie wenn ein Luftballon platzt ...«, »ein Faß überläuft«.
- Eine Erinnerung daran haben, daß ein eigener Lernfortschritt in anderen Behagen auslöste.

- Dem Vater beim Rasieren zugeschaut haben.
- Mit dem Vater gekocht, geputzt, Betten bezogen, gewerkelt, ganze Tage verbracht haben. Von ihm während einer Krankheit gepflegt worden sein.
- Die Erfahrung machen können, daß Wasser den Körper trägt.
- Schaukeln können: was tut mein Körper mit der Schaukel, was tut die Schaukel mit meinem Körper.
- Eine Kissenschlacht gemacht haben.
- Einen Schneemann gebaut haben. Eine Sandburg. Einen Damm im Bach. Ein Feuer im Freien anzünden und löschen können. Windlicht, Windrad erproben.
- Butter machen, Sahne schlagen. Elementare Küchenchemie, Küchenphysik kennen: Schimmel, schädlicher und pikanter. Rühren, schnipseln, schälen, kneten, durchs Sieb passieren. Knusprig/angebrannt, roh/gekocht, versalzen: »eine Prise«.
- Reise: die Familie, die Eltern in einer anderen Umgebung wahrnehmen. Den Gegensatz Komfort/Robinson erleben. Zu Hause/unterwegs, »on the road«. Erste Konzepte von Heimweh, Migration, »Herberge«, Obdachlosigkeit.
- In einer anderen Familie übernachten. Mit anderen Familienkulturen, Codes in Berührung kommen. Einen Familienbrauch kennen, der nur in der eigenen Familie gilt.
- Wer gehört zur »weiteren Familie«: unterschiedliche Verwandtschaftsbeziehungen kennen ... Onkel, Vetter, Patin ...
- Spenden. Dem Bettler in den Hut, in den Geigenkasten. In eine Sammelbüchse.
- Die Erfahrung, daß ein eigener Verbesserungsvorschlag in die Tat umgesetzt wurde. Eine Erinnerung: Ich als die Weltverbesserin, der Weltverbesserer.
- Elementare Krankenpflege: hochlagern, Eis oder Wärme? Atmen, »Schmerz annehmen«. Ruhe oder Bewegung? Handberührung tut gut, wo? In der Ellenbeuge, am Haaransatz? Erste Massage-Handgriffe. Sich ausruhen können. Was guttut: meinen Augen, den Ohren, der Haut, den Füßen. Was ist Gänsehaut? Stolz auf überwundene Krankheiten und: »Krankheit gehört zum Leben«.
- Das Märchen vom Holzlöffel kennen und andere elementare Stoffe/Gleichnisse von Aussetzung und Geborgenheit.
- Wunderkammer Museum: die Botschaft der Dinge. Ihre Aura, ihr Altern, ihr Fortbestehen nach unserem Tod. Eine Burg kennen. Ein Gefühl haben dafür, daß sich die Welt verändert. Daß

die Großmutter anders aufgewachsen ist. Ein Ding aussondern zum Behalten und Weitergeben an die eigenen Kinder.

- Eine Sammlung angelegt haben (wollen).
- Eine Ahnung von Welträumigkeit, von anderen Kontinenten haben.
- Den Unterschied zwischen Essen und Mahl wahrnehmen. Bewegung und Gebärde. Geruch und Duft. Geräusch und Klang. Sehen, blicken, schauen. Gehen, schreiten ...
- Notfalltelefonnummer kennen. Hilfssysteme, Wächtersysteme. Es gibt ein Kindernotruftelefon.
- Ein Geheimnis für sich behalten können. »Nur du und ich«, »es bleibt unter uns«, diesen Wunsch kennen.
- Die Erinnerung an ein gehaltenes Versprechen.
- Die Erfahrung, daß eigene Interessen delegiert, durch andere geregelt, vertreten werden können.
- Eine Methode des Konservierens gegen Verfall kennen. Etwas repariert haben, und die Frage beim Kaufen wichtig finden: Kann man das reparieren?
- Den Unterschied zwischen Markt und Supermarkt kennen.
- Seinem Alter voraus gewesen sein (zum Beispiel auf der Bastelanleitung). Einem Erwachsenen etwas erklärt haben.
- Mit einem Erwachsenen eine ungelöste Frage geteilt haben (»das weiß niemand«).
- Auf einen Baum geklettert sein.
- In einen Bach gefallen sein.
- Gesät und geerntet haben.
- Einen Reißverschluß, einen Klettverschluß untersucht haben. Mit Riegeln, Schlüsseln umgehen können. Sich nicht aus Versehen einschließen.
- Geräte anschließen und umstecken können (Recorder ...).
- Typisches Jungen- und Mädchenspielzeug kennen. Nach der eigenen Meinung dazu gefragt worden sein.
- Sich selbst schönmachen wollen, Stilgefühl, »dieser Pullover steht mir nicht«.
- Eine Botschaft geschrieben haben, von einer schriftlichen Botschaft getröstet, erwartungsvoll geworden sein. Eine E-Mail empfangen oder gesendet haben.
- Wie sieht der eigene Name in Sand geschrieben aus? Im Schnee, auf dem Waldboden, an der beschlagenen Fensterscheibe?
- Die Spannung und Vorfreude empfunden haben, die von einem unbeschriebenen, unbemalten Blatt ausgehen kann.

- Ein Buch von Deckel zu Deckel »kennen«, wie auch immer.
- Der blaue Schatten – auf einem Gemälde, in der Winterlandschaft …
- Heute habe ich geträumt …
- In einem Streit vermittelt haben. Einem Streit aus dem Weg gegangen sein.
- Ich, ein Ankunftswesen: die Monate und Wochen vor der Geburt – phantasiert, »erinnert« haben.
- Eine Frucht bewußt geschält, »freigelegt«, einen Kern gespalten haben.
- Die Adern des Blattes und die Adern der eigenen Hand studieren.
- Obstsorten, und wie sie sich im Duft unterscheiden. Drei Lieblingsdüfte.
- Die eigene Singstimme finden. Den eigenen Namen gesungen haben. Vogelstimmen, Tierstimmen imitieren können. Kanon singen – Verwirrspiel und Ordnungserlebnis. Einen Dialog auf Instrumenten (Duett) inszenieren, ein Echo hören, auslösen. Diesen Rhythmus spüre ich in den Füßen, und bei dieser Lautstärke ist meine Schmerzgrenze erreicht!
- Die eigene Kraft dosieren können (beim Trommeln, beim Massieren).
- Flüche, Schimpfwörter kennen (in zwei Sprachen). Eine Ahnung von Stilebenen, Sprachkonventionen haben, wo sagt man was.
- Einen Nagel einschlagen, eine Schraube eindrehen, eine Batterie auswechseln können.
- Eine Nachricht am Telefon aufnehmen, behalten und ausrichten können.
- Sich bücken, wenn einem anderen etwas runtergefallen ist.
- Den anderen ausreden lassen. Wissen, was das ist. Warten können: die Warteschlange.
- Wissen, daß nicht alle Wünsche gleich in Erfüllung gehen.
- Gewandert sein: den Unterschied zwischen laufen, gehen und wandern kennen. Die Erfahrung der Strecke, der Durststrecke. Ein »Ziel vor Augen«.
- Einige Blattformen kennen, wissen, was man in der Natur essen kann und was nicht.
- Die Natur als Freund und als Feind erlebt haben. Als empfindlich, beschützenswürdig. Und als stärker, gefährlich.
- Über Regeln verhandelt haben. Eine Regel verändert haben. Mit dem Begriff »Ausnahme« etwas verbinden.

- Mengen in Maßeinheiten erlebt haben, zum Beispiel drei Liter = drei Milchflaschen voll … Einen Raum mit dem eigenen Körper ausgemessen haben.
- Reflexion: was kann ich, was kann der Computer? Erste Konzepte von Intelligenz, menschliche, künstliche »Intelligenzen«.
- Schein-und-Sein-Experimente. Hinter dem »Nichts« im Glas verbirgt sich etwas.
- Erfahrungen mit einem Experiment (geregelte Versuchsanordnung) und mit Üben (systematisches Wiederholen von Abläufen).
- Die Farbe der eigenen Augen kennen, ein Selbstporträt gemalt haben.
- Den eigenen Pulsschlag gefühlt haben, und den von Freund und Tier.
- Einem Meister, einer Expertin, einem Könner begegnet sein. Neben ihm oder ihr gearbeitet haben (»Mentor«).
- Stolz empfunden haben, »ein Kind« zu sein. Nur Kind.

Zu viel? Was möchten Sie von der Liste streichen?

Hubert Wißkirchen

Gleichaltrige Miterzieher – die Peers

Nach wie vor herrscht speziell in Deutschland die Meinung vor, nach der die Unterbringung des Nachwuchses in einer Kinderkrippe für dessen seelische wie soziale Entwicklung mehr oder weniger negativ sei. Es heißt, die Kinder würden dadurch von der Mutter entfremdet und folglich bindungsunsicher aufwachsen.

Zunächst ist es unbestritten, in der Existenz der Kinderkrippe nicht das Ideal einer »neuen« Kindererziehung zu sehen. Umgekehrt berechtigen die Fakten aber keinesfalls dazu, der Kinderkrippe ein derart negatives und damit schädliches Image zu verleihen, wie das immer noch oft genug der Fall ist.

Wenn wir die Ergebnisse der heutigen Krippenforschung zusammenfassen, zeigt sich, daß es aus ihrer Sicht keine stichhaltigen Gründe dafür gibt, die frühkindliche Außer-Haus-Erziehung weiterhin in einem derart negativen und vorurteilsbehafteten Licht zu sehen. Denn eine grundlegende Feststellung sei an dieser Stelle nochmals erwähnt: Die Entwicklung von Krippenkindern verläuft kaum anders als die »von denen, die zu Hause aufwachsen und den gleichen sozialen und ethnischen Hintergrund haben« (Jerome Kagan »Die drei Grundirrtümer der Psychologie«).

Im Blick auf die Krippenerziehung darf das freilich nicht in dem Sinne mißverstanden werden, als wäre dort alles in bester Ordnung. Im Gegenteil: Eine Menge an ihr ist noch zu verbessern. So ist es nur folgerichtig, wenn sich die mit ihr befaßten Personen und Institutionen seit Jahren Gedanken darüber machen, wie sie noch wesentlich kind- und elterngerechter gestaltet werden kann. Mit anderen Worten: Bei der weiteren Verbesserung der Krippenerziehung geht es darum, die Effizienz und damit vor allem die Qualität des Beziehungsdreiecks Krippe – Kind – Eltern ersichtlich zu steigern. Dies ist um so wichtiger, als neben der nach wie vor unersetzlichen Betreuung durch die Eltern Kinderkrippen in vielen Punkten das ermöglichen, was zusehends mehr (Einzel-)Kinder von klein auf heute nicht mehr ausreichend erfahren: den natürlichen, spontanen Umgang mit ihresgleichen.

Die Drei- bis Fünfjährigen

Nachdem das Kleinkind während der ersten drei Jahre die Spielkontakte mit seinen Altersgenossen mehr nebeneinander als miteinander gestaltet und es dabei zu eher spontanen, kurzfristigen, als verbindlichen sozialen Beziehungen kommt, ändert sich das in der Folgezeit deutlich.

Ab drei Jahren nimmt das Leben des Kindes einen ganz anderen Verlauf. Für mehrere Stunden am Tag verläßt es seine Familie, um sich in die fremde Welt des Kindergartens zu begeben. Dabei verhält es sich nicht selten so, daß die Eltern vor der Lebensveränderung ihres Kindes mehr Lampenfieber haben als das Kind selbst. Ob zu Recht oder zu Unrecht, sie fragen sich, ob ihr Kind den Gang in den neuen Lebensabschnitt auch seelisch wie sozial gut verkraften wird, ob ihr Nachwuchs mit all dem Fremden, das auf ihn im Kindergarten wartet, möglichst angstfrei zurechtkommt und er der Mutter oder den Eltern nicht nachweint, wenn sie ihn erstmals dort »unbehütet« alleine zurücklassen.

Die Kindergartenzeit ist für das Kind ab drei Jahren deshalb von so überragender Bedeutung, weil es durch die Gruppenerfahrungen mit gleichaltrigen wie älteren Spielkameraden mehr und mehr lernt, sich selbst und die Welt der anderen kennenzulernen. Dadurch erfährt das Kind die jeweils »richtigen« und »falschen« Denk- und Verhaltensweisen. Sie werden zur Richtschnur für das gegenwärtige wie zukünftige Miteinander in der Gemeinschaft.

Der Kulturanthropologe Irenäus Eibl-Eibesfeldt bemerkt, daß ab der Zeit von drei Lebensjahren die Erziehung des Kindes durch die Eltern nachhaltig von den Gruppensozialisationserfahrungen zurückgedrängt wird. Durch sie erlebt das Kind, was es unter anderem heißt, mit aggressivem Verhalten umzugehen, welche persönlichen Konsequenzen es hat, wenn man das harmonische Zusammenspiel der Kinder stört, oder welchen Führungseinfluß die älteren Kindergartenkinder auf die jüngeren ausüben, indem sie ihnen Grenzen aufzeigen und damit zugleich Orientierungen schaffen. So erfährt das Kind unmittelbar und lebenspraktisch, was bei einem selbst und bei anderen erlaubt und verboten ist und welche Regeln einzuhalten sind.

Unbestritten schöpft das Kind daneben weiterhin aus den Erfahrungen und Verhaltensweisen, die es von den Eltern und anderen erwachsenen Bezugspersonen gelernt hat. Jedoch werden diese dem Kind anerzogenen Normen und Werte von den Sozialisationserfahrungen mit den (gleichaltrigen) Spiel- und Kommunikationspartnern zusehends erweitert, überlagert, relativiert und des öfteren auch »auf den Kopf gestellt«. Ja, es hat den Anschein, als würde das bei den meisten Kindern noch bis vor kurzem anständige und brave Benehmen den Eltern gegenüber plötzlich nicht mehr existieren. Von den »guten Manieren«, die die Eltern ihrem Kind bislang erfolgreich anerzogen haben, scheint nur noch wenig übriggeblieben zu sein, seitdem es den Kindergarten besucht. Für nicht wenige Eltern ist es ein Schock, wenn ihr Kind zu Hause nicht mehr so »funktioniert«, wie sie es bisher von ihm gewohnt waren; wenn es auf einmal ordinäre Kraftausdrücke gebraucht, freche Antworten gibt oder zu aggressiven und provokanten Handlungen neigt.

Mit diesen und ähnlichen Verhaltensweisen signalisiert das Kind die beginnende Abnabelung von den Eltern zugunsten seiner zunehmenden Selbständigkeit. Gerade in diesem Punkt ist den Eltern zu vermitteln, daß das »schlechte« Benehmen des Kindes durchwegs ganz natürliche und entwicklungspsychologisch notwendige Gründe hat. Sie wurzeln im wachsenden Bewußtsein des Kindes, sich mit den Gesetzen, Regeln und Erfahrungen der neuen Welt der Kindergartenkinder anzufreunden. Die hier gesammelten Erfahrungen sind für das Kind in vielen Bereichen weitaus interessanter und nachahmenswerter als die, welche es in der »alten« Welt seiner Eltern und der Familie vorfindet. Die neue Welt des Kindergartens stellt für das Kind eine Subkultur Gleichaltriger dar. Durch sie erfährt das Kind erstmals in seinem Leben (sofern es nicht vorher regelmäßig eine Kinderkrippe besuchte), was es heißt, im Rahmen einer festen Gruppenstruktur sich mit zumeist gleichaltrigen Individuen arrangieren zu müssen und dabei ohne die Hilfe der Eltern auf sich allein gestellt zu sein.

Dieser Sozialisationsprozeß geht unter anderem mit dem Erlernen neuer Rollen- und Statusbeziehungen einher. Es leuchtet ein, daß die daraus hervorgehenden Lernerfahrungen aus einem ganz anderen Holz geschnitzt sind als die, welche das Kind bisher von den Eltern her kannte. Sich in der neuen Rollen- und Statuswelt des Kindergartens zurechtzufinden heißt im besonderen Maße, sich anderen Kindern gegenüber behaupten zu müssen. Einerseits soll und muß man sein gerade erst entdecktes Ich erweitern und verteidigen, andererseits hat man es den Du- und Wir-Ansprüchen der anderen Kinder anzupassen. Obwohl das Kind jetzt einer Gruppe von Gleichen angehört, geht es dennoch viel um das gegenseitige Aushandeln und manchmal auch Auskämpfen von Freundschaftsbeziehungen, Führungsansprüchen, Konkurrenz, Beliebtsein, Duldung oder Zurückweisung.

Dieses wettbewerbsähnliche Ringen und Ausloten um die jeweils zu vergebenden sozialen Positionen zeigt nochmals deutlich, daß die Kinder untereinander eine gänzlich andere Situation vorfinden, als sie bei den Eltern zu Hause gegeben ist. Ohne den direkten Schutz und die Hilfe der Eltern müssen sie in der Gruppe Entscheidungen darüber treffen, welche Rolle sie anstreben oder ablehnen sollen und wie hoch der jeweilige Preis ist, zum Beispiel den Rang eines Gruppenführers anzustreben. Hierbei erleben die

Kinder, daß andere Gruppenmitglieder ganz unterschiedliche Vorstellungen und »Taktiken« mitbringen, um ihre Ziele durchzusetzen.

Je nach Verlauf dieser Prozesse erwirbt das Kind ein ganz bestimmtes, ihm eigenes Gruppenansehen, das unmittelbare Konsequenzen für sein Selbstwertgefühl hat. Somit ist es auch für die weitere Persönlichkeitsentwicklung des Kindes von ausschlaggebender Bedeutung, ob und wie es sich in der Kindergartengruppe beispielsweise den Rang des Anführers, des Mitläufers oder des Außenseiters erwirbt.

Anhand zahlreicher Untersuchungen in Kindergärten fand die Wissenschaftlerin Barbara Hold-Cavell heraus, daß ein Kind, welches von anderen zum Anführer gewählt wird und diesen Rang über längere Zeit hinweg behalten will, über folgende persönliche wie soziale Kompetenzen verfügen muß: Seine Aggressivität und Machtansprüche dürfen in den Augen der anderen Kinder nicht im Zentrum der Aufmerksamkeit stehen. Allerdings muß das Kind ebenso bereit sein, den ihm zugewiesenen Führungsrang aktiv auszuüben und zu verteidigen. Die wichtigste Eigenschaft ist jedoch, daß das Führungskind über sozial positive Verhaltensweisen verfügt. Sie bestehen in Kompetenzen des Ideenreichtums und der Geschicklichkeit bei der Gestaltung von Spielen, in der Fähigkeit, untereinander zu teilen, sich bei Streitereien als Schlichter zu zeigen, Spielkameraden zu trösten und einen gewissen Gerechtigkeitssinn zu entwickeln. Nur im Rahmen dieser Eigenschaften ist es im Normalfall möglich, daß die Führungsposition des Kindes dauerhaft von den anderen Kindern akzeptiert und begrüßt wird.

Gerade durch das Erlernen der jeweiligen Platzfindung in der Gruppe erfährt das Kind erstmals auch vieles über die Fertigkeiten, durch die sich ein soziales Individuum auszeichnet. Dazu gehört, daß man Selbstbehauptung, Widerstandskraft und ebenso Anpassungsfähigkeit wie Unterordnung zulassen kann, Teamfähigkeit und Wettbewerbsfreude entwickelt sowie über das Spiel sich den Umgang mit differenzierten Rollen aneignet. »Nur die Gleichaltrigengruppe bietet dem Kind geeignete Modelle und Gelegenheiten« zum Erlernen der genannten Fertigkeiten (Dieter Baacke »Die 0–5-Jährigen. Einführung in die Probleme der frühen Kindheit«). Ohne weiteres läßt sich deshalb sagen, daß die Gleichaltrigengruppe das Trainingsfeld schlechthin ist, auf dem das Kind einen Großteil seiner Sozialisationserfahrungen erwirbt und verinnerlicht. Dabei kommt dem Spiel eine herausragende Rolle zu.

Das Spiel gehört zu den wichtigsten Sozialisationserfahrungen für das Kind. Es ist die »Straße des Lernens«, auf der das Kind seine körperliche, psychische, soziale und nicht zuletzt geistige Entwicklung erfährt. Nach wie vor wird in unserer nüchternen, rational denkenden und handelnden (Leistungs-)Gesellschaft das Spiel als etwas Beiläufiges betrachtet, das als nicht unmittelbar produktiv – und damit oft als Zeitverschwendung – angesehen wird. Das ist schon deshalb eine irrige Vorstellung, weil zum Beispiel der erwachsenen schöpferischen Tätigkeit des wissenschaftlichen Denkens und Forschens stets Konzentration, Phantasie, Intuition und damit auch spielerische Aspekte angehören. Genau das sind aber die Eigenschaften, die dem kindlichen Spiel zugrunde liegen.

Im gemeinsamen Spiel tauscht das Kind seine Gedanken und Kenntnisse mit Gleichaltrigen aus und erweitert so den eigenen Lern- und Erfahrungshorizont. Besonders durch die kooperativen Rollenspiele mit Gleichaltrigen eignet es sich neue Fertigkeiten an, übt sie ein und versucht andere Kinder in deren Vorstellungen und Handlungen zu begreifen. Schon deshalb zählen diese Rollenspiele, die um das vierte Lebensjahr des Kindes immer ausgeprägter werden, mit zu den wichtigsten Sozialisationserfahrungen. Sie eröffnen dem Kind die Möglichkeit, sich mit den verschiedensten Lebenssituationen seiner »kleinen« Welt zu beschäftigen. Denn wenn es eine bestimmte Rolle übernimmt, dann versucht es auch mehr über sie zu erfahren. Nicht umsonst stehen die Mutter-Vater-Kind-Rollenspiele so hoch im Kurs: Kochen, Tischdecken, Einkaufen, Reparieren von

Hausgegenständen, Telefonieren, das kleine Geschwisterchen versorgen, unfolgsame Kinder ermahnen, Doktor, Feuerwehrmann, Astronaut, Polizist und Flugkapitän spielen. All das sind Beispiele für Tätigkeiten, die äußerst beliebt sind und bei denen das Kind von Rolle zu Rolle »hüpfen« kann. Dabei sammelt es unter anderem die Erfahrung, ob man sich in der einen oder anderen Rolle besser und schlechter fühlt – und daß es von den Spielgefährten als »blöde« und »weibisch« angesehen wird, wenn sich beispielsweise ein Junge in der Mädchenrolle der Prinzessin wohlfühlen würde.

Viele der sozialen wie individuellen Wahrnehmungs- und Selbständigkeitsprozesse würden wesentlich entwicklungsgetreuer verlaufen, wenn ihnen keine überbehütenden oder sonstwie hemmenden (elterlichen) Erziehungseinflüsse entgegenstünden. Sie tragen hauptsächlich dazu bei, Kinder zum Abziehbild einer von den Erwachsenen falsch verstandenen Verkindlichung zu machen. Wie bereits an früherer Stelle dargelegt, blockiert die anhaltende »Durchpädagogisierung« des Kindes mit ihrer vorwiegend gefühlsextremen, von Fürsorglichkeit und Schuldgefühlen bestimmten Erziehungspraxis seine Selbständigkeitsentwicklung.

Wer Kindern von klein auf ihre Beziehungen zur Gleichaltrigenkultur verbaut, darf sich nicht wundern, wenn sie sich gerade auf diesem Gebiet zunehmend »kindloser« und erziehungsschwieriger zeigen. Erfährt das Kind die durch die »Gleichaltrigenkultur« bewirkten Gruppensozialisationsprozesse nicht ausreichend, hat das für seine weitere Persönlichkeitsentwicklung im Regelfall nachhaltigere Folgen als gemeinhin angenommen. Im Mangel sozialer Gruppenerfahrungen liegen die viel wahrscheinlichere »Erziehungssünde« und der damit verbundene Erziehungsmißerfolg als im Fehlen einer durchorganisierten und alles bedenkenden, nur individualistisch auf das Kind fixierten »Psychopädagogik«.

Das soziale Zusammenleben des Kindes mit seinen Altersgenossen erfährt während der »mittleren Kindheit« zwischen sechs und zwölf Jahren eine weitere Differenzierung und Bewußtwerdung. Das Kind verfeinert die im letzten Abschnitt erwähnten Grundeigenschaften seines individuellen wie sozialen Verhaltens weiter und verbindet sie mit den entwicklungspsychologisch wie gesellschaftlich neu hinzukommenden Lernprozessen. Die »mittlere Kindheit« ist eine Phase, in der für das Kind der eigentliche Sprung aus der Familien- in die Kinderwelt erfolgt. Das zeigt sich vor allem darin, daß der erzieherische Einfluß der Eltern gegenüber dem Kind weiter abnimmt und zugleich die Bedeutung der Macht von außerfamiliären Einflußträgern rapide ansteigt.

Neben den Gleichaltrigengruppen und den Medien ist es die Schule, welche die Erfahrungswelt des Kindes fortan maßgeblich erweitert. Mit dem Schuleintritt enden die bislang vom Kindergarten her gewohnten »lockeren« und zumeist emotionalen Beziehungen gegenüber den Erzieherinnen und Spielkameraden des Kindes. Im Gegensatz dazu spielt die Schule für das Kind eine ganz andere, ihm noch fremde Rolle. In ihr »regieren« weder die vormals vertrauten Erzieherinnen, noch ist man mit den gleichen Kindern innerhalb einer Gruppe, wie man das noch vom Kindergarten her kannte. Statt dessen steht jetzt die Lehrerin oder der Lehrer vor einem, der vorgibt, »wo's langgeht«. Diese vollkommen neue Situation wird für das Kind noch dadurch erschwert, daß es sich in einer nach festen Regeln und Normen gebildeten Klassen- beziehungsweise Gruppengemeinschaft befindet, in der sich die meisten untereinander vorher nicht kannten. Abgesehen von einigen Freunden aus der Kindergartenzeit, die jetzt in der gleichen Klasse sitzen wie man selbst, sind einem die anderen Kinder noch fremd und unvertraut. Schon daraus wird ersichtlich, wie sehr der Schuleintritt für das Kind einen Meilenstein darstellt, der es erstmals mit dem »Ernst des Lebens« konfrontiert.

Und dennoch freut sich (zunächst) fast jedes Kind darauf, endlich zur Schule gehen zu dürfen. Das ist vor allem deshalb der Fall, weil es sich fortan nicht mehr in der Rolle des kleinen und naiven, sondern in der des großen und klugen Kindes befindet. Zugleich verspürt es in der Rolle des Schülers einen weiteren Schritt in Richtung Unabhängigkeit gegenüber den Eltern.

Während das Kind im Kindergarten noch überwiegend »Nebeneinanderher-Freundschaften« einging, die mehr auf Spontaneität und Sympathie beruhten, sucht es jetzt nach etwas anderem. Entwicklungspsychologisch betrachtet befindet sich das Kind in einer Phase, in der ihm sein stärker gewordenes Ich signalisiert, in einer Freundschaft nicht nur etwas primär Vordergründiges, Unverbindliches, Egozentrisches und Austauschbares zu sehen. Vielmehr soll sie von stärkerer gegenseitiger Verläßlichkeit, Bindungsbereitschaft, »Tiefe«, von Empathie gekennzeichnet sein und vor allem auch gegenseitigen Streit und Zank aushalten. Zwar ist es nach wie vor der primäre Wunsch des Kindes, mit den Kameraden weniger zu streiten. In Wirklichkeit verhält es sich jedoch anders. Denn beim Streit geht es unter anderem nicht nur um das eigene, sondern auch fremde Austestenwollen der Grenzen und Stärken von Menschen, zu denen man in einer persönlichen Beziehung steht.

In diesem Sinn sind die Worte eines Achtjährigen auf die Frage hin zu verstehen, ob er mehr mit Freunden oder Nicht-Freunden streite: »Logo, richtig und lange streiten tu ich doch nur mit Freunden, denn die sind es mir wirklich jederzeit wert. Mit den anderen lohnt sich so etwas gar nicht, die sind mir doch viel zu egal. Die rede ich nur blöde an und verschwinde dann.« Diese Aussage entspricht der typischen Haltung von Kindern dieser Altersgruppe. Durch sie kommt zum Ausdruck, daß in der Freundschaft ein hoher Wert gesehen wird und dabei der Streit als Mittel der Auseinandersetzung für notwendig und selbstverständlich angesehen wird. Er ist quasi das »Salz in der Suppe« und drückt das Bedürfnis nach Nähe beziehungsweise das Interesse füreinander aus. Ziel ist es, die Freundschaft zusammenzuhalten und zu festigen, anstatt sie zu gefährden oder zu beenden.

Aus Sicht der Erwachsenen mag das freilich ganz anders aussehen, wenn sie miterleben, wie heftig und anhaltend sich Sechs- bis Zwölfjährige oft untereinander streiten und dabei teilweise sich auch körperlich attackieren. In ihren Augen erscheinen die Streit- und Drohgebärden der Kinder als feindlich gesinnte Angriffe, die mit Freundschaft nichts zu tun haben. In Wirklichkeit verbirgt sich dahinter ein ähnlich starker, wenngleich ganz anderer Ausdruck von Zuneigung und Bindungsfähigkeit wie im Umstand freundschaftlicher Harmonie und Friedfertigkeit.

Der Streit des Kindes mit der Mutter oder dem Vater beruht letztlich auf dem, was die Erwachsenen (im »Auftrag der Gesellschaft«) von ihm fordern oder erwünschen. In den Augen der Eltern geht es zumeist darum, daß ihr Sohn oder ihre Tochter in die Rolle des braven und einsichtigen Kindes zurückkehrt, indem es ihre Ansichten teilt oder wenigstens akzeptiert. Zumeist ist das auch der Fall, so daß sich das Kind den elterlichen Ge- und Verboten gegenüber anpaßt und »Einsicht« zeigt, ohne dabei realistisch erfahren zu können, was wirklich Hintergrund der Auseinandersetzung ist. Das Kind wird dadurch um die Chance gebracht, die Ursachen, Auswirkungen sowie Zusammenhänge, die zum Streit führten, selbst zu erfassen und zu durchleben. Vielmehr sind es seine Eltern, die vieles davon »im Interesse des Kindes« zu regeln, zu filtern sowie auszublenden glauben und ihm dabei einen Teil der Selbstverantwortung nehmen.

Wesentlich anders sieht es aus, wenn das Kind mit Gleichaltrigen streitet und Konflikte austrägt. Jetzt befindet es sich unter Ranggleichen, die nicht wie die Eltern mit ihrer Autorität und Lebenserfahrung die Geschicke und das »Wohl des Kindes« lenken wollen. Statt dessen geht es hier um einen direkten, offenen und gleichberechtigten »Schlagabtausch« der Ziele und Bedürfnisse, die Kinder untereinander haben. Dabei müssen sie »wirklich einen anderen für ihre Pläne gewinnen, sich anpassen oder einen

Kompromiß aushandeln«. Gelingt das, so ist das ein Ausdruck ihrer *eigenen* Leistung. Mißlingt dagegen das Unternehmen, so haben sie umgekehrt die daraus folgenden »bitteren Konsequenzen« eigenverantwortlich zu tragen (Lothar Krappmann, in: »Was für Kinder. Ein Handbuch«). Zum Beispiel ist dann das Spiel miteinander gescheitert, und Beschimpfungen, knallende Türen oder Tränen können das Ergebnis sein. Nichtsdestotrotz tragen die Streitereien unter den Kindern, auch wenn sie noch so massiv und von Mißerfolgen begleitet sein mögen, letzten Endes mehr zur Aggressionskontrolle bei als die Mahnungen der Eltern, weil die Kinder die Folgen ihres fehlerhaften Tuns am eigenen Leib zu spüren bekommen.

Im Gegensatz zu Erwachsenen ist es für Kinder von untergeordneter Bedeutung, ob ihre Gespräche in einem sachlich-logischen Zusammenhang stehen. Viel entscheidender ist es, daß sie im vertrauten Kreis die eigenen Ansichten und Vorstellungen gemeinsam austauschen und mutig vertreten können. Mit anderen Worten: Trotz aller freundschaftlichen Beziehungen müssen die Kinder lernen, angreifbar zu sein, sich zu rechtfertigen, ihren Standpunkt zu vertreten und Einwände sowohl zuzulassen als auch zu widerlegen. Dabei haben sie in Kauf zu nehmen, als »endlose Laberer« und »Dummschwätzer« provoziert oder mit einer Bemerkung wie »Das kauft dir doch sowieso keiner ab, was du da quasselst!« in die Schranken verwiesen zu werden.

Den dargestellten (Gruppen-)Sozialisationsprozessen liegt das Phänomen des Aushandelns untereinander zugrunde. Das Aushandeln gehört zu den wichtigsten (Streit-)Eigenschaften der »mittleren Kindheit«. Dabei lernen die Heranwachsenden modellhaft, wie sie sich in Konfliktsituationen verhalten müssen, um ihre jeweiligen Absichten und Ziele möglichst »sozial verträglich« zu erreichen – egal, ob es sich dabei um das Aushandeln von Fußballspielregeln, um den Tauschhandel von Comicfiguren gegen Süßigkeiten, von Spielzeugautos gegen CDs oder um die Frage dreht, was für ein »toller Typ« man in den Augen der Freunde ist, wenn man die eine oder andere »große Tat«

vollbringt. Zumeist geht es um das Prinzip »Gebe ich dir – so gibst du mir!«. Auf diese Weise lernen die Gleichaltrigen am unmittelbarsten, was es heißt, sich immer wieder in Form von Kompromissen auf eine Sache zu einigen.

Gleichaltrigen, die auf diese Art und Weise miteinander in Beziehung treten, gelingt es wesentlich besser, ihre Bedürfnisse sowie Fähigkeiten zu aktivieren und kreativ zu erweitern. Gerade weil sie aneinander interessiert sind und sich gegenseitig ernst nehmen, lernen sie besonders, wie man am sinnvollsten aushandelt und argumentiert, die Regeln und Normen untereinander beachtet und diese Dinge auf andere Lebenssituationen übertragen kann.

Das Einüben des Aushandelns zwischen den Kindern ist etwas so Wichtiges, daß sich Eltern, Lehrer und Erzieher besser davor zurückhalten sollten, in das Geschehen mit ihren Überlegungen und Tips einzugreifen. Es ist immer wieder erstaunlich, wie verantwortungsbewußt und selbständig es den Heranwachsenden gelingt, ohne Hilfe der Erwachsenen hier zu kompetenten Entscheidungen zu gelangen.

Pubertät

Etwa ab dem zwölften Lebensjahr hinterläßt die Pubertät zusehends ihre Spuren. Sie bewirken im Fühlen, Denken, Handeln und in der körperlichen Gestalt des Kindes eine innere wie äußere Wandlung. Die Phase der Pubertät ist von mehreren Umbruchs- und Ereignisfeldern geprägt. Durch sie erfährt das Kind (es gilt ab dem 14. Lebensjahr offiziell als Jugendlicher) schrittweise, daß es nicht mehr die Person ist, die es einmal war. Ähnlich ergeht es den Eltern. Oftmals scheinen sie ihr Kind nicht mehr wiederzuerkennen, wenn es sich in seinen Gefühlen, Ansichten und Interessen »total anders« zeigt als bisher.

Bei der Bewältigung der Pubertätsphase spielen die Gleichaltrigengruppen eine herausragende und unverzichtbare Rolle. Spätestens jetzt wird der außerfamiliäre Gruppensozialisationseinfluß auf die Jugendlichen so stark, daß selbst die herkömmlichen pädagogischen und psychologischen Auffassungen nicht mehr umhinkönnen, die daraus hervorgehenden prägenden Wirkungen auf die Jugendlichen anzuerkennen.

Die Peergroups bieten den Jugendlichen einen Schutz- und Übergangskorridor zwischen der kleinen familiären und der großen nichtfamiliären Welt, in die sie nach und nach hineinwachsen. Hierbei übernehmen die Gleichaltrigengruppen verstärkt die Aufgaben und Funktionen, welche die Eltern und die Familie durch die Abnabelung des Kindes nicht mehr erfüllen können. So gesehen werden sie zu einer Art »zweiter Familie«, wenn nicht gar zum Familienersatz des Jugendlichen.

Die Jugendlichen investieren deshalb in die Peergroup ein hohes Maß an Zeit und Energie. Sie versprechen sich davon den Erwerb neuer kreativer Erfahrungs- und Lernprozesse. Hierfür stehen die Freundschaften Pate, die der Vertiefung und Verantwortungsübernahme unter den Gleichaltrigen dienen. Praktisch zeigt sich das zum Beispiel auf den Gebieten der Kooperation und des Zusammenhaltes, aber auch im (fairen) Wettstreit miteinander. Natürlich geht die gegenseitige Verbundenheit auch immer wieder mit Konflikten einher, was sich in zweierlei Hinsicht zeigt. Einerseits wollen die Jugendlichen weiterhin ihre Eigenständigkeit bewahren und ausbauen, andererseits streben sie danach, so zu sein wie die anderen, sofern sie sich den Normen und Werten der Gruppengemeinschaft freiwillig und oftmals völlig unkritisch anpassen und unterordnen nach dem Motto »Dabeisein ist alles!«.

Dieses polare Wechselspiel zweier Grundbedürfnisse, das mit dem »Schlagen zweier Herzen in einer Brust« vergleichbar ist, ist »menschlicher Ur-Impuls und rationales Bedürfnis« zugleich (Cheryl Benard/Edit Schlaffer, »Einsame Cowboys. Jungen in der Pubertät«). In ihm drückt sich der Wunsch nach Eigenständigkeit und Gemeinschaftszugehörigkeit beziehungsweise das Bestreben nach persönlicher Selbständigkeit und Ein- sowie Unterordnung in einen sozialen Gruppenverband aus. Durch die Erfüllung dieser beiden menschlichen Grundbedürfnisse erzielen die Jugendlichen einen weiteren Effekt: Sie sind »ganz unter sich« und können zugleich eine Art von »Gegenwelt« zu der der Erwachsenen aufbauen. Besonders aus der Sicht der Jugendlichen gleicht die Peergroup einer uneinnehmbaren Festung, die ihnen Sicherheit und Stärke im vermeintlichen »Kampf« gegen die »uneinsichtige« und »spießige« Eltern- und Erwachsenenwelt gibt.

Kurzum, in der Gleichaltrigengruppe wollen die Pubertierenden in erster Linie das suchen und in veränderter Form (wieder)finden, was ihnen die Eltern und dic Familie nicht mehr (ausreichend) vorzuleben und zu erfüllen scheinen: gegenseitiges Verständnis und Identifikation, Akzeptanz, altersgerechte Freiräume, Ranggleichheit, Idealismus, Aufbruchstimmung, Unkonventionalität, Solidarität und Wir-Gefühl.

Aus diesen Gründen ist ein dementsprechendes Verständnis, das mit viel Gelassenheit einhergeht, nötig, um den Eltern die Pubertätsgeschehnisse verständlicher zu machen.

Die Pubertierenden »müssen« sich darüber aufregen, wenn ihre »Alten« versuchen, sich so zu kleiden oder so zu sprechen, wie das nur die Heranwachsenden untereinander tun. Anbiederungsversuche der Eltern empfinden sie als einen Angriff beziehungsweise eine Einmischung in die Welt ihrer Gruppenidentität. In dieser Welt wünschen sie niemandem anderen als sich selbst zu begegnen, versinnbildlicht durch Zettel wie »Der Raum ist geschlossen für Erwachsene und kleine Kinder!«. So gesehen ist es mehr als normal, wenn sich eine zentrale Frage der Pubertierenden an dem Motto orientiert: »Bist du einer von uns oder von ihnen« – diesen Erwachsenen? »Wenn du einer von uns bist, beweise es. Beweise es, indem du zeigst, daß ihre Regeln dir egal sind. Beweise es, indem du irgend etwas tust – eine Tätowierung wäre nett oder noch besser ein Ring in der Nase –, was dich unwiderruflich als einen von uns kennzeichnet.«

Hartmut von Hentig

Die neuen Medien – immer verfügbare Freunde oder Schrott vom Bildschirm?

Neil Postman behauptet, daß die Kindheit verschwinde, jene Zeit und Zone, die in der Geschichte vornehmlich dadurch entstanden ist, daß die Tätigkeiten der Erwachsenen ein bestimmtes Wissen sowohl forderten als auch gaben, das Kindern im doppelten Sinn unzugänglich war. Dieses Wissen war den Erwachsenen gemeinsam, bezeichnete ihren Status und wurde zu dessen Sicherung dem Nichterwachsenen kunstvoll vorenthalten, auch als jenes Wissen unter ihnen nicht mehr gemeinsam war. Heute ist ihre berufliche Arbeit auf hochspezialisierte Tätigkeiten reduziert, über die sie auch untereinander nicht verständlich reden können; in ihrer Freizeit treiben sie Dinge, die sie mit ihren Kindern ebensogut teilen könnten wie mit ihresgleichen; die Erfahrung von »der Welt« kommt für alle aus zweiter Hand über die Medien und fordert weder Geld (es liegt im Interesse der Sender, daß die Sendung gesehen wird; sie würden, ginge es an, den Zuschauern fürs Zuschauen auch noch zahlen!) noch Vorkenntnisse noch daß man Verantwortung übernimmt. Ja, die Kinder können sich den Medien ausgiebiger widmen als die meisten Erwachsenen, weil sie keiner Erwerbstätigkeit nachgehen müssen. (Einen Beruf haben sie dagegen auch. Sie sind Schüler, womit ihre weitere Lebenslaufbahn beginnt.)

Es gibt Leute, die dies begrüßen. Ich habe Gründe, es – um der Kinder und um der Gesellschaft willen – zu beklagen. Man lese nach, wie Rousseau begründet, warum die Natur den Menschen bei der Geburt zunächst ohne »raison« (Verstand/Vernunft) ausgestattet habe: Sie zwinge ihn auf diese Weise, seine Organe und Sinne auf seine Erfordernisse hin auszubilden und in diesem Prozeß die den Menschen auszeichnende Erfahrungsmöglichkeit zu erwerben, also seine eigene Veränderung = das Lernen zu lernen und dabei sich selbst und seine Chancen und Grenzen zu erproben. Der Mensch kann sich folglich immer neuen Lagen anpassen; er kann das Gelernte ansammeln und weitergeben, eine Kultur schaffen. Er hat, so sagen die modernen Anthropologen, nicht nur eine Umwelt wie die anderen Lebewesen, sondern eine Welt. Und er *hat* sie, weil er sie sich *erwerben* muß. Mehr noch: Er kann und muß auswählen, was die nächste Generation ihrerseits erfahren soll. Er prüft die eigene tra-ditio = Weitergabe. Und bei dieser Prüfung, in der Auseinandersetzung über sie, im Auswahlprozeß, wird die stattgehabte Veränderung bewußt, wird der »cultural lag« geschlossen oder offenbar. Nur eine Gesellschaft, die erzieht, versteht sich selbst.

Was für eine Welt hat ein Kind, dem lauter fertige Bilder – ohne Eingriffs- und Probiermöglichkeit (oder mit nur vorgespielten), ohne Ich und Du, im Zeitmaß einer Unterhaltungssendung – vorgeschüttet werden? Wo und wie lernt es außer in dem Teil des Hirns, in dem die Bilder gespeichert werden? Und was hat es damit gelernt, welches Bild macht es sich von den Bildern? Wird ein junger Mensch nicht eine gänzlich falsche Einschätzung von Gewalt oder Arbeit oder Ruhm oder Geld oder Liebe oder Not haben, die er in lebhaften und leibhaften Bildern vor sich gesehen, aber weder an sich erfahren hat noch in einem Begriff fassen kann, der doch nichts als der Umriß, die Ordnung von Erfahrung ist?

Die Wirklichkeit weicht vor dieser dramatisch inszenierten Ersatzwelt zurück – objektiv und subjektiv. Einen Garten wird dieser junge Mensch nicht mehr umgraben, ein Feuer oder ein großes Tier nicht hüten, einen Kranken nicht trösten, seine Leistung nicht zum Markte tragen müssen und aushalten, daß die eines anderen vorgezogen wird. Aber auch den Blick aufs Meer und vom hohen Gipfel hat er getan, den Löwen im Zirkus und den Star auf der Bühne, den Glasbläser und Oberammergau hat er »gesehen«, bevor er sie gesehen hat; mit Hannibal und Old Shatterhand ist er bekannt, bevor er einen einzigen Schritt in die Geschichte getan, einen einzigen Blick auf die Weltkarte geworfen hat; Sexualität und Rausch und Abenteuer, die er eines Tages erlebt, sind nur Kopien von starken oder lediglich grellen Vor-Bildern auf dem Bildschirm.

Das wundersamste »hidden curriculum« der alten Schule, nämlich daß nur die Erkenntnis oder Fertigkeit befriedigt, die man sich aneignet, daß die Freude des Gelingens sich an der Größe des überwundenen Widerstands messen läßt, daß, wie streng auch immer »sie« etwas verbieten oder verhüllen, man es doch herausbekommt – dieses »geheime Lehrpensum« hat ausgedient, kann gar nicht mehr wirken, auch wenn sich die Lehrer wieder darum bemühen. »Ich bin voll, ich kann nichts mehr behalten«, sagt mir einer meiner kleinen Lateiner, und er sagt es für sie alle. Was sie aufnehmen, entfällt ihnen sofort wieder. Die didaktischen Künste der Lehrer sind raffinierter geworden; sie bringen die Kinder dazu, sich selbst Aufgaben zu stellen und durch »trial and error« zu lösen; sie »machen Projekte«, bei denen richtige Dinge, konkrete Ergebnisse, reale Erfahrungen herauskommen und die nicht nur Erfolg haben können, sondern auch schmerzlich scheitern.

Warum ist die Schule trotzdem »langweilig«? Die Unlust nistet in dem Bewußtsein: Diese handgebastelte Sache hat mit der »Wirklichkeit«, für die sich die Erwachsenen interessieren, nichts zu tun. Das ist »kid stuff«, Kinderkram für Kinder veranstaltet und von ihnen durchschaut. Mit den Produkten, Daten, Ereignissen »da draußen« kann sich das nicht messen. Die Schüler machen trotzdem willig mit, weil sie gern miteinander sind und weil ihre Lehrer freundlich mit ihnen umgehen. Ihre Schule, das sind die Menschen in der Schule. Jedenfalls für die mittleren Jahrgänge zwischen elf und fünfzehn sind die »Gegenstände« der Schule bestenfalls ein geduldeter Vorwand. Was die Welt betrifft, die sie später irgendwann erwartet, da hat sie die für den Bildschirm inszenierte Wirklichkeit insgeheim entmutigt: So wichtig, so spannend, so »toll« wird mein Leben nie sein! Einzelheiten regen sie zur Nachahmung an: Gesten, Redewendungen, Fahrweisen, ein Tick aus einer Person und ihrer Neunzig-Minuten-Story herausgeschnitten. Bei Serien kann es tiefer gehen. Die Unterhaltungen der Vierzehnjährigen über »Matlock« oder »Unser Charley« oder »Players« oder »Die unheimlichen Besucher« zeigen, was junge Menschen dabei lernen (wollen), Dinge, die wir an Schneewittchen, Aschenputtel und Marienkind gelernt haben, und sehr viel früher. Ihnen begegnen sie nun im Gewand neureicher Hysterien und Schurkerei – Stereotypien statt Archetypen. Die Zehn- und Elfjährigen kommen am Montag »geschafft« in die Schule, um sich von den vier Schicksalen auszuruhen, die sie am Sonntagnachmittag und -abend durchgemacht haben: Altes Rom, Kung-Fu, Wilder Westen und Tatort. Kein Wunder, wenn sie über eine einfache Schreibarbeit glücklich sind und unfähig, weitere »Gegenstände« aufzunehmen.

Kein Wunder auch, wenn diese und ältere Kinder fast keinen Satz zu Ende reden, die Anstrengung, ihre Gedanken so einzuteilen und so zu ordnen, daß sie in eine rudimentäre Syntax passen, nicht aufbringen. Ihre Gedanken sind keine Gedanken, sondern Bilderkaskaden, Meinungsstrudel, Worthülsen, in der verräterischen Sprache meiner Zunft: Interaktionsmuster. Am Ende macht sich ihr Mitteilungsdrang in wilden Gesten und Comic-Lauten Luft.

Die alten Kulturen kannten nur eine pädagogische Einrichtung: die Erwachsenen. Von der antiken Polis bis zum »neighbourhood« in den Slums, die Jane Jacobs beschreibt, gab es eine gemeinsame öffentliche Verantwortung der Alten für die Jungen, sobald sie auf den Straßen und Plätzen erschienen. Der Bürgersteig war die Schule zum Bürger – im Haus, in der Familie wurde man darauf vorbereitet.

Nicht erst die Neuen Medien haben diese Verhältnisse verändert, aber sie haben die Veränderung besiegelt. Die Aufteilung – die Familie erzieht, das heißt: sie übt die Haltungen ein, die Schule bildet, das heißt: sie ordnet die Vorstellungen – gilt seit der Einführung der Schulpflicht. Die Grenzen zwischen den beiden Bereichen waren in der Praxis fließend, in der Theorie aber gut zu erkennen. Die Eltern bemühten sich, ihren Kindern gerade auch solche Haltungen beizubringen, die das Lernen in der Schule erleichterten; die Schule ihrerseits lehrte die sittliche Bedeutung der Familie. Beide zusammen sorgten für die Abtrennung der Kindheit vom Erwachsensein – von seinen Privilegien, seinen Machtmitteln, seinen Geheimnissen.

Diese Abtrennung ist durch die Medien – zuerst das Buch, dann das Radio und schließlich das Fernsehen und den Computer – beendet. Postman hat dies beschrieben, als es längst geschehen war, und hat die Welt immer noch überrascht, so sehr beherrschen uns unsere Vorstellungen.

In diesem Abschnitt konzentriere ich mich auf die fünfte der sechs Fragen, mit denen Postman sein Buch schließt: »Gibt es soziale Institutionen, die stark genug und engagiert genug sind, sich dem Niedergang der Kindheit zu widersetzen?« – »Niedergang« meint eben das »Verschwinden«, die Auflösung des Unterschieds zwischen Kindheit und Erwachsenheit. Die Schule beruht selbst auf diesem Unterschied. Sie wäre somit die gesuchte Institution. Aber sie leidet nicht nur an einem deutlichen Autoritätsverlust – den vor allem macht Postman aus –, sie stellt mit den angeblich Selbständigkeit fördernden Medien das Kriterium der Erwachsenheit zur Disposition. Der Erwachsene ist der Selbständige. Selbständigkeit aber wird keine Tugend mehr sein, die man sich mit Anstrengung erwirbt, weil man ohne sie nichts erreicht – man wird sie als gegeben voraussetzen; die Apparate werden sie uns schenken; ja, sie werden sie vor allem den Kindern schenken, die »ein so unbefangenes Verhältnis« zu ihnen haben.

Ich blicke von der Bildungseinrichtung Schule aus einerseits zurück auf die Erziehungsinstanz Familie und andererseits auf die »pädagogische Instanz«, die ich »aufgeklärte Öffentlichkeit« nenne.

Was kann und was soll die Familie in der Neue-Medien-Welt tun? Ich lasse den Amerikaner David Denby für mich antworten, dessen Bericht über das Aufwachsen seiner beiden Söhne ich vor Jahren im »New Yorker« gelesen und für die »Neue Sammlung« ins Deutsche übersetzt habe (»Lebendig begraben. Unsere Kinder und die Kulturschlammlawine«). Hier die einschlägigen Passagen, in denen er seine Beobachtungen, Empfindungen und Gedanken zu dem »Schrott« schildert, den die pädagogische und unpädagogische Industrie in Amerikas Kinderstube kippt. Er hat den Aufsatz aus Anlaß des im Telecommunication Act vom Anfang des Jahres 1996 vorgesehenen V-Chip geschrieben. Diesen können die Eltern in die Fernsehgeräte (vom Baujahr 1998 an) einführen und dadurch Programme blokkieren, die ihre Kinder nicht sehen sollen. Er weiß wie seinesgleichen New Yorker Intellektuelle, daß der Chip ihnen keine Erlösung von ihren Nöten bringen wird und schon gar keine Lösung des pädagogischen Problems. Wie kann man etwas bekämpfen, was man selber oft genug genießt? Würde man, umgekehrt, das Fernsehen und seine elektronischen Geschwister ganz aus dem Haus und dem Leben der Familie bannen, wäre das mittelalterlicher Fundamentalismus mit noch heikleren Folgen für das Zusammenleben der Kinder mit ihrer kleineren und größeren »community«.

> Max, mein älterer Sohn, der jetzt gerade dreizehn geworden ist, hatte früher einen dicken grünen Teppich in seinem Zimmer, ein geflochtenes und mit Troddeln versehenes Stück, das meine Frau von den Vormietern unserer West-End-Avenue-Wohnung geerbt hatte. Als Max fünf oder sechs Jahre alt war, verbrachten wir oft Stunden damit, auf dem Teppich kniend, seine Spielsachen aufzuräumen. Da unten, im weichen Grün, dachten wir über seine Erziehung nach: welche Wertvorstellungen ihm das alles wohl eingebe. Pfennigstücke, Gummibänder, Heftklammern, Murmeln, Erdnußschalen, schmutzige Socken, Spielsoldaten, Holzklötze, Buntstifte, Klumpen von irgendwelchen synthetischen Massen – eine Kinder-Bouillabaisse, ein eingedicktes Gebräu aus Plastik und Metall, zusammengehalten durch einen zotteligen Teppich. So sieht die Landschaft eines amerikanischen Kindes heute aus.
>
> Eines Tages war der Teppich mit Hunderten von Plastikteilen übersät. Ich saß mittendrin – überwältigt. Ein Freund von Max war herübergekommen, und die Jungs hatten ganze Kisten vol-

ler Spielsachen auf den Boden geschüttet. Lego, natürlich, aber auch Exemplare von diesen Teenager-Mutanten Ninja Turtles oder von He-Man und Skeletor, Figuren mit beweglichen Gliedern, dazu ältere Puppen aus der Sesamstraße und aus anderen Serien, die ich nicht kenne. Auf dem Boden Plastiktrümmer von – nein, nicht eigentlich Spielsachen, sondern Spielzeugsystemen, wie sie auch im Fernsehen oder im Kino oder in beidem vorkommen, mit »Anschlüssen« zu Computerspielen, Comics, normalen Kinderbüchern, Kleidungsstücken und Cornflakes-Schachteln. Jeder Teil des Spielzeugsystems hatte geholfen, den nächsten zu verkaufen, und so war der Phantasieraum von Max von Requisiten buchstäblich bis zum Horizont verrammelt. Ich las, wie von ungefähr, einen der Superhelden vom Teppich auf und drehte ihm den Arm aus.

Zu meiner eigenen Überraschung bin ich geneigt, den V-Chip zu begrüßen, oder ihn doch wenigstens nicht abzulehnen … Viele Eltern haben eine ähnliche Einstellung wie ich, und von ihnen sind nicht wenige überrascht, wie tief ihr Unbehagen und oft genug auch ihr Unglücklichsein hierüber – über das Plastikzeug auf dem Teppich – geht. Sie sind aufgebracht, in welchem Maß die Pop- oder Massenkultur mit ihren verschiedenen Ausgeburten in ihre Häuser, in die Gewohnheiten, in das Benehmen, in die Seele ihrer Kinder eingedrungen ist …

In den letzten zwei Jahrzehnten hat die Pop-Kultur gesiegt; von wenigen Nischen abgesehen hat sie allen Widerstand aus dem Feld geschlagen. Sie hat die älteren, »höheren« Künste in sich verschluckt oder an den Rand gedrängt; sie hat die Schule gedemütigt; sie schreibt der gesamten Gesellschaft die Tonart vor. Die Kinder leben in ihr – und die Eltern tun es auch, was die Sache so verwirrend macht …

Auch Eltern, die Spaß an der Pop-Kultur haben, reagieren mißtrauisch und verletzt, wie wenn jemand sie zum Narren gehalten habe. Einige Eltern unter meinen Bekannten haben sich in bitteren Zorn gesteigert und verbeißen sich in die aussichtslose Anstrengung, die Pop-Kultur und das Leben auf der Straße – die nicht mehr voneinander zu unterscheiden sind – aus dem Leben ihrer Kinder herauszuhalten. Aus Furcht und Liebe und wohl auch geistigem Ehrgeiz sind sie zu autoritären Wächtern geworden, die das Fernsehen und alle möglichen Arten von »ungeeigneten« Filmen aus der Kinderstube verbannen. (Es gibt so viel zu verbieten – eine ganze Kultur, wenn man's genau nimmt!) Und indem sie dies tun, geben sie dem Verbotenen Glanz und die Anziehungskraft des Gefährlichen; sie riskieren, ihre Kinder von deren Freunden zu isolieren und zu Fremdlingen in der elektronischen Welt der Zukunft zu machen …

Uns allen ist Entscheidungsfreiheit wichtig. Es könnte freilich sein, daß unsere Kinder – zu unserem Kummer – eine freie Entscheidung, in der Pop-Kultur zu leben, gar nicht mehr haben. Für viele von ihnen ist Pop nicht mehr einfach ein Teil der Wirklichkeit – eine Fülle von Ablenkungen, guten oder schlechten, glänzenden oder schwachsinnigen –, sondern der eigentliche Boden der Wirklichkeit. Die Gefahr besteht nicht darin, daß ein Kind gelegentlich Bildern von Gewalt oder obszönen Handlungen ausgesetzt ist, sondern daß wir eine schäbige, unwürdige Kultur hinzunehmen bereit sind, in der alles seinen Wert verliert – eine Schattenwelt, in der unsere Kinder Gift einatmen und nicht wissen, was reine Luft ist. Sie werden zu Medienverbrauchern, bevor sie eine Person geworden sind …

In Wahrheit sind unsere beiden Buben weit davon entfernt, fernsehsüchtig zu sein. Aber sie meinen, wie die meisten amerikanischen Kinder, ihnen stünde ein gewisses Maß an Fernsehen, Videospielen und Kinofilmen zu. Diese Freuden gehören gleichsam zu ihrem Territorium: Medienverbrauch ist eines von den Dingen, denen Kinder eben nachgehen …

Es kommt vor, daß Max sich am Samstag, wenn er zu Hause ist, oder in den Ferien sofort nach dem Aufstehen an den Computer macht und dort, ebenso unbekümmert um die wiederholte Aufforderung zu frühstücken wie um die Schale von Cornflakes, die wir ihm schließlich unter die Nase setzen, die Kriegs-Strategie-Filme spielt, die er gegenwärtig so liebt: »Cäsar II« im alten Rom zum Beispiel oder »Warcraft«, bei welchem der Spieler, im Auftrag der Humans, Festungen, Städte, Bauernhöfe, Mühlen baut – alles, um die unsäglichen Orcs zu schlagen, kleine eifrige Wesen, die von allen Seiten her angreifen und ängstliche Schreie ausstoßen, während sie in die Unterwelt geprügelt, gestampft, gefeuert, bombardiert werden. (Kinder mit perversen Anwandlungen können sich auf die Seite der Orcs stellen; es können auch zwei Kinder auf beiden Seiten gegeneinander kämpfen.) »Warcraft« stellt einen gewaltigen Komplexitätsfortschritt gegenüber den »Baller-Spielen« wie »Wolfenstein 3-D« oder »Doom« dar, in denen der Spieler durch dreidimensionale Gänge eilt und endlose Angreiferscharen niedermäht. In »Wolfenstein« tötet man am Ende Hitler, nachdem man alle SS-Leibwächter umgebracht hat; ich habe das Spiel selber gespielt – nicht ganz ohne Vergnügen. In »Warcraft« avanciert der Spieler, nachdem er eine bestimmte Schlacht gewonnen hat, auf eine höhere Ebene und wird dort vom Erzähler persönlich begrüßt. Dieser spricht eine pompöse mittelalterliche Sprache, die sich vom Kaiser/Emperor in der »Star-Wars«-Trilogie in viele Gegenden der Kinderkultur ausgebreitet hat: »Gewaltige Heerscharen der Orcs haben das Dunkle Tor wieder errichtet und setzen nun dem Land Niedergard mit Belagerung zu«, sagt der Erzähler …

Danach kann es sein, daß Max Freunde besucht oder im nächsten Burger King sein Lunch ißt, wo er einen Double Whopper und eine Coke bestellt und (hoffentlich) die Gratis-Puppen und andere Lockmittel für den »Glöckner von Notre Dame« übersieht. Danach werden sich die Jungs vermutlich in eine Special-Effects-Orgie wie »Mission Impossible« locken lassen, später werden sie im Park Basketball spielen (Baseball liegt außerhalb der Wahlmöglichkeiten eines Media-Kids) oder im Haus herumlungern und (wenn wir es erlauben) fernsehen oder sich ein Leih-Video »reinziehen«. Während die Kinder auf den Bildschirm starren, schieben wir ihnen Teller mit rohem Gemüse und gebratenem Huhn zu, von denen sie eine Probe nehmen und dabei dauernd Chips, Fritten oder Pop-Tarts verlangen. Und so geht es bis in die Nacht. Wir greifen gelegentlich ein, zerren Max von seinen Freunden weg. Aber wenn wir unserer Arbeit nachgehen und nicht eingreifen können, verbringt er seinen ganzen Tag mit »junk«, Schrott aus den Medien, einschließlich der Mahlzeiten – einen Tag mit Spaß, Freunden und vielleicht gesteigerter Aufmerksamkeit, aber mit wenig anderem …

Es bedarf keines wissenschaftlichen Nachweises eines direkten Einflusses der Medien auf Kinder, um uns gegen die Brutalität und den schäbigen Konformismus aufzubringen, mit denen die Pop-Kultur unseren Kindern zusetzt und sie verschlingt. Wenn Kinder in der Pop-Kultur leben, die zu einem großen Teil häßlich und dumm ist, dann ist das Wirkung genug. Der Unflat als solcher ist beleidigend.

Mögen die Spiele und Sendungen je für sich wenig Schaden anrichten, wenigstens keinen, der nicht wiedergutzumachen wäre – alle zusammen freilich, da bin ich nicht sicher. Auch wenn der Charakter eines Kindes nicht durch eine einzelne Fernsehshow, durch einen Film, ein Video- oder Computerspiel geprägt wird – der unablässige elektronische Sturmangriff muß Spuren hinterlassen. Die Kinder werden erwachsen – aber sie werden Spötter. Spötter aus Überfluß. Sie lernen und wissen, daß in den Medien alles zum Wegwerfen ist; im Fernsehen ist alles nur für den Augenblick; es ist »nur Fernsehen«. Die Kinder sagen das in dem abschätzigen Ton, der ausdrückt: Nichts ist eben wirklich wichtig. Auf solche Weise von ihren ersten Tagen an mit Täuschung und Schein abgefertigt, werden heutige Kinder wohl nie hinreichend gegen ein System der Schmeichelei und Beschwichtigung gerüstet sein, das ihre Unsicherheiten zudeckt und ihr Ego aufbläht. Mit fünf oder sechs sind sie auf den Markt gezerrt worden. Dort werden sie zu Käufern gemacht, nicht zu Bürgern ...

Unterstützt von Heerscharen von Psychologen und Marktforschern, erreichen die Kultur- und Unterhaltungsindustrien meine Kinder in jedem Stadium ihrer Wünsche und ihrer unvermeidlichen Enttäuschungen. Der alte Traum ist ausgeträumt, daß Eltern und Lehrer ein Kind bei der Entwicklung seiner eigenen Interessen und seiner eigenen Art unterstützen. In diesem Lande sind die besessenen Geschäftemacher stärker als die Eltern, die sich mit den Schwierigkeiten von Autorität und Freiheit, von Bildung des Geistes und der Seele herumschlagen ...

Hier mein diesbezügliches Golgatha: Ohne meine Erlaubnis hat Max vor einigen Monaten den Film »Pulp Fiction« auf Band im Hause eines Freundes gesehen und ihn offenbar als eine seltsame Sammlung von verruchten Schaudern genossen ...

Nun, nachdem er »Pulp Fiction« gesehen hatte, wollte er sich in Quentin Tarentinos früheren, sehr viel ärgeren (und gänzlich überflüssigen) Film »Reservoir Dogs« (Wilde Hunde) reinwuchten. Nein, sagte ich. Aber warum nicht? fragte er; seine Freunde hätten ihn doch auch gesehen. Ich sagte ihm, ich könne ihn nicht daran hindern, den Film bei anderen Leuten zu sehen; lieber wäre es mir, er täte es nicht. In solchen Wortwechseln ist Max' Argument im Grunde: »Wenn ich nicht alt genug bin, mir den Film anzusehen, wieso bin ich alt genug zu verstehen, warum ich ihn nicht sehen soll?« Dies ist die endgültig letzte Frage der Media-Kids an ihre Eltern ...

Die Medien überschwemmen die Kinder mit Vergnügungen, die Eltern mit Schuldgefühlen.

»Eine sympathische, aber schwache Antwort«, werden die geplagten Eltern unter meinen Lesern sagen. Ich meine, sie wirkt so, weil David Denby sich mit den pädagogischen Taten, die er und seine Frau tun, nicht brüstet – man sieht sie nicht gleich. In Wahrheit sind sie erheblich und richtig. Wir haben im wesentlichen nur eine Möglichkeit, die Kinder gegen »Schmeichelei und Beschwichtigung« zu rüsten: ihnen eine starke Erfahrung vom guten Leben zu geben – von Aufrichtigkeit, Anspruch, Überzeugungstreue. Von ihren Eltern wissen Max und sein jüngerer Bruder: They care – es ist ihnen ernst um uns; im übrigen ist ihr Leben »okay«! Mr. und Mrs. Denby denken über das nach, was ihren Kindern widerfährt. Täten das die Eltern überall in der Welt mit gleicher Gründlichkeit, sie würden nicht darauf bestehen, daß auch die Schule ihre Kinder in Erfahrungen »aus zweiter Hand«, in die abgeleitete Wirklichkeit eintaucht, die aus den Neuen Medien sprudelt. Sie würden die Schule zum Bundesgenossen einer ja auch vorhandenen vernünftigen und schönen Wirklichkeit machen.

Es ist nicht alles »Schrott« und »Show«, was die Medien-Generation erfährt. Die jungen Menschen haben sehr wohl ihre Realität; sie sehen ihre Lage einigermaßen illusionslos; sie tun in ihr, was ihnen möglich und notwendig erscheint. Aber den Maßstab dafür entnehmen sie offenbar nicht unseren Systemen. Beruf, Geldverdienen, eine Familie gründen, Karriere machen, mehr leisten (vor allem mehr als andere), den Wirtschaftsstandort Deutschland sichern, Rechtschreibung, Haushaltung, politische Verantwortung – das alles hat keine ausschlaggebende Bedeutung für und Macht über sie. Sie entscheiden nach Vorliebe und Vorteil und von Fall zu Fall; sie haben Ideale (Wertmaßstäbe, Prinzipien) und Idole, vornehmlich weit weg; sie orientieren sich aneinander; sie sind mit den Worten und nach dem Urteil der Interpreten der »Shell-Studie« schnellebiger, diffuser und eklektischer geworden – »wie die Gesellschaft«, möchte man hinzufügen. Ihren Ort und ihre Mitwirkung in dieser suchen sie danach aus, ob sie mitbestimmen, ihre Fähigkeiten einsetzen und jederzeit aussteigen können; vor allem wollen sie sich keine Vorschriften machen lassen. Angesichts dessen, was ihnen die Gesellschaft zu bieten hat (bei uns ist jeder sechste Jugendliche arbeitslos, in Frankreich jeder vierte!), sind sie noch erstaunlich ausdauernd in der Verfolgung ihrer Ziele.

Das alles freilich sollte meine Hypothese nicht in Zweifel ziehen – die Hypothese, daß sich der Anteil des Vorgestellten gegenüber dem des Erfahrbaren durch die Medien insgesamt erhöhe und damit auch im Leben junger Menschen zunehme. Die Gefahr eines Kurssturzes in der von ihnen wahr- und eingenommenen »Gegenwelt« (Shell-Studie) ist jedenfalls sehr groß, wenn die sozialen Stützen wegbrechen und wenn ihre Vorstellung dann von Monty-Python-Gestalten bevölkert, von »Trainspotting«-Anreizen zugerichtet und von nichts als Computer-Information genährt ist. Dann hilft die »skeptische Distanz« (Shell-Studie) zur Politik nicht nur nicht, dann schwächt und verwirrt sie diese Generation. Skeptische Distanz sollte sie den Medien gegenüber haben, die ihr (und uns) vorgaukeln, sie seien der eigentliche Schauplatz des Lebens, an allem »dran« und beteiligt, für alles zuständig und nützlich.

Was David Denby als Amerikas Pop- und Massenkultur beschreibt, scheint mir unleugbar und ist zu großen Teilen auch bei uns erkennbar. Aber ich glaube nicht, daß die Medien »Schrott« hervorbringen *müssen.* Das Medien-Schicksal unserer Kinder wird in der Tat nicht durch den V-Chip entschieden, sondern durch das, was wir Erwachsenen der Spaßkultur entgegensetzen.

Axel Dammler

Kinder, Konsum und Kleider

Zu den Produktbereichen, die auch in der Öffentlichkeit für heftige Debatten über den Konsum von Kindern sorgen, zählt die Bekleidung. Was früher ausschließlich ein Problem bei Teenagern war, verlagert sich nun zunehmend in jüngere Altersgruppen, weil sich auch hier das bereits erwähnte Phänomen der Akzeleration, das heißt die Vorverlagerung von Entwicklungsprozessen, bemerkbar macht. Ein Neunjähriger kann bereits sehr genaue Vorstellungen davon haben, wie die neue Hose aussehen soll (möglichst weit!) und wie das Sweatshirt (möglichst kraß!), und diese Vorstellungen decken sich nicht immer mit denen der Eltern. Diskutiert wird der Kauf von Mode in der Öffentlichkeit aber deswegen so intensiv, weil es hier finanziell sehr schnell ans Eingemachte geht. Man sieht an den Logos und Markenzeichen auf der Kleidung von Kindern und Jugendlichen dann auch sehr schnell, welche Werte da spazierengetragen werden. Wenn man durch die Einkaufsstraßen deutscher Städte geht, in denen ein Modegeschäft neben dem anderen zu finden ist, wundert man sich eigentlich doch nicht mehr, daß unsere Kinder und Jugendlichen allesamt markengeil sind. Oder?

Bevor ich diese Frage beantworte, möchte ich einen großen Altersschritt zurücktun, und zwar ins Kleinkindalter. Meine Tochter Marie, gerade vierzehn Monate alt, hat schon sehr konkrete Vorstellungen davon, wie ihre Kleidung aussehen soll. Bunt natürlich, aber gerne auch mit Wawas (Hunden), Blubis (Blumen) oder Teddys (Teddys) drauf. Diese Vorlieben drückt sie unmißverständlich mit Lachen und Kieksen aus, während andere Kleidungsstücke mit einem ebenso unmißverständlichen »Nein« von der

Wickelkommode gefeuert werden. Zum Leidwesen meiner Frau, die anfangs kitschige, mit Bären und ähnlichem Getier bedruckte Kinderkleidung furchtbar fand, liebt unsere Tochter nun gerade diese Kleidungsstücke und bekommt sie auch angezogen. Warum unsere Tochter solche Kleidung liebt, wurde schon mehrfach erklärt: Es sind eben genau diese bunten Primärfarben und liebe, einfach gestaltete Tiere, die Kinder in diesem Alter mögen und zu denen sie einen Zugang finden, die sie »verstehen« können.

Genauso logisch und zwangsläufig, wie das Interesse daran entsteht, erlahmt irgendwann aber auch der Wunsch nach Wawa-Pullis wieder, weil die ja nur für Babys und Kleinkinder sind. Ein erster entscheidender und von Eltern oft vernachlässigter Punkt bei der Bekleidungsauswahl ist also, hier die alters- und geschlechtsbedingten Vorlieben zu berücksichtigen, wenn man nicht massiven (und berechtigten!) Ärger mit dem Nachwuchs bekommen möchte. Es würde wohl niemand versuchen, einem zehnjährigen Jungen einen rosa Pulli mit Kätzchen darauf zu schenken, aber dunkelblau mit einem bunten Ball darauf ist fast genauso schlimm.

Zurück zum Kleinkindalter. Neben dem Aussehen sind in diesem Alter im Grunde eigentlich nur noch zwei Dinge aus der Sicht der Kinder in bezug auf die Kleidung wichtig: Sie muß bequem sein und darf nicht kratzen oder die Bewegungsfreiheit einengen, und man muß sie schmutzig machen dürfen. Alles andere außerhalb dieser »rein ästhetischen« beziehungsweise sehr pragmatischen Kriterien interessiert Kinder im Vorschulalter nicht. Das zeigt auch wieder die typische Egozentrik von kleinen Kindern: Alle diese Kriterien sind klar auf den persönlichen Eigennutz bezogen, die Wirkung auf andere interessiert Kinder in diesem Falle nicht oder besser, würde sie nicht interessieren, wenn da nicht wir Erwachsenen wären!

Kindern, und hier insbesondere Mädchen, wird schon von frühester Kindheit an eingetrichtert, wie wichtig Kleidung ist. Da wird geseufzt und gelobt, was das Zeug hergibt, wenn die junge Dame mit einem besonders netten Kleidchen daherkommt, und der kleine Junge in der kecken Lederhose wird angesprochen wie ein großer Lausbub und fühlt sich entsprechend heraufgestuft. Wir geben uns dabei meistens auch gar keine Mühe, zwischen der Kleidung und dem Kind zu trennen (es ist das süße Mädchen, nicht das süße Kleid!), und selbst wenn wir es täten, würde es nichts nutzen, denn die Kinder bezögen das Lob der Kleidung automatisch auf sich selbst. Wir bringen unseren Kindern also von frühester Kindheit an systematisch bei, daß Kleidung einem Anerkennung und Belohnungen bescheren kann. Wir vermitteln sogar, daß man Kleidung instrumentalisieren kann, um an bestimmte Dinge zu kommen (»Wenn wir zur Oma gehen, ziehst du das nette Kleid an, dann kriegst du bestimmt was Süßes ...«).

Wenn ein kleines Kind sich also entsprechend unserer Vorstellung vom »gut angezogenen Kind« konform und angepaßt verhält, dann bestärken wir es in seinem Verhalten. Wenn es aber auf seinem eigenen Geschmack beharrt und zum Beispiel das verwaschene Lieblingsshirt anziehen will, dann finden wir das gar nicht gut und versuchen das zu verhindern. Ironischerweise erwarten wir dann aber von älteren Kindern und Jugendlichen, daß sie sich genau andersherum verhalten, als wir es ihnen beigebracht haben: Sie sollen sich nämlich eben nicht an Kleiderregeln anpassen (nur weil die jetzt von der Clique stammen!), sondern lieber »ihren eigenen individuellen Stil« pflegen. Bevor wir uns also darüber aufregen, daß Kinder und Jugendliche später Mode und Modenormen so wichtig nehmen, sollten wir uns lieber über uns selbst und unsere Erziehungsmethoden aufregen!

Doch es bleibt nicht nur bei den Erziehungsmethoden. Die drei wesentlichen Kernkriterien der Kleinkinder für Bekleidung habe ich genannt: Aussehen, Bequemlichkeit und »Widerstandsfähigkeit«. Man könnte nun glauben, daß diese Kriterien auch ausreichen, um den Markt der Kinderkleidung zu verstehen, doch weit gefehlt! Da gibt es natürlich auch so etwas wie die Qualität der Kleidung und die Materialien, die Kindern weitgehend egal sind, die die Eltern aber nicht unberücksichtigt lassen dürfen. Und das hat wiederum Einfluß auf den Preis der Kleidung, der nächsten wichtigen Variablen. Hohe Qualität hat ihren Preis, und hier gibt es Marken, die für diese hohe Qualität stehen, wenn man sie denn wünscht. All das würde ich als vollkommen kindgerecht beziehungsweise als weitgehend legitime Anforderungen im Sinne des Kindes verstehen.

Doch wenn man sich anschaut, wie viele Kleinkinder heute tatsächlich angezogen sind, dann stellt sich schon die Frage danach, wie kindgerecht das denn noch ist. Viele große Modemarken haben Kleinkinder als Zielgruppe entdeckt und bieten Kleidung an, die den Modellen für die Großen nachempfunden sind – auch im Preis. Da werden Dreijährige so gestylt, daß sie der Mama die Schau stehlen, und tragen Klamotten, die teurer waren als die vom Papa. Ich möchte natürlich niemandem verbieten, solche Bekleidung für Kinder zu kaufen, ich möchte nur darauf hinweisen, daß die Kinder selbst nie aktiv nach solchen Produkten fragen würden! Kindern bis zu einem Alter von mindestens sieben oder acht Jahren ist es noch vollkommen egal, von welcher Marke ihre Kleidung ist. Sie verstehen noch nicht den Unterschied zwischen billig und teuer, und »erwachsen« gestylte Mode hat für sie am ehesten noch die Funktion, sich als Erwachsener zu *verkleiden.* Es sei klar gesagt: Wenn kleine Kinder teure Markenkleidung tragen, dann weil wir Erwachsenen es so wollen. Ich möchte sogar noch einen Schritt weiter gehen: Hier geht es oft nicht mehr darum, dem Kind etwas Gutes zu tun, sondern vielmehr darum, die eigene Eitelkeit am Kind zu befriedigen.

Ausdrücklich sei noch einmal betont, ich möchte es niemandem verleiden, sein Kind schick anzuziehen und nehme mich selbst davon nicht aus. Ich würde mir nur wünschen, daß hier das Wohl des Kindes nicht verletzt wird. Ein Kind ist ein eigenständiges Wesen mit einem eigenen Geschmack und dem Recht darauf, daß dieser Geschmack wo immer möglich berücksichtigt wird. Aus meinem Verständnis heraus hört der Spaß in dem Moment auf, in dem das Kind instrumentalisiert wird, wenn sein »Ich finde das aber schöner« aus egoistischen Motiven überstimmt wird, nur weil man als Eltern Status oder Stil zeigen will. Man sollte sich darüber im klaren sein, daß man nicht nur kindliche Grundbedürfnisse verletzt (Kinder können nichts für ihren Geschmack!), sondern den Kindern auch beibringt, daß Bekleidung ausschließlich für die Akzeptanz bei anderen wichtig ist.

Damit sind wir beim dritten Punkt, der mir in diesem Zusammenhang wichtig ist, nämlich dem elterlichen Vorbild. Auch wir Erwachsene tragen Marken und zeigen sie offen. Wir geben auch fortwährend Kommentare zu Marken ab, bewerten sie nach ihrem Preis, ihrer Qualität oder dem Aussehen. All das bekommen schon kleine Kinder mit, und sie erlernen so, daß Marken eine wichtige Rolle spielen, daß sie sowohl Kaufgrund als auch K.o.-Kriterium sein können. Und selbst wenn für uns Erwachsene im Bereich der Mode die Marken nicht so wichtig sind, dann sind sie es doch ziemlich sicher in anderen Produktbereichen (zum Beispiel bei Autos), was letztendlich über einen kleinen Umweg langfristig zum gleichen Ergebnis, nämlich einer Fixierung auf Marken führt.

Dieser kleine Exkurs in die frühen Jahre der Kindheit sollte unterstreichen, daß auch im Bereich der Mode der Konsum von Kindern und später von Jugendlichen nicht zufällig entsteht. Wir leben nun einmal nicht mehr in der Steinzeit, in der Bekleidung ausschließlich funktional (zum Beispiel warm) zu sein hatte, sondern in einer Gesellschaft, in der Bekleidung und damit Mode Menschen in ihre soziale Umgebung integriert und ihnen Rang und Status verschafft. Wir können uns diesem Zwang nicht entziehen, ohne uns zu isolieren.

Wenn Kinder und Jugendliche auf eigenen Mode- und Markenvorstellungen beharren, dann zeigen sie damit zunächst einmal lediglich, daß sie diese elementare Funktion der Mode verstanden haben. Und dies bedeutet nicht mehr und nicht weniger, als daß die Kinder ein Grundprinzip des menschlichen Miteinanders verstanden haben, daß sie fähig sind, mit anderen Menschen Kontakt aufzunehmen, und willens, diesen Kontakt durch notwendige Anpassung aufrechtzuerhalten. So weit so gut. Die Schwierigkeiten der Eltern beginnen in dem Moment, wenn Bekleidung nicht mehr nach ihren Normen, sondern nach denen der Freunde ausgewählt wird. Doch diese Umorientierung der Kinder ist zwingend notwendig, denn nur durch die Abgrenzung von den Eltern haben die Kinder die Chance, irgendwann zu eigenen Persönlichkeiten und damit »erwachsen« zu werden.

Lautete also die erste Empfehlung dahingehend, die Grundpräferenzen der Kinder in Bezug auf Gestaltung und Tragbarkeit zu akzeptieren und zu berücksichtigen, so muß die Empfehlung ab einem Alter von etwa neun Jahren lauten zu akzeptieren, daß die Kleidung der Kinder einem Erwachsenen nicht mehr gefallen muß. Man könnte sogar noch weiter gehen: Je nachdem, wie intensiv der Abnabelungsprozeß verläuft, *darf* die Mode der Kinder den Erwachsenen gar nicht gefallen. Wenn man als Eltern Glück hat, dann ist die aktuelle Mode ästhetisch für den eigenen Geschmack noch akzeptabel, wenn man Pech hat, dann nicht, aber an diesem Grundprinzip wird man nichts ändern können – und man sollte es auch gar nicht erst versuchen.

Sie sollten als Eltern auch nicht vergessen, daß selbst der in Ihren Augen häßlichste Pullover immer noch ein Pullover ist, der die geforderte Funktion des Wärmens erfüllt, und irgend etwas müssen die Kinder ja anziehen. Und wenn Sie »Rache« wollen, dann machen Sie einfach ein paar Fotos von den schlimmsten Ausrutschern Ihrer Kinder und freuen Sie sich darauf, ihnen diese Fotos in fünfzehn Jahren auf der Hochzeit zu präsentieren …

Nun aber noch einmal zu der eingangs gestellten Frage, ob denn nun wirklich alle Kinder und Jugendlichen markengeil sind. Ich möchte diese Frage mit Ja beantworten, aber den Sinn etwas verändern. Die Kinder und Jugendlichen sind nicht geil auf Marken, sondern sie sind geil auf Marken*zeichen*. Und damit meine ich nicht Markenlogos wie die drei Streifen von adidas, sondern individuell ausgewählte Markenzeichen. Wie oben beschrieben, sind Kinder und Jugendliche irgendwann auf der Suche nach einer neuen, erwachsenen Identität, und diese möchten und müssen sie nach außen zeigen. Dazu brauchen sie Zeichen und Symbole, an denen andere Jugendliche und Erwachsene erkennen können, daß sie eben keine Kinder mehr sind. Und auf genau diese »Markenzeichen«, die einen zum »Nicht-mehr-Kind«, zum Jugendlichen oder »Fast-Erwachsenen« machen, sind die Kinder und Jugendlichen geil.

Die entscheidende Frage ist, welche Zeichen und Symbole sie sich hierfür aussuchen – und dies läuft individuell sehr unterschiedlich ab. Es gibt Cliquen, bei denen das Zeigen von Logos bestimmter Modemarken wichtig ist und dazugehört, es gibt aber auch genauso Cliquen, bei denen nur die Kleidung Status verleihen kann, die absolut unkommerziell ist und zum Beispiel vom Flohmarkt stammen muß. Andere Cliquen haben mit Mode gar nichts am Hut und pflegen ganz andere »Statussymbole«, zum Beispiel gemeinsame Hobbys wie Sport oder bei jüngeren Kindern Figuren wie Pokemons oder Popstars. Das zugrundeliegende Bedürfnis ist jeweils das gleiche, nämlich das Herstellen von Gemeinschaft, aber dieses Bedürfnis wird mal mit Mode und mal ohne befriedigt.

Die oft unterstellte Modemarkengeilheit der Kinder und Jugendlichen relativiert sich auch durch die wechselnde Bedeutung von Modemarken insgesamt: Waren beispielsweise die Logos der Marken zu Beginn und Mitte der neunziger Jahre noch riesengroß auf die Kleidung aufgedruckt, so pflegt man heute das Understatement mit sehr kleinen und häufig auch noch versteckt angebrachten Logos, was eindeutig auf eine geringere Bedeutung der Marken hinweist. Die meisten Kinder und Jugendlichen möchten derzeit nicht als wandelnde Litfaßsäulen erscheinen, die Identifikation mit der getragenen Marke ist zum Leidwesen der Marketingmanager nur sehr gering. Marken sind nicht mehr das Goldene Kalb, um das man tanzt, sondern sie sind Indikator sowohl für passenden Style als auch für Qualität. Gerade für die Jüngeren unter den Jugendlichen sind solche Indikatoren aber dennoch eminent wichtig.

Unterm Strich denke ich, daß man den Kindern und Jugendlichen Unrecht tut, wenn man sie pauschal als mode- und markengeil bezeichnet. Sie haben von uns während der Kindheit gelernt, wie wichtig die richtige Kleidung ist, um bei anderen anzukommen, und sie haben auch von uns gelernt, daß Marken hierbei eine nicht unwesentliche Rolle spielen. Also sollten wir ihnen auch erlauben, das Erlernte in die Tat umzusetzen, das heißt einen eigenen Zugang zu *ihrer* Mode zu finden. Marken haben dabei eine große Bedeutung, aber zum Glück sind sie in den meisten Fällen auch nicht allzu wichtig. Denn wenn plötzlich Marken über alles gestellt werden, dann ist das fast immer ein sicheres Indiz dafür, daß es dem Kind oder Jugendlichen an anderen »Markenzeichen« fehlt, über die die eigene Persönlichkeit und der eigene Status definiert werden können. Hier sind dann nicht die Marken das Problem und die durch deren Anschaffung entstehenden Kosten, sondern das mangelnde Selbstbewußtsein, das aufgepäppelt werden muß. Starke, selbstbewußte Kinder und Jugendliche brauchen keine Marken, um Status zu bekommen, sondern – im Gegenteil – sie verleihen den Marken, die sie tragen, Status bei anderen!

ÜBERLASTET ODER UNTERFORDERT – DIE INSTITUTION SCHULE

Susanne Gaschke

Schule, die überforderte Anstalt

Eins ist sicher: Ihren einstigen Einschüchterungscharakter hat die Schule gründlich verloren. Angst vor Lehrern haben heute nur noch die wenigsten Kinder. Das ist gut.

Doch wie jeder Fortschritt bringt auch dieser Traulichkeitsgewinn Nebenwirkungen mit sich, die seine positiven Effekte untergraben könnten. Eltern drohen zu Hause nicht mehr mit dem strengen Lehrer, aber sie respektieren ihn auch selbst nicht länger als fachliche oder pädagogische Autorität.

Solche Eltern betrachten Schulen als Dienstleistungsunternehmen mit pädagogischem Servicepersonal, das vor allem dazu da ist, ihnen lästige Erziehungsaufgaben abzunehmen. Lehrer sollen die Kinder betreuen, während Vater und Mutter sich verwirklichen, sie sollen ein angenehmes Sozialverhalten der Sprößlinge sicherstellen und solchen Lernstoff in die Kinder hineinmanövrieren, daß diese später Chancen auf dem unsicheren Arbeitsmarkt haben.

Die Vorstellung, daß es nicht Sache der Eltern, sondern vielmehr der Schule, also letztlich des Staates sei, Kinder zu erziehen, taucht in der bundesrepublikanischen Diskussion zuerst in der großen Bildungsreformdebatte der sechziger Jahre auf. Damals ging es nicht allein um eine vollständige Ausschöpfung der Bildungsreserven – im Namen der wirtschaftlichen und kulturellen Wettbewerbsfähigkeit Deutschlands –, sondern auch darum, daß man der Familie als Erziehungsinstanz nicht länger traute: Sie hatte im Dritten Reich versagt, sie würde wieder versagen. Daß die Last der Erziehung dem Elternhaus zugewiesen werde, schrieb Ralf Dahrendorf 1965 in »Bildung ist Bürgerrecht«, sei »eine Fiktion, an der auch dort noch festgehalten wird, wo bekannt ist, daß das Elternhaus seine *angebliche* Aufgabe nicht zu erfüllen vermag«.

Vermutlich gab es 1965 wie heute Verhältnisse am Rande der Gesellschaft, für die diese Diagnose zutraf. Gleichwohl nimmt es wunder, den großen Liberalen Dahrendorf so eindeutig für vergesellschaftete Verantwortung und gegen individuelle Zurechenbarkeit plädieren zu hören. Seine Position drückte aber den Zeitgeist angemessen aus und wurde ungeheuer erfolgreich. Die Erziehung von Kindern in der Familie geriet in den folgenden Jahren von zwei Seiten unter Druck: durch die »Professionalisierung« und Akademisierung der Erziehungsberufe, die im Zuge der Bildungsreform einsetzte; und durch die antiautoritäre Bewegung.

Heute wirkt das ideologische Etikett »antiautoritär« nur noch unreflektiert im Hintergrund des Erziehungsgeschehens. Viele Eltern haben einfach keine Lust mehr, sich durch Verbote oder Diskussionen unbeliebt zu machen. Ganz unabhängig davon, ob die Institution Schule selbst unter idealen Bedingungen geeignet wäre, die vollständige Erziehung eines Kindes zu bewerkstelligen: Nicht einmal den Versuch dazu dankt die Gesellschaft den Lehrern mit Solidarität. Das regierungsamtliche Gerede von »faulen Säcken«, die Entbeamtungspolitik vieler Landesregierungen, auch die Ressentiments der Medien gegen den Berufsstand nähren die Dienstleistungserwartungen der nichterziehenden Eltern und kinderlosen Erwachsenen. Ein pädagogisches Verhältnis ist aber eine andere und umfassendere Form des staatlichen Handelns als die Aushändigung einer Kfz-Zulassung. Wer einen jungen Menschen bilden und erziehen, und das heißt eben auch: etwas von ihm verlangen und ihn fordern soll, kann nicht nur als Dienstleister auftreten.

Manche anderen Erwartungen der Eltern an die Schulpraxis und einige Kritik an ihr sind eher verständlich: Berufstätigkeit etwa läßt sich mit dem Grundschulbesuch eines Kindes, das manchmal nach zwei Stunden Unterricht wieder zu Hause auftaucht, erst zur vierten Stunde in der

Schule erscheinen muß oder wegen Krankheiten einzelner Lehrer, Eingewöhnungsphase der ersten Klasse oder Lehrerfortbildung gleich ganz frei hat, nur schwer vereinbaren. Verläßliche Halbtagsschulen mit einer gesicherten Aufsicht von acht bis dreizehn Uhr bleiben darum eine sinnvolle familienpolitische Forderung, und auch für Ganztagsschulen läßt sich, gerade in sozial benachteiligten Wohngebieten, durchaus argumentieren. Allerdings sollte niemand den Fehler machen, dieses (notwendige) Betreuungsangebot mit den originären Aufgaben der Schule zu verwechseln. Aufgabe der Schule ist es, den Kindern etwas beizubringen, und zwar vorzugsweise Fakten (oh ja, auch Geschichtszahlen) und Fertigkeiten (Schreiben, Lesen, Rechnen). Auf diesen Zweck hin ist die Schule organisiert, dafür sind die Lehrer ausgebildet. Und: Es gibt keine andere Instanz in unserer Gesellschaft, die sich der Wissensvermittlung in vergleichbar systematischer Weise widmet. Dies müßte das A und O aller Schulpolitik sein.

Kinderbetreuung kann allenfalls den Charakter einer Zusatzfunktion haben, die die Schulen praktischerweise mitorganisieren. Doch dafür brauchen sie Geld, Räume und Personal. Was nicht geht, ist dies: Der Schule die neuen Erziehungs- und Betreuungsaufgaben zu Lasten ihres Bildungsauftrages aufzubürden. Denn so viel stimmt sicher am modischen Gerede von der Wissensgesellschaft: In ihr wird sich kaum zurechtfinden können, wer nicht die kulturellen Basistechniken beherrscht und darüber hinaus seinen Standort in dieser Gesellschaft, diesem politischen System und diesem Kulturkreis einigermaßen bestimmen kann.

Eltern sind hin- und hergerissen in ihren Wünschen nach Wissensvermittlung an die Kinder. Einerseits erstreben sie für diese die höchsten erreichbaren Schulabschlüsse: Schließlich ist selbst das Abitur längst keine Garantie mehr für eine Karriere, sondern nur noch eine Zugangsberechtigung für die Chancenlotterie, wie Ulrich Beck in der »Risikogesellschaft« schreibt. Dafür wird in riesigem Umfang in Nachhilfe investiert. Andererseits soll das Wissen von den schulischen Dienstleistern möglichst »ohne Druck« in die Kinder hineinvermittelt werden. Wehe den Lehrern, die dabei zu hartnäckig sind oder den Kindern zuviel abverlangen: Die Religionslehrerin etwa, die erläutert, warum sie die Kenntnis biblischer Geschichten als hilfreiche Grundlage für das Verständnis der christlichen Religion betrachtet, muß sich empört fragen lassen, warum sie im Unterricht nicht häufiger »soziale Themen« behandele. Ein kleines Beispiel; aber jeder Lehrer kann ähnliche berichten. Und es paßt zu der Kumpel-Attitüde, die viele Eltern gegenüber ihren Kindern einnehmen, daß dem Nachwuchs zu Hause erst einmal erklärt wird, man könne das Fach Religion auch einfach abwählen.

Daß die Eltern es den Lehrern in zahlreichen Fällen ersparen könnten, Druck auf ihre Klassen auszuüben, wenn sie den Kindern bei den Schularbeiten helfen, Fragen mit ihnen besprechen und darauf dringen würden, daß man sich auch in der Schule gesittet benimmt, ist ein unpopulärer Gedanke. Ganz allgemein wird es als Zumutung empfunden, der Schule in dieser Weise zuarbeiten zu sollen: Wann denn? Wer denn, wenn beide Eltern arbeiten und spät nach Hause kommen? Man mag in der Tat gezwungen sein, im Sinne Dahrendorfs zu bilanzieren, daß die Familien diese Aufgaben nicht mehr erfüllen können. Doch das kann nicht bedeuten, daß sie unerledigt bleiben. Ein zeitlich vom Unterricht entkoppeltes Wiederholen und Vertiefen des Stoffes gehört zu einem sinnvoll strukturierten Lernprozeß. Man kann diese Wiederholungen unter Umständen an Ganztagsschulen delegieren – verzichten kann man nicht darauf.

Doch bedauerlicherweise ist es ein Trend – sowohl in der individuellen Sicht der Eltern auf die Schule als auch in der Bildungspolitik – Mißstände nicht zur Kenntnis zu nehmen, sondern sie umzuetikettieren. Mit den Zahlen über den skandalösen Unterrichtsausfall etwa treiben die Kultusministerien so abenteuerliche Rechenkunststücke, daß es ihnen immer noch gelingt, die Wirklichkeit zu verschleiern. An Grundschulen können faktisch bis zu zwanzig Prozent der Stunden ausfallen – die Schulbehörden rechnen sich indessen mit Regelstundenzahlen reich, in denen Lehrerabsenzen wegen Krankheit oder Frühpensionierungen einfach nicht vorkommen.

Die Eltern wiederum haben für individuelle Lernprobleme ihres Kindes – die ihre Ursache durchaus im häuslichen Umfeld haben mögen – stets externe Erklärungen: Der schwache Realschüler ist ein unentdeckter Hochbegabter, das dauerfernsehende Kind, das ständig den Unterricht stört, ist hyperaktiv.

Nimmt man die Beobachtungen der Pädagogen ernst, dann steht unsere Gesellschaft vor einem erheblichen Problem. Während man vor zwanzig Jahren mit ein oder zwei auffälligen Kindern pro Klasse rechnen mußte, sind es heute eher fünf oder sechs. Wenn in den Familien keine Primärsozialisation stattfindet, wachsen der Schule neue Aufgaben zu, für die sie bisher nicht vorgesehen war. Dann muß sie lehren, wie man Kontakt zu anderen Kindern aufnehmen kann, ohne ihnen ein Bein zu stellen; welche Begrüßungsrituale unter zivilisierten Menschen üblich sind; daß »alte Fotze« keine angemessene Anrede für die Musiklehrerin ist und daß sechs Dosen Coca-Cola keine vollwertige Nahrungsration für den Tag sind. All dies frißt Zeit, die so dringend für den Unterricht benötigt würde.

»Das große, unauffällige Mittelfeld wird zugunsten der Extreme kleiner«, sagt der Rektor einer Grund- und Hauptschule in einem kleinbürgerlichen Stadtteil. »Ein Teil unserer Kinder ist vollkommen überbehütet, ein anderer Teil ist verwahrlost.« Die Verhätschelten werden zur Schule gefahren und aufmerksam auf jedes Anzeichen von Krankheit untersucht. Die Verwahrlosten kommen ohne Frühstück, ohne warme Kleidung, ohne Arbeitsmaterial in die Schule. Beiden Gruppen werden zu Hause – falschverstandene Fürsorge hier, Unfähigkeit dort – kaum Grenzen gesetzt. Solche Kinder, sagt der Rektor, zeigten häufig eine geringe Frustrationstoleranz, seien empört, wütend und enttäuscht bei allem, was ihnen in der Schule mißlinge. Eine Gesamtschullehrerin drückt es drastischer aus: »Diese Kinder sind eine Belastung, aber nicht belastbar.« Sie prügelten und beschimpften Mitschüler, brächen selbst aber beim geringsten Anlaß in Tränen aus. »Und sie können nicht zuhören, weil zu Hause niemand ist, der ihnen zuhört«, sagt eine von drei Sozialpädagoginnen, die an derselben Gesamtschule für problematische Einzelfälle zuständig sind. »Manchen von ihnen fehlt jede Fähigkeit, sich in andere Menschen hineinzuversetzen.«

Viele Sonderschulen werden im Namen der »Integration« zurückgebaut, selbst schwierigste Kinder besuchen die normale Hauptschule. Ganz schwere Fälle von Verhaltensstörungen können diese Schulen dann nur noch an die Kinderpsychiatrie abgeben. Vorher lassen sich die Pädagogen durchaus einiges einfallen. Im Fall eines gewalttätigen Sechstkläßlers erreichte eine Hauptschule in Zusammenarbeit mit dem Jugendamt, daß die Eltern des Jungen in jeder Pause antreten und ihr Kind auf dem Schulhof beaufsichtigen mußten. Solche unkonventionellen Lösungen erfordern aber eine enge Kooperation mit der örtlichen Jugendhilfe. Häufig scheitert sie an Zeitmangel – und an Kommunikationsschwierigkeiten zwischen den unterschiedlichen pädagogischen Professionen.

Massive Disziplin- und Verhaltensprobleme mögen in erster Linie in schwierigen sozialen Verhältnissen auftreten. Doch die Auswirkungen eines vermeintlich liberalen, in Wirklichkeit aber gleichgültigen Erziehungsstils lassen sich auch an Gymnasiasten beobachten: zum Beispiel in der Form von Markenterror und Alkoholexzessen. Manche Eltern, die das Wochenende, natürlich ohne Kinder, in ihrem Ferienhaus auf Sylt verbringen, füllen den häuslichen Kühlschrank mit Aldi-Champagner, damit die teureren Flaschen im Keller verschont bleiben. Je weniger auch die privilegierten Eltern bereit sind, ihren Kindern Zeit zu widmen und sich mit ihnen auseinanderzusetzen, desto schlechter sind deren Chancen, urteilsfähige Erwachsene zu werden. Eine Deutsch- und Geschichtslehrerin an einem Gymnasium in einem teuren Villenvorort beschreibt die mangelnde Kritikfähigkeit ihrer Schüler: »Ich kann ihnen jede noch so irrsinnige Quelle vorlegen – sie sagen dann: Ja, seltsam, aber wenn das die Meinung des Autors ist ...« Von zu Hause brächten die Schüler immer seltener die Fähigkeit mit, zwischen einer Meinung und einem Argument zu unterscheiden.

Allerdings mag es auch sein, daß ein Teil dieser Oberschüler mit dem Programm des Gymnasiums schlicht überfordert ist: Die Ausweitung der Abiturquote von sieben Prozent pro Jahrgang im Jahr 1968 auf rund dreißig Prozent im Jahr 2000 ist nicht ganz so unproblematisch vonstatten gegangen, wie die Bildungsreformer der sechziger Jahre es gehofft hatten. Gewiß galt es, das intellektuelle Potential der objektiv Benachteiligten auszuschöpfen. Die katholische Landarbeitertochter, die nun endlich studieren durfte, ist sprichwörtlich.

Doch die Vermehrung der Hochschulreifen führte zur funktionalen Abwertung dieses Abschlusses: Wenn jeder das Abitur hatte, konnten Arbeitgeber es auch für Tätigkeiten verlangen, für die es, strenggenommen, nicht unbedingt nötig gewesen wäre. Darüber hinaus waren ganz offenbar nicht alle Gymnasiasten so prinzipiell »bildungsfähig«, wie die Bildungsreformer angenommen hatten. Womöglich muß man sich doch auf Begabungsunterschiede einstellen; und ganz sicher gibt es manche Unterschiede in den sozialen Voraussetzungen der Schüler, die die Schule nicht beheben kann. Man mag diese Unterschiede für ungerecht halten, man kann sie mit Sozialpolitik bekämpfen. Die Schule aber kann Sozialpolitik nicht ersetzen. Statt dies einzusehen, begannen die Bildungspolitiker in bewährter Manier, das Problem der überforderten Kinder umzuetikettieren. Wenn die Schüler so waren, wie sie waren, dann mußte sich eben die Schule ändern, was unkodiert hieß: ihre Standards senken.

Die Hoffnung, die Ungerechtigkeit der Welt mit Schulpolitik heilen zu können, ist grausam enttäuscht worden. Auch die Gesamtschule als höchster Ausdruck dieser Hoffnung hat die soziale Spaltung der Gesellschaft nicht aufheben können. Die Gesamtschule war Symbol eines großen, menschenfreundlichen Machbarkeitsglaubens. Aber wenn sich die Schule in sozialen Aufgaben verzettelt, ohne mit den entsprechenden Ressourcen ausgestattet zu sein, dann enthält sie allen, die eigentlich ein Recht auf Bildung, auch auf Charakterbildung, und auf die Vermittlung von Wissen haben, etwas vor.

Der Zustand der Dauerreform, die permanente Bildungsbaustelle, spiegelte sich inhaltlich in der Vorstellung wider, es gehe vor allem anderen darum, Schülern »Kritikfähigkeit« zu vermitteln. Nun ist echte Kritikfähigkeit eine hohe, aber auch schwer zu erlernende Kunst: Setzt sie doch genaue Kenntnis dessen voraus, was es zu kritisieren gilt, und darüber hinaus noch Erfahrung im Fällen von Urteilen, Meinungsfreudigkeit und Argumentationslust. Die Notwendigkeit, die Sachverhalte genau zu kennen, bevor man mit dem Studium der Sekundärliteratur und schließlich mit der Formulierung einer eigenen Position beginnt, haben die Bildungsreformer vom Kindergarten bis zur Hochschule gründlich relativiert. Indem sie die »Paukschule« denunzierten, leiteten sie eine kaum noch aufzuhaltende Erosion des Basiswissens ein, das überhaupt erst ein freies Urteil ermöglicht.

Weder mit der sozialen Gerechtigkeit noch mit der allgemeinen Kritikfähigkeit sieht es also nach dreißig Jahren Dauerreform besonders gut aus. Die Liste von Dingen, mit denen es im Bildungswesen nicht zum besten steht, ließe sich fortsetzen: Da hat man, im Namen der nicht-autoritären Erziehung, den Lehrern nahezu sämtliche Disziplinierungsmittel aus der Hand genommen, um sie nun, denn die Disziplinprobleme haben erstaunlicherweise nicht aufgehört zu existieren, in manipulativen Psychotechniken zu schulen, damit sie mit ihren Schülern zu Rande kommen. Vom »Neurolinguistischen Programmieren« bis zur »Kinesiologie« bieten die Programme der Lehrerfortbildungen die erstaunlichsten esoterischen Methoden an. Es wäre ungerecht, den Unterrichtsausfall, der automatisch mit dem Wort »Fortbildung« assoziiert wird, allein den Lehrern anzukreiden. Outward-Bound-Kurse, Rollenspielvormittage zum Thema Drogenabhängigkeit und andere fragwürdige »Trainings« werden ihnen offiziell verordnet. Ein florierender grauer Markt von Geistes- und Sozialwissenschaftlern lebt unmittelbar vom Verkauf solcher Beschäftigungstherapie. Ob es dem Unterricht tatsächlich zugute kommt, wenn erwachsene Studienräte einander Wollknäuel zuwerfen, um »ein Beziehungsgeflecht zueinander aufzubauen«, sei dahingestellt. Daß die Kultusministerien diese Maßnahmen für notwendig halten, zeigt immerhin, daß die Verantwortlichen wenigstens latent ein Bewußtsein von den erzieherischen Problemen haben, mit denen Lehrer heute konfrontiert sind.

Wenig hilfreich hat sich die Dauerreform auch in Fragen der Unterrichtsorganisation ausgewirkt: Da hat man den Grundschulunterricht entgrenzt, vom »starren 45-Minuten-Takt« befreit und Kuschelecken und Bilderbücher und Spielsachen im Klassenzimmer erlaubt – und die Kinder können nicht einmal mehr zehn Minuten stillsitzen. Mit anderen Worten: Schlechte Konzentrationsvoraussetzungen aus den Elternhäusern hat man nicht mit mehr Ruhe beantwortet, sondern mit mehr Unruhe. Mit dem Ergebnis scheint niemand so recht glücklich zu sein, aber wer stellt die Methode in Frage? Da hat man viel für das »soziale Lernen« getan oder jedenfalls gefordert, daß etwas dafür getan werde – und die Kinder haben mehr Kommunikationsprobleme als je zuvor. Vielleicht liegt das ja am stundenlangen Fernsehkonsum zu Hause; dann täte die Schule gut daran, dazu ein Kontrastprogramm zu bieten. Statt dessen soll sie nun die Kinder im Internet-Zappen unterweisen.

Die »innere Schulreform« hat unerwünschte, unkalkulierte Nebenfolgen gehabt. Der emanzipatorische Anspruch der Bildungsreform ist nur in Teilen eingelöst worden. Die soziale Spaltung der Gesellschaft ist nicht aufgehoben, weil die Schule sie nicht aufheben kann. Die desolaten Familienverhältnisse haben zugenommen: Auch daran können Lehrer wenig ändern, außer vielleicht Familienwerte zu vertreten und vorzuleben, die gegenwärtig weitgehend als reaktionär gelten. Die Schüler wissen heute nichts gründlicher als früher, weil sich kaum noch jemand zu sagen traut, was man überhaupt wissen muß. Meinungsfreudiger oder politischer als ihre Eltern sind junge Leute, die durch die entgrenzte Schule der letzten dreißig Jahre gegangen sind, auf keinen Fall.

Und die Lehrer? Die Lehrer sind erschöpft – vermutlich weniger von den Schülern, die schließlich eine Art Berufsrisiko darstellen, als von der permanenten Umwertung aller bildungspolitischen Werte.

»Persönlichkeitsbildung« und »Demokratisierung« sind als Erziehungshilfe einer kurzschlüssigen Fixierung auf den gegebenen Arbeitsmarkt gewichen. Ursachen für diese Akzentverschiebung mögen die stabil hohen Arbeitslosenzahlen in den achtziger und neunziger Jahren sein – ergänzt um dramatische Anschauung aus den Ost-Bundesländern. Doch das bildungspolitische Klima wird auch durch Diskurse geprägt, die nicht direkt an die bundesrepublikanische Wirklichkeit rückgekoppelt sind: Jene Medienauguren, die im Namen der Globalisierung nach »Flexibilität«, »Ökonomieunterricht« oder »Computerfachleuten« rufen (oder was immer der kurzatmigen Moden mehr sein mögen), haben in aller Regel wenig Kenntnis vom örtlichen Lehrstellenmarkt (oder überhaupt einer durchschnittlichen, unglamourösen Berufspraxis). Sie reden aber den Eltern erfolgreich ein, dies seien die Kompetenzen (oder »Produkte«), die ihnen die Dienstleistungsschule künftig zu liefern habe. Die Eltern tragen diese massenmedial propagierten Erwartungen an die Schulen heran, und die Kultusbehörden reagieren panisch und überstürzt darauf. So planen einzelne Bundesländer hastig die Verbesserung der Fremdsprachenkompetenz ihrer Schüler: was bedeutet, daß die Kinder schon in der ersten Grundschulklasse mit dem Englischunterricht beginnen sollen. Auf dem Papier liest sich diese Absicht gut – in der Praxis jedoch gibt es weder Lehrpläne noch angemessene Unterrichtsmaterialien dafür, die Grundschullehrer sind für die Vermittlung einer Fremdsprache nicht ausgebildet, zusätzliche Stunden für das Fach Englisch stehen nicht zur Verfügung. Also unterrichtet die Klassenlehrerin am Anfang jeder Deutschstunde fünf Minuten Englisch: Die »Kompetenz« der Kinder beschränkt sich in der Regel auf »Good Morning« und das Lied »Old McDonald had a farm« – was andererseits weniger schädlich ist, als es größere Sprachtrümmer wären, die die Fachlehrer an den weiterführenden Schulen erst beseitigen müßten. Hauptsache, man hat etwas für die deutsche Wettbewerbsfähigkeit getan. Daß eine erkleckliche Anzahl von Schülern die Grundschule verläßt, ohne richtig schreiben zu können, wird vor diesem Hintergrund leider übersehen: Aber »Muttersprachenkompetenz« klingt wohl einfach nicht global genug.

Schulen haben einen Bildungsauftrag. Sie müssen Wissen gründlich vermitteln, in einer Form, die für Kinder faßlich ist und die Zeit für eine Konsolidierung des Gelernten läßt. Hektik und Konfusion sind die natürlichen Feinde erfolgreicher Lernprozesse, sie verwirren die Kinder und untergraben das Selbstbewußtsein der Pädagogen. Doch die bildungspolitischen Ersatzdebatten rauben solchen Überlegungen den Platz. Die wirtschaftsorientierte Beschleunigung hat ein neues Themenfeld gefunden: die Schulzeitverkürzung. Plötzlich wird die Tatsache, daß Schüler in Deutschland dreizehn und nicht zwölf Jahre bis zum Abitur brauchen, zu einem Politikum – und an allen Elternstammtischen dieser Republik wird die Klage über die angeblich zu langen Schulzeiten nachgebetet. Wieder ein Mantra: Wenn nur die Schulzeiten kürzer wären, dann gäbe es keine Schulmisere mehr! Dazu werden hemmungslos die stets beliebten Vergleiche mit »dem Ausland« bemüht – ohne Ansehen der Details freilich, sonst könnte man nicht umhin zu bemerken, daß etwa britische Studenten ihre Bachelor-Studiengänge weitgehend mit dem Erlernen von Oberstufen-Unterrichtsstoff verbringen und daß das öffentliche Schulwesen in den USA nicht nur in den sozial schwachen Gebieten zusammenzubrechen droht.

Aber die Schulzcitverkürzung suggeriert einen bildungspolitischen Befreiungsschlag, und deshalb wurde zum Beispiel die Regierung des Saarlandes überschwenglich gelobt, als sie im Herbst 2000 flächendeckend das »Turbo-Abitur« einführte: endlich Chancengleichheit für deutsche Schüler im internationalen Wettbewerb! Endlich mehr Effizienz bei der ökonomischen Nutzung der Ressource Bildung!

Doch was da mit Modernisierungsgetöse ins Werk gesetzt wird – nicht nur das Saarland, nahezu alle Bundesländer experimentieren mit dem Schnellabitur –, befördert vor allem das weitere Auseinanderfallen von bildungspolitischer Rhetorik und bildungspraktischer Wirklichkeit. In dieser Wirklichkeit stehen Gymnasien mit dem Rücken an der Wand. Und zwar nicht, weil restriktive Bestimmungen hochbegabte Schüler am schnellen Lernen hindern. Sondern erstens, weil ein wachsender Anteil der Gymnasiasten weder die häusliche Voraussetzung noch das Interesse für die wissenschaftliche Propädeutik mitbringt, die zumindest im Oberstufenunterricht angestrebt wird. Weil die Kultusministerien Unterrichtsausfall in skandalösen Ausmaßen dulden. Und weil immer mehr solides Bildungswissen gegen die weichen Inhalte gegenstandsloser Methodenlehre, unterhaltsamer Projekte und eines undefinierbaren »vertiefenden Unterrichts« ausgetauscht worden ist.

Was die Schule am dringendsten braucht, ist Entschleunigung und die Überwindung der habituellen Dauerreform. Eine Bestandsaufnahme ist angezeigt, eine ruhige Bilanz. Sie dürfte etwa folgendes Bild ergeben: Die Lehrerkollegien sind ausgedünnt und überaltert. Der Unterrichtsausfall ist dramatisch. Vom Jahr 2005 an wird es für die freiwerdenden Lehrerstellen nicht mehr genügend Bewerber geben – zu lange hat man dem Nachwuchs vom Lehramtsstudium abgeraten. Der bauliche Zustand vieler Schulen ist katastrophal: undichte Dächer, vandalisierte Toiletten, Graffiti, fehlende Sportanlagen und Fachräume sind an der Tagesordnung. Die Schüler bringen von zu Hause weniger Disziplin, Konzentrationsfähigkeit und Vorbildung mit als früher; die Eltern betrachten die Schule als Dienstleistungsunternehmen und sehen sich immer weniger in der Verantwortung für die Erziehung ihrer Kinder, für die Nachbereitung des

Unterrichts und die Hausaufgabenhilfe. Da immer mehr Eltern berufstätig sind, außerschulische Kinderbetreuungsangebote aber fehlen, sind die Kinder nachmittags häufig sich selbst überlassen: Den Lehrern sind durch die innere Schulreform disziplinarische Mittel weitgehend aus der Hand genommen. In einer gleichbleibenden Unterrichtszeit sollen sie, zusätzlich zu den herkömmlichen Fächern, neue Unterrichtsinhalte vermitteln. Von den Lehrern wird erwartet, daß sie (ohne Zusatzstunden und Fachkräfte) ausländische Kinder integrieren und die Eingliederung von verhaltensgestörten Kindern sicherstellen. Gymnasiasten sollen sie in zwölf statt in dreizehn Jahren zum Abitur führen. Und bei Erfüllung dieser Vorgaben darf das Niveau der Schulabschlüsse nicht sinken. Es ist nicht besonders schwer zu erkennen, daß all dies zugleich nicht funktionieren kann.

Wer verhindern will, daß das Bildungssystem am Ende ungebildete, unerzogene Kinder entläßt, die im wirklichen Berufsleben tatsächlich keine Chance haben, wird also mindestens folgendes tun müssen: eine öffentliche Rhetorik entwickeln, die Eltern an ihre Verantwortung erinnert; Lehrern den Rücken stärken; die Schule gegen die kurzlebigen, beliebigen Forderungen aus Wirtschaft und Medien verteidigen; Charakter- und Persönlichkeitsbildung wieder als positives Erziehungsziel herausstellen; alle Innovationen wie Projektunterricht, vertiefenden Unterricht, Arbeitslehre und Methodenlehre mit Praktikern auf ihre Wirksamkeit hin überprüfen; den Fremdsprachenunterricht an den Grundschulen kritisch unter die Lupe nehmen. Auch gilt es, die Effektivität von Lehrerfortbildungen zu ermitteln: Wäre der Arbeitszufriedenheit und dem Unterrichtsklima vielleicht eher gedient, wenn Lehrer die Möglichkeit hätten, Freisemester zu nehmen?

Die Zuteilung neuer Kollegen an die Schulen muß schneller und transparenter vor sich gehen (wenn eine Kultusbürokratie *das* nicht leisten kann, liefert sie das abschließende Argument dafür, die Schulen ihr Personal selbst aussuchen zu lassen). Die Turbo-Abitur-Debatte sollte als wenig dringendes Problem zu den Akten gelegt werden. All diese Vorschläge sind kostenneutral: Sie erfordern ein anderes Denken und Sprechen, keine Haushaltsmittel.

Enja Riegel

Schule als erfolgreiches Konzept – Lernen in der Helene-Lange-Schule

Projekte an der Helene-Lange-Schule* sind eine besondere Form des fächerübergreifenden Unterrichts, die in jedem Schulhalbjahr einmal praktiziert wird. Während eines Zeitraumes von sechs bis acht Wochen werden mindestens zehn bis zwölf Wochenstunden einem Thema gewidmet. Wald ist ein Beispiel dafür. Genauso gibt es Projekte zur Urgesellschaft, den Römern, zur Ernährung, dem Wasser oder zum Thema Jugend. Das Besondere daran ist: Was in diesen Projektstunden von den Schülern gelernt, erforscht und besprochen wird, hängt nicht von vorgeschriebenen, nach Fächern sortierten Lerninhalten ab, sondern von den Interessen und Fragen der Kinder.

Was lebt und wächst im Wald? Bei der Vorbereitung auf das Projekt in der 6c haben sich die Lehrer des Jahrgangs neben vielen anderen auch diese Frage aufgeschrieben. Sie planen den Unterricht der nächsten Wochen anhand einer Projektskizze, die sie gemeinsam entwickeln. In einem ersten Arbeitsschritt überlegen sie, welche Methoden und Arbeitsverfahren sich den Fragen zuordnen lassen. »Erkundung von Baumarten, Tieren, Pflanzen und Bächen« steht in der Spalte neben der Frage. Dazu eine lange Liste von Möglichkeiten, was die Schüler beobachten und was sie herstellen könnten. Auch Stichworte wie »Einsichten gewinnen in ökologisches Gleichgewicht – Ursachen und Folgen der Schädlingsbekämpfung« stehen dort.

Anstatt bei den Ausgangsfragen die Zuordnung zu ihren

* Diese Schule hat bei der PISA-Studie mit großem Abstand am besten abgeschnitten. Enja Riegel war viele Jahre deren Rektorin.

jeweiligen Fächern gleich mitzudenken, achtet das Lehrerteam darauf, Anregungen zum praktischen Lernen zu geben, die je nach Interessenlage einzelner Schüler, der Lerngruppe und des Lehrerteams aufgegriffen und realisiert werden können.

Erst am Ende stellen die Lehrer den Bezug zu einzelnen Fächern her. Nicht, weil es für das tatsächliche Unterrichtsgeschehen notwendig wäre, wohl aber, um sich zu versichern, daß das, was sie in ihren Projekten erarbeiten, durchaus im Bezug zu Richtlinien und gesetzlichen Vorgaben steht. Acht Fächer, von Biologie über Arbeitslehre, Musik, Kunst und Erdkunde bis hin zu Sozialkunde, Deutsch und Geschichte, gehen schließlich im Projekt Wald auf. In der letzten Spalte steht eine ganze Reihe von Nummern: E 1, SI- Mu S. 9 oder UE 1, DK 2.4 und G 10. Dahinter verbergen sich Hinweise auf die geltenden Lehrpläne. Falls der Schulrat oder die Eltern nachfragen, ob in der Schule denn auch das gemacht wird, was vorgeschrieben ist, dient diese Spalte der Legitimation.

Maria will wissen, warum Bäume im Herbst ihre Blätter verlieren. Die Frage hängt die Elfjährige zu den anderen an die Wand des Klassenzimmers. Bis zum Ende des Projektes will sie darauf eine Antwort haben. Ihre Mitschüler haben sich ähnliche Ziele gesetzt. Indem sie formuliert haben, was sie wissen wollen, haben sie zugleich erklärt, was sie lernen wollen, weil es sie interessiert. Für die Lehrer sind das wichtige Anhaltspunkte, worauf sie eingehen und was sie vertiefen können.

Die vier Parallelklassen eines Jahrgangs arbeiten zeitgleich an einem Projektthema. Die Projektskizze, die das Lehrerteam zu einem Thema erstellt hat, gilt für den ganzen Jahrgang. Dennoch wird am Ende des Projekts jede Klasse ganz andere Schwerpunkte gesetzt haben. Es gibt eben keinen verbindlich abzuhandelnden Einheitsplan. Die Projektskizze ist ein Hilfsmittel, mit dem sich Lehrer darauf vorbereiten, Schülerinteressen aufzunehmen und zu bedienen. Es ist die Voraussetzung für einen fächerübergreifenden Unterricht, der diese Bezeichnung auch verdient.

Projekte sind an Schulen mittlerweile weit verbreitet. Sogenannte Projekttage oder Projektwochen gibt es fast überall. Kreativ und ausgelassen finden dann in einer Schule die vielfältigsten Aktivitäten statt, von der Umgestaltung des Schulhofes bis zum Kochen von Gerichten der ausländischen Mitschüler. Am Ende der Projektwoche aber kehren die Schüler wieder zum »richtigen« Unterricht, in dem »ordentlich« gelernt wird, oder in die Ferien zurück. Gerade die Zeit zwischen Notenkonferenzen und Ferienbeginn wird an vielen Schulen als die beste Zeit für Projektwochen angesehen, weil die Schüler sowieso zu keinem richtigen Unterricht mehr zu gebrauchen seien. Das macht deutlich, welcher Wert dem Lernen in Projektwochen zugemessen wird. Projektwochen haben etwas mit Spaß zu tun und mit Luxus und sind säuberlich vom Unterrichtsalltag zu trennen. Auf der einen Seite steht eine Form von praktischem Lernen, das viele Lehrer eher mit Unbehagen betrachten, weil es einschließt, daß Schüler nicht mehr nur zuhörend auf ihrem Platz sitzen. Sein Gegenbild ist das geordnete Fachlernen. Der Lehrer führt ein, erklärt, beantwortet Fragen, fragt ab.

Beide Formen haben ihre Berechtigung und sollten im Schulalltag ausgewogen vertreten sein. In deutschen Schulen sind offenere Formen des Lernens allerdings die Ausnahme, die die Regel, nämlich die vom Lehrer genau geplante und kontrollierte Lektion, bestätigt. Was (noch) üblich ist, wird in letzter Zeit zunehmend fragwürdig. Nicht nur wegen der durchschnittlichen PISA-Resultate deutscher Schüler im internationalen Vergleich.

Auch Ergebnisse aus der neueren Gehirnforschung lassen Zweifel aufkommen. Wenn Manfred Spitzer, Professor für Psychiatrie an der Universität Ulm und Direktor der Universitätsklinik, bei seinen Vorträgen auf Schulen zu sprechen kommt, zitiert er oft eine Studie der Freiburger Universitätsklinik, die zu dem Ergebnis kommt, daß die Geistesaktivität von Kindern und Jugendlichen nie so schwach ist wie vormittags in der Schule. Spitzer selbst hat durch eine experimentelle Studie erneut bestätigen können, daß Erfahrungen und Informationen, die unter Angst, Mißtrauen und Streß aufgenommen werden, negative Vorzeichen eingebrannt würden. Damit es Kindern und Jugendlichen erleichtert würde, Probleme eigenständig und kreativ zu lösen, fordert er nachdrücklich eine positive Lernumgebung in den Schulen.

Marias Klassenlehrer ist mit seinen Schülern in den Vogelsberg gefahren. Eine Woche lang leben sie in einem Forsthaus, arbeiten mit dem Förster, fällen kleine Bäume, setzen Stecklinge, legen Wege an oder reparieren Zäune. Es gibt keine Arbeiten, an denen die Schüler nicht beteiligt werden, wenn sie anfallen, sei es beim Bau eines Hochsitzes oder dem Beobachten von Vögeln. Sie müssen hart arbeiten, auch wenn es regnet oder unangenehm heiß ist. Abends müssen sie Tagebuch schreiben, Gelerntes festhalten, Gesammeltes sortieren. Wenn die Klasse dann in die Schule zurückkehrt, wird das, was sie im Wald gelernt haben, aufbereitet. Einige ordnen die mitgebrachten Funde und beschriften sie, andere bereiten eine Präsentation für die Eltern vor, und alle schreiben eine Facharbeit über ein Spezialthema, das sie sich ausgesucht haben.

Praktisches Lernen in dieser Form führt dazu, daß Schüler für sich oder in Gruppen gleichzeitig an ganz unterschiedlichen Themen und Aufgabenstellungen arbeiten. Für den Lehrer ist das eine ungewohnte und vermutlich auch unangenehme Situation. Eine ständige Kontrolle aller Schüler ist nicht mehr möglich. Sie können nicht mehr auf Schritt und Tritt begleitet werden, sondern müssen vieles ohne Hilfestellung ausprobieren. Der Lehrer muß ertragen, daß Schüler auf der Suche nach Lösungen für ein Problem ganz andere Wege einschlagen, als etwa das Lehrbuch vorsieht. Manche Schüler arbeiten deutlich langsamer als andere. Wer stellt nun sicher, daß die Kinder ihre Zeit nicht unnütz vertun?

Auch die Angst, Leistungen der Schüler nicht mehr »gerecht« bewerten zu können, weil doch jeder an etwas anderem arbeitet, läßt Lehrer vor konsequentem Projektunterricht zurückschrecken. Dazu kommt das angesprochene

Wagnis, Kinder dazu zu ermuntern, Fragen zu stellen, die sich nicht an der fachlichen Ausbildung eines Lehrers orientieren. Ein Deutschlehrer kann sich vor seinen Schülern nicht darauf berufen, in Biologie immer eine Niete gewesen zu sein, wenn ihm Maria ihre Frage über das Herbstlaub stellt.

Auch an der Helene-Lange-Schule gibt es Lehrer, die diesen Schwierigkeiten gerne aus dem Weg gehen würden, indem sie auf den herkömmlichen Fachunterricht zurückgreifen. Dann würde das Thema Wald zwar gleichzeitig in jedem Fach durchgenommen, die fächerübergreifenden und praktischen Lernansätze gingen aber verloren. Es hat sich gezeigt, daß pädagogische Ansätze, die von Lehrern ein neues Verhalten fordern, immer gefährdet bleiben, wenn sie nicht organisatorisch abgesichert sind.

An unserer Schule wurde deshalb mit einer strukturellen Besonderheit versucht, diesem Rückfall in den Fachunterricht vorzubeugen. Im Stundenplan jeder Klasse gibt es vier zusammenhängende Wochenstunden mit der Bezeichnung »Offenes Lernen«. Das ist kein neues Unterrichtsfach, sondern ein Bereich, der bewußt geschaffen wurde, um dort praktisch zu arbeiten. Wofür die Zeit genutzt wird, entscheidet sich von Woche zu Woche neu, abhängig davon, woran die Klasse gerade arbeitet. Im Offenen Lernen einer Klasse sind in zwei der vier Stunden zwei Lehrer gleichzeitig eingesetzt. Einer davon ist immer der Klassenlehrer, der auch die beiden restlichen Stunden des Tages in der Klasse unterrichtet, so daß es einen Tag in der Woche gibt, an dem ohne zeitliche Beschränkungen durch den Stundenplan sechs Stunden lang an einem Thema gearbeitet werden kann. Der Einwand, man habe nicht genug Zeit, um dieses oder jenes Vorhaben in der knapp bemessenen Unterrichtszeit zu verwirklichen, wird dadurch hinfällig. Die Stunden, die für das Offene Lernen benötigt werden, sind keine zusätzlichen Stunden, die der Schule zur Verfügung stehen. In den Klassenstufen fünf bis acht geben alle Fächer reihum dafür Stunden ab.

Maria hat sich diesmal während des Offenen Lernens in

die Leseecke des Klassenraumes zurückgezogen. Ein ganzer Stapel Bücher liegt vor ihr, außerdem eine Kassette mit einem Interview, das sie mit dem Förster geführt hat. Warum Bäume im Herbst ihre Blätter verlieren, hat sie längst verstanden. Jetzt muß sie die Informationen, die sie in den letzten Wochen gesammelt hat, noch aufbereiten. Sie soll die Antwort auf ihre Frage morgen ihren Mitschülern erklären und für die Projektpräsentation am Samstag vor den Eltern muß sie noch ein Schaubild entwerfen. Den Lehrer braucht sie dazu nicht. Der kümmert sich deshalb auch nicht weiter um Maria, sondern hilft zwei Schülern, die ihn um Rat gefragt haben.

Als wir an der Helene-Lange-Schule über Veränderungen nachgedacht haben, planten wir, in jeder Klasse vier große Projekte im Schuljahr durchzuführen. Wir haben schnell gemerkt, daß wir uns und die Schüler damit völlig überforderten. Kinder brauchen auch Formen des systematischen und kontinuierlichen Lernens. Nicht alle Erklärungen und Zusammenhänge können sie selbständig herausfinden oder aus eigenen Erfahrungen ableiten. Es kann also nicht darum gehen, lehrgangsartigen Fachunterricht, wie er heute an Schulen normalerweise stattfindet, zu verdammen oder gar ganz abzuschaffen. Schüler müssen Vokabeln lernen und regelmäßig ihre Hausaufgaben erledigen. So wie sie auch lernen müssen, einem längeren Lehrervortrag konzentriert zuzuhören. Ähnliche Situationen werden sie im Studium oder in einer Berufsausbildung ebenso zu meistern haben.

Natürlich gibt es immer wieder Gründe und Anlässe, sich einfach stur etwas einzuprägen, auch wenn das langweilig ist und Anstrengung kostet. Aber das Englisch-Lehrbuch für die Klasse sechs darf eben nicht zu Beginn des Schuljahres mit dem Ehrgeiz ausgeteilt werden, am Ende des Jahres alle Lektionen abgehakt zu haben. Gefragt werden muß, was die Schüler der Klasse sechs durch dieses Jahr Englischunterricht gewonnen haben. Ist ihnen die fremde Sprache wirklich vertrauter geworden, so daß sie unbefangener und selbstverständlicher von ihr Gebrauch machen?

Ohne Erinnerungen, die Kinder und Jugendliche mit Gelerntem verknüpfen können, hat angelerntes Schulwissen nur geringen Wert. Was für die nächste Klassenarbeit auswendiggelernt wurde, ist schnell vergessen. Um eine Fremdsprache aktiv zu beherrschen, müssen grundlegende Vokabeln und Grammatikstrukturen auch noch Jahre später selbstverständlich verfügbar sein. Diese Verankerung ist um so wahrscheinlicher, je häufiger man das Gelernte tatsächlich gebrauchen kann, erlebt, daß es nützlich ist. Die Methoden und Lernansätze, die wir im Rahmen des Projektunterrichts ausprobieren und entwickeln, haben deshalb dazu geführt, daß sich auch der normale Fachunterricht in der Helene-Lange-Schule verändert hat.

Lehrer nutzen den Englischunterricht, um mit Schülern einen ganzen Vormittag mit amerikanischen Familien zu verbringen. Sie fahren zum Flughafen und interviewen dort Reisende, wo sie herkommen und warum sie unterwegs sind. Ein Vormittag genügt, und die Schüler haben begriffen, daß es unendlich viele Menschen gibt, mit denen man sich nur auf Englisch verständigen kann, daß Englisch nicht nur ein Schulfach, sondern eine Sprache ist, die man braucht, um sich in der Welt zurechtzufinden. Mit einigen Comics im Lehrbuch, auf denen man ein Flugzeug und eine lächelnde Stewardeß sieht, mit Sätzen, in denen möglichst viele neue Vokabeln vorkommen, läßt sich das kaum erreichen. Die Frau aus Indien mit ihrem Sari, die in Frankfurt nur einen Zwischenstopp auf dem Weg nach Amerika einlegt, vergißt dagegen niemand. Der Preis für solchen Unterricht ist, daß das Lehrbuch oft nicht vollständig durchgenommen wird. Der Gewinn ist, daß die Jugendlichen sich tatsächlich über das Schuljahr hinaus daran erinnern, was sie gelernt haben, und es nicht selten sogar anwenden können.

Fast jeder wird aus eigener Anschauung bestätigen können, daß die eigene Gedächtnisleistung deutlich größer ist, wenn man etwas selbst gemacht hat, als wenn es einem nur erzählt wurde. Warum wird im Schulunterricht trotzdem so selten experimentiert und ausprobiert? Mathematik gilt allgemein als ein sehr abstraktes und besonders anspruchsvolles Fach. Tatsächlich ist sie »abstrakt«. Das ist sozusagen ihr Wesen. Aber sie ist auch nützlich und oft von eindrucksvoller Eleganz. Das müssen Kinder und Jugendliche vor allem erfahren können, wenn sie ihre Angst vor dem schweren Fach verlieren sollen. Wenn es in der zehnten Klasse um trigonometrische Probleme geht, erklären wir deshalb Sinus und Kosinus nicht an der Tafel, sondern machen ein Vermessungspraktikum. Drei Tage lang bauen die Klassen irgendwo in Wiesbaden ihre Theodolite auf und vermessen das Land. Gemeinsam erstellen sie eigene Landkarten und plötzlich hat Trigonometrie einen unmittelbar überzeugenden, anschaulichen Nutzen.

Diese Formen des praktischen Lernens, man kann auch sagen: »Lernen aus und durch Erfahrung«, hat zur Folge, daß die zur Verfügung stehende Unterrichtszeit anders genutzt werden muß. Weniger, aber das gründlicher, um wirkliches Verstehen statt unverstandene Kenntnisse zu fördern, wäre ein Anfang. Diese Forderung ist nicht neu. Der Fachbegriff dafür heißt »exemplarisches Lernen«. Meist fällt in diesem Zusammenhang der Name Martin Wagenschein. Bereits vor mehreren Jahrzehnten hat er anhand dieses Prinzips überzeugend erläutert, worum es eigentlich geht – oder gehen müßte –, wenn ein Kind oder ein Jugendlicher Mathematik oder Physik lernt. Andere haben das gleiche Prinzip auf Literatur oder Geschichte angewandt.

In Geschichte kann das exemplarische Lernen anhand von Leitfragen geschehen, die an wenigen Beispielen gründlich untersucht werden. Welche Antworten gab es demnach auf die Fragen »Was ist ein guter Mensch, ein gutes Leben, eine gute Gesellschaft?« im antiken Griechenland, im europäischen Mittelalter oder in den zwanziger Jahren in Deutschland? Oder: Wie haben Machthaber versucht, ihre Macht zu sichern? Warum sind sie schließlich gescheitert? Welchen Einfluß hatten Geographie, Klima, Technik oder Religion auf gesellschaftliche Entwicklungen? Woher wissen wir das eigentlich? Wie können wir prüfen, ob wir da nicht etwas hineininterpretieren, sondern ob es »Beweise« (Quellen) gibt? In jedem Fall geht es darum, sich auf ein Thema gründlich einzulassen.

Wer einmal erlebt hat, daß es möglich ist, selbst etwas herauszufinden, zumindest vorläufige Antworten auf solche Fragen an die Geschichte zu erhalten, der wird sie hoffentlich nicht mehr als etwas Langweiliges empfinden, das man eben notgedrungen auswendig lernen muß. Der wird hoffentlich neugierig werden, ob nicht auch vieles, was einem bis dahin nur wie ein unabwendbares Schicksal erschienen ist, sich durch seine Vorgeschichte oder seine Begleitumstände besser verstehen ließe.

Natürlich lösen auch wir trotz aller Veränderungen im Unterricht unsere Absichten oft nicht ein, erreichen beileibe nicht bei jedem Schüler, was wir erhoffen. Aber es ist doch der Maßstab geblieben, an dem viele von uns gemessen haben, ob ihr Unterricht erfolgreich war: Haben die Kinder und Jugendlichen verstanden, daß es um wichtige, manchmal sogar aufregende Fragen geht? Haben sie ein wenig mehr Zuversicht gewonnen, daß es sich lohnt, gründlich zu sein, sich nicht zu schnell zufriedenzugeben? Sind sie beim Nachfragen mutiger und in den jeweiligen Methoden des Nachfragens sicherer und selbstkritischer geworden? Haben sie vielleicht sogar etwas entdeckt, was nicht nur vorgeschriebener Stoff ist, sondern sie persönlich berührt oder gar begeistert? Es geht nicht darum, daß Lernen Spaß macht, wie man neuerdings immer wieder hört, sondern darum, daß es, wenigstens von Zeit zu Zeit, aufregend ist, faszinierend und, wenn es gelingt, selbst etwas herauszufinden, höchst befriedigend.

Unterrichtsalltag in der Helene-Lange-Schule, Mathe in einer sechsten Klasse: Ehsan und Bryan holen sich die MEXBOX, die MathematikEXperimentierBOX, aus dem Regal. In der Kiste befinden sich ein Klassensatz Steckbretter, bunte Plastikstöpsel, Haushaltsgummis und andere Zusatzmaterialien, mit denen sich auf dem Steckbrett geometrische Figuren entwerfen lassen. Die beiden Sechstkläßler kennen die MEXBOX schon seit einem Jahr, erst neulich haben sie auf den Steckbrettern die Eigenschaften spiegelsymmetrischer Figuren untersucht und ein Verfahren kennengelernt, wie man Spiegelbilder im Heft mit dem Geodreieck zeichnet. Heute geht es um zwei Spiegelungen, die nacheinander an parallelen Geraden ausgeführt werden. Während Ehsan und Bryan die Steckbretter verteilen, je zwei Schüler bekommen jeweils ein Brett, holen sich ihre Mitschüler Spiegel und Arbeitsblätter und beginnen, das vorgegebene Dreieck und die Spiegelgerade durch zwei vorgegebene Punkte zu stecken. Das Arbeitstempo ist unterschiedlich. Einige übertragen schon nach wenigen Augenblicken ihre Steckfiguren auf das Rasterblatt und formulieren erste Ergebnisse, andere üben noch nach einer Viertelstunde das Bestimmen von Punkten im Koordinatensystem, korrigieren mit Hilfe des Spiegels fehlerhafte Spiegelpunkte oder vergleichen ihre Lösungen mit den Lösungen auf dem Lehrertisch.

Nach fünfundzwanzig Minuten sind alle mit den ersten beiden Aufgaben durch, manche sitzen schon an den nächsten Aufgaben. Zeit für eine Besprechung. Veronique und Tammy stecken noch einmal die Figur der ersten Aufgabe, Achim und Benjamin haben die zweite Figur noch auf dem Steckbrett. Die vier Schüler bringen ihre Bretter mit in den Kreis und beschreiben, während alle auf dem Boden um die Bretter herumsitzen, wie ihre Figuren entstanden sind. Im Gespräch tragen die Schüler die Eigenschaften der Figuren zusammen, einige, die schon andere Figuren gesteckt haben, bestätigen und ergänzen sie und benutzen dabei ihre Bretter ebenfalls als Anschauungsmaterial. Danach entscheiden die Schüler, entsprechend ihren unterschiedlichen Zugangsweisen und ihrem Tempo, wie sie die Arbeit fortsetzen.

Die Helene-Lange-Schule ist eine integrierte Gesamtschule. Schüler werden hier auf sehr unterschiedlichen Lernniveaus unterrichtet, ohne nach Leistung in unterschiedliche Lerngruppen sortiert zu werden. In einer Klasse sitzen Schüler, die später problemlos ihr Abitur bestehen werden, neben Schülern, die nach der neunten Klasse mit dem Hauptschulabschluß abgehen und eine Lehre beginnen werden. Für einen Lehrer sind derartige Leistungsunterschiede, die es in unterschiedlichem Ausmaß an jeder Schule gibt, eine Herausforderung. Auch am Gymnasium gibt es Kinder, die länger brauchen, um einen Zusammenhang zu verstehen, und die Schnellmerker, die mehr als alle anderen wissen. Dennoch erwartet jedes Kind und jeder Jugendliche zu Recht, daß der Lehrer herschaut, wenn sie etwas vorzeigen, und daß er zuhört, wenn sie Fragen oder Antworten haben.

Im Mathematikunterricht der sechsten Klassen, genauso wie in allen anderen Fächern und Jahrgangsstufen, versuchen wir mit diesem Dilemma fertigzuwerden, indem wir die Jungen und Mädchen sehr oft und sehr zeitintensiv selbständig Aufgaben und Fragestellungen nachgehen lassen. Sie sollen möglichst viel selber machen. Das verändert die Aufgaben und die Rollen der Lehrer. Natürlich sind vor allem sie es, die ihre Schüler durch das Einüben von Regeln und Verhaltensweisen überhaupt erst zu selbständigem Arbeiten befähigen, wovon an anderer Stelle noch ausführlich die Rede sein wird. Darüber hinaus werden sie aus Belehrenden zu Lernberatern. Sie müssen die Materialien bereitstellen, oft sogar erst erfinden, die jeden Schüler genügend fordern. Sie müssen den Überblick über die verschiedensten Aktivitäten der kleineren und größeren Schülergruppen behalten. Und sie müssen sich dennoch die Zeit nehmen, um im richtigen Augenblick auf einzelne Schüler einzugehen, herauszufinden, welche Wege er oder sie gerade geht, welcher Fehler in die Irre geführt hat und wie man helfen kann, während alle anderen weiterarbeiten.

Reden ist in vielen Unterrichtsphasen erlaubt, manchmal würde Stillarbeit Schüler eher am Lernen hindern. Während der Mathelehrer mit Veronique und Tammy kurz ihre Erklärung für die erste Aufgabe durchspricht, sitzen Ehsan und Bryan nicht auf ihren Plätzen, sondern stehen bei Benjamin, um ihren mit seinem Lösungsweg zu vergleichen. Achim erklärt unterdessen seinen Tischnachbarn, wie sie den Koordinatenstreifen stanzen können. Kristian flucht über fehlende Gummiringe, bis ihm Lena ein paar von ihren gibt, damit er weiterarbeiten kann. Daß beim Arbeiten geredet werden darf, eigentlich sogar geredet werden muß, ist selbstverständlich. Angewöhnen muß man sich nur, es immer leise zu tun. Lernen ist ein Prozeß. Ein ständiges Probieren und Revidieren, bei dem Fehlermachen erlaubt und das Unterhalten darüber, warum etwas nicht geklappt hat und wie es besser funktionieren könnte, förderlich ist. Vermutlich ist es gerade die herkömmliche und vorherrschende Kommunikationssituation in der Schule, der sogenannte »fragend entwickelnde« Unterricht mit der ganzen Klasse, die es dem Lehrer so schwermacht, auf jeden seiner Schüler einzeln einzugehen und die es Schülern unmöglich macht, im Unterricht auch einmal die Aufmerksamkeit des Lehrers für sich allein zu gewinnen.

In der Klasse von Ehsan und Bryan sind die Schüler darauf trainiert, möglichst viele Wege zu gehen, um ein Problem zu lösen, anstatt immerzu auf den Lehrer und seine Anleitung angewiesen zu sein und zu verzweifeln, wenn der Lehrer nicht beratend oder auch drohend und kontrollierend an ihrer Seite steht. Wenn Bryan während einer Phase selbständiger Arbeit einmal nicht weiter weiß, fragt er seine Tischnachbarin Ehsan. Wenn die es auch nicht weiß, gehen beide zusammen zum Klassenbesten in Mathe und fragen ihn. Erst wenn auch der keine Antwort weiß, gehen sie zu dritt zum Lehrer.

Ich habe eine der guten Schülerinnen gefragt, ob es nicht langweilig sei, mit einem schwachen Schüler etwas zu wiederholen, was ihr doch überhaupt keine Schwierigkeiten mache. Sie werde dadurch sogar besser, hat sie geantwortet, weil ihr durch das Erklären und Helfen klarwerde, an welchen Stellen sie selbst noch unsicher sei. Den schwächeren Schülern helfe es dagegen, daß sie mal ohne Lehrer und in aller Ruhe Fragen stellen und über Antworten nachdenken könnten.

Eckhard Klieme / Hans Döbert

Wie machen es die anderen? Schule in Finnland

PISA hat in der deutschen, aber auch in der internationalen erziehungswissenschaftlichen Diskussion die Frage neu virulent werden lassen, welche Merkmale von Bildungssystemen, aber auch welche kulturellen und sozioökonomischen Hintergrundmerkmale für die unterschiedliche »Produktivität« von Bildungssystemen verantwortlich sind. In Deutschland hoffen Bildungspolitiker und Praktiker, von den Erfahrungen anderer Staaten lernen zu können. Diese Fragen und Erwartungen sind der Ausgangspunkt des hier vorgestellten internationalen Projekts. Das Projekt wurde vom Bundesministerium für Bildung und Forschung (BMBF) initiiert. Eine Arbeitsgruppe unter Federführung des Deutschen Instituts für Internationale Pädagogische Forschung (DIPF) wurde gebeten, binnen eines Jahres Hintergrundinformationen zum PISA-Leistungsvergleich zusammenzustellen und Hypothesen zu Ursachen des unterschiedlichen Abschneidens bei PISA abzuleiten.

PISA selbst beziehungsweise die empirische Bildungsforschung im allgemeinen vermag nur sehr begrenzt Antworten auf diese Fragen zu geben. In dieser Situation entschied sich die Arbeitsgruppe »Internationale Vergleichsstudie« zu einem in der international vergleichenden Bildungsforschung wohl einmaligen »Experiment«: Renommierte Bildungsforscher aus sechs europäischen und nordamerikanischen Industriestaaten, deren Schulsysteme sich bei PISA 2000 relativ erfolgreich gezeigt hatten, wurden gebeten, zentrale Merkmale des jeweiligen gesellschaftlichen und bildungspolitischen Kontextes, des Schulsystems und schließlich der pädagogischen Praxis in ihrem Land darzustellen.

Klare Erkenntnisse erbringt die Zusammenschau der Länderberichte zu der Frage, welche Reformansätze und Steuerungsstrategien die erfolgreicheren Bildungssysteme kennzeichnen. Die Studie führt daher zu einer größeren Sicherheit im Urteil über den Reformbedarf unseres Bildungssystems und unserer Schulen als die zahlreichen Erfahrungsberichte und isolierten Daten, die nach PISA so vielstimmig diskutiert wurden. Das »Experiment« hat sich gelohnt.

Die Studie basiert auf dem systematischen Vergleich der Schullandschaften in Kanada, England, Finnland, Frankreich, den Niederlanden und Schweden, kontrastiert mit der deutschen Situation.* Die Vergleichsländer unterscheiden sich durchaus, etwa im Hinblick auf den Anteil von Jugendlichen mit Migrationshintergrund, die Ausgaben für Bildung und die Unterrichtszeit. Bemerkenswert ist aber die Einheitlichkeit mancher Prozeßmerkmale in den sechs Vergleichsländern: Schulen haben mehr Eigenverantwortung, zugleich werden mehr zentrale Prüfungen als in Deutschland durchgeführt. Es wird früher eingeschult (Ausnahme: Finnland und Schweden) und eine Differenzierung auf unterschiedliche Schulformen wird später vorgenommen als in Deutschland. Die Schüler dieser Länder berichten von mehr Unterstützung durch ihre Lehrer und besuchen seltener Nachhilfeunterricht als deutsche Jugendliche.

Eine vergleichende Betrachtung zum soziokulturellen Hintergrund macht deutlich, daß die »Leistungskultur« eines Landes eine wichtige Rolle spielt. Sie zeigt sich vor allem in Erwartungen der Gesellschaft und der Eltern an die Lernergebnisse. Fast alle Länderberichte zeigen mit unterschiedlichen Belegen auf, daß Bildung in ihrer Gesellschaft einen hohen Stellenwert hat.

Regionale und soziale Disparitäten existieren auch in den Schulsystemen der Vergleichsländer und werden dort

* Aus Platzgründen mußten wir uns auf ein Beispiel beschränken. Unter der Internetadresse www.dipf.de ist die gesamte Studie verfügbar.

ernst genommen. Die Antworten darauf sind unterschiedlich: Es werden einerseits Dezentralisierung und lokale Fördermaßnahmen (zusätzliche Mittel, kleinere Klassen in Schulen mit schwierigem sozialen Umfeld usw.) genannt, andererseits auch eine Stärkung des verbindlichen Grundkanons. Das Prinzip der gemeinsamen Beschulung verschiedener Schülergruppen wird mit stärkerer Individualisierung der Unterrichts- und Lernprozesse verbunden.

Auch in den Vergleichsländern gilt der Umgang mit Heterogenität als Herausforderung an die Lehrkräfte, die besondere Anstrengungen in der Aus- und Weiterbildung verlangt. Als Instrumentarium auf der Ebene der Einzelschulen und der pädagogischen Prozesse werden genannt: ein relativ flexibler Umgang mit nationalen (Kern-)Curricula im Rahmen einer teilweise ebenfalls flexibel vorgegebenen Zahl an Unterrichtsstunden und Fächern, eine in der Regel im OECD-Ländermittel liegende Lehrer-Schüler-Relation (allerdings mit einem zahlenmäßig günstigeren Verhältnis bei jüngeren Schülern), durch Lernstandsberichte ergänzte prozeßorientierte Leistungsbeurteilungen (meist kombiniert mit zentralen Abschlußprüfungen) sowie extracurriculare Angebote oder Ganztagsbetreuung.

Bei der Diskussion sozialer Disparitäten richten die Länderberichte den Blick nicht nur auf die bei PISA untersuchte Sekundarstufe I, sondern auch auf die Sekundarstufe II und die tertiären Bildungsgänge. Hier findet in den Vergleichsländern – auch in den an egalitären Prinzipien orientierten nordischen Staaten – eine klare Auswahl nach Leistungskriterien statt. (Dies ist in vielen Fällen die Begründung für die Einführung zentraler Prüfungen am Ende der Sekundarstufe I beziehungsweise II.) Geplante beziehungsweise gewünschte Bildungsgänge können dann möglicherweise nicht weiterverfolgt werden. In einer Reihe von Vergleichsländern ist bildungspolitisch der Weg gewählt worden, statt einer unbegrenzten, gleichsam nominellen Ausweitung des Universitätssegments fachhochschulartige Institutionen einzurichten, die sich teilweise in einer Phase rapider Expansion befinden. Zugleich haben diese Bildungssysteme, die sich im internationalen Vergleich in der Sekundarstufe I als besonders leistungsfähig erwiesen haben, den Eintritt in die Universitäten von hochwirksamen und wohl auch sozial selektiven Eingangsvoraussetzungen abhängig gemacht.

Der Situation von Migrantenkindern gilt in allen Ländern angesichts verminderter Schulabschlußquoten und geringerer Leistungen in dieser Gruppe besonderes Augenmerk. Nur ein Teil der Länder arbeitet mit speziellen Eingangskursen. Zumeist werden Schüler mit Migrationshintergrund in den regulären Klassen besonders gefördert. Leitprinzipien sind Wertschätzung kultureller Pluralität, eine Kombination der Förderung in der Mutter- und der Zielsprache (Ausnahme: Frankreich) und eine starke Einbindung des Elternhauses.

Wer von den bei PISA erfolgreicheren Ländern lernen will, muß vor allem die sozialen und migrationsbedingten Disparitäten ernstnehmen und in den Mittelpunkt pädagogischer Innovationen stellen. Individuelle Leistungsbeurteilung und Förderung sowie der Ausbau von Ganztagsangeboten stellen wichtige Elemente dar. Welche pädagogischen Strategien im einzelnen für die jeweilige Zielgruppe angemessen sind, läßt sich dem Vergleich nicht entnehmen. Vermutlich kommt es auf flexible, dezentrale Lösungen an, die sich an verbindlichen Zielen orientieren. Wichtig erscheint aber, daß Bildung als zentrale gesellschaftliche Aufgabe wahrgenommen wird.

Die untersuchten Referenzstaaten weisen allesamt Schulsysteme auf, in denen die Schüler längere Zeit (in der Regel mindestens acht Schuljahre) gemeinsam lernen und in denen eine äußere Leistungsdifferenzierung spät und offenbar auch behutsam erfolgt. Auch wenn dieser konstatierte Sachverhalt keinen Nachweis (schon gar keinen empirisch fundierten) über eine etwaige Leistungsüberlegenheit sozial-integrativ organisierter Schulsysteme gegenüber gegliederten Systemen liefern kann, so läßt sich doch eine begründete Vermutung über diesen Zusammenhang ableiten.

Die Arbeit der Einzelschulen – gerade auch im Umgang mit heterogenen Schülerpopulationen – bedarf der externen Unterstützung. In der Regel verfügen die Vergleichsländer – im Unterschied zu der klassischen Schulaufsicht, wie sie in Deutschland noch vorherrscht – über Einrichtungen der Schulinspektion, die regelmäßig und bei Bedarf sowie gestützt auf gründliche Schulevaluation Beratungsteams in die Schulen schicken.

Besondere Bedeutung erfährt in den Länderberichten die Lehrerbildung. Es zeichnet sich ab, daß Auswahlverfahren zu Beginn der Lehrerausbildung die Qualifikation und auch das Ansehen der Profession steigern könnten. Die Qualität der Lehrerausbildung wird durch Standards für Handlungskompetenzen von Lehrern oder durch die Integration der Ausbildung in einer einzelnen starken Organisation gesichert. In den Vergleichsländern sind Statusunterschiede innerhalb der Lehrerschaft eher gering. Auch die in der Elementarerziehung (»Kindergarten«) tätigen erhalten eine pädagogische Ausbildung, die ihnen einen höheren Status ermöglicht als in Deutschland. Fortbildung gilt in allen Vergleichsländern als selbstverständliche, kontinuierliche Aufgabe jeder einzelnen Lehrkraft. Sie findet auch in den Ferien statt, ist zum Teil obligatorisch und/oder Voraussetzung für beruflichen Aufstieg und Gehaltsverbesserung. Überwiegend wird Fortbildung innerhalb der Einzelschulen organisiert. Freie Anbieter spielen zunehmend eine Rolle neben staatlichen Instituten. Wichtig gerade für Berufseinsteiger erscheinen auch kontinuierliche Programme, wie zum Beispiel Mentoringprogramme für Junglehrer. Eine besondere Bedeutung hat die Aus- und Weiterbildung des Leitungspersonals in den Schulen, wobei zum Teil von einer Ausdifferenzierung unterschiedlicher Managementfunktionen berichtet wird.

Als Konsequenz läßt sich festhalten: Die Praxis der erfolgreicheren PISA-Teilnehmerstaaten sollte Anlaß sein, nach Alternativen zu einer frühen Festlegung von Bildungsgängen zu suchen. Damit die Bildungseinrichtungen (Schulen wie Kindergärten) und ihr Lehrpersonal die Aufgabe der Integration, der Differenzierung und der individuellen Förderung bewältigen können, brauchen sie eine hochqualifizierte Ausbildung, eine kontinuierliche und verbindliche Fortbildung, eine besondere Weiterbildung für Leitungsfunktionen und – gestützt auf Evaluationen – Beratung durch Expertenteams.

Alle hier untersuchten Referenzstaaten begannen spätestens in den neunziger Jahren, teilweise erheblich früher, mit breitangelegten Bildungsreformen, die durch systematisches empirisches Monitoring begleitet wurden. Die Reformen waren in der Regel mit einem intensiven öffentlichen Diskussionsprozeß gekoppelt, wie er in Deutschland (»nach PISA«) nun ebenfalls in Gang zu kommen scheint.

In PISA erfolgreichere Staaten haben frühzeitig, systematisch und mit langem Atem Bildungsreformen in Angriff genommen und neue Modelle der Steuerung des Schulsystems eingeführt. Deren Komponenten sind die Vorgabe von Bildungsstandards (zum Teil in Verbindung mit einem nationalen Curriculum), die Erhöhung der Eigenverantwortung der Schulen und der Ausbau schulintern differenzierter Bildungsangebote, die Einrichtung von hochprofessionellen nationalen Evaluationsagenturen, die regelmäßige Durchführung von zentralen Vergleichsstudien und Schulevaluationen sowie als Konsequenz der Evaluation eine differenzierte Ressourcenzuweisung in Verbindung mit einer gezielten Unterstützung der Akteure im Bildungsprozeß. (Allein Frankreich steht eher am Anfang dieser Entwicklung, verfügt aber bereits seit langem über einige der Evaluationskomponenten.) Aus diesem Vergleich zeichnet sich daher das Modell eines flexiblen Schulsystems ab, das durch Eigenverantwortung der Schulen, Output-orientierte externe Prüfung und gezielte, intensive Intervention in Problemfällen charakterisiert ist.

In Finnland werden Kinder mit sieben Jahren schulpflichtig. Vor Beginn der schulpflichtigen Phase gibt es die Möglichkeit, ein freiwilliges Vorschuljahr zu absolvieren. Seit der Vorschulreform des Jahres 2000 sind die lokalen Bildungsbehörden verpflichtet, für jedes Kind eine Vorschulbetreuung sicherzustellen. Diese findet entweder an einer Kindertagesstätte oder an einer Gesamtschule in Vorschulklassen statt. Die Bildungsbeteiligung im Vorschulbereich liegt bei 93 Prozent.

Die Dauer der Schulpflicht beträgt neun Jahre und endet mit dem 16. Lebensjahr. Von der 1. bis zur 9. Klassenstufe besuchen alle Schüler gemeinsam eine Gesamtschule. In der Primarstufe (Klassenstufen 1 bis 6) werden die Schüler in fast allen Fächern vom Klassenlehrer unterrichtet. In der Sekundarstufe I (Klassenstufen 7 bis 9) übernehmen Fachlehrer den Unterricht. Der Abschluß der Gesamtschule ermöglicht den Besuch der Sekundarstufe II. Am Ende der Gesamtschule gibt es kein Abschlußexamen. Für die Bewerbung an den weiterführenden Schulen zählen vielmehr ausschließlich die Noten. Der Abschluß der neunjährigen Pflichtschule wird von 99,7 Prozent aller Schüler erreicht. Die Größe der Gesamtschulen variiert zwischen 10 und 600 Schülern.

Rund 95 Prozent aller Gesamtschulabsolventen setzen ihre Schullaufbahn entweder an einer allgemeinbildenden (55 Prozent) oder an einer berufsbildenden höheren Sekundarschule (35 Prozent) fort. Bei der Bewerbung an einer berufsbildenden Schule werden auch Aufnahmetests durchgeführt oder wird vorhergehende Berufserfahrung berücksichtigt. Das Curriculum einer allgemeinbildenden höheren Sekundarschule ist auf den späteren Besuch einer Universität ausgerichtet und endet mit dem landesweiten Abitur. Die Größe einer durchschnittlichen Schule der Sekundarstufe II liegt bei 250 Schülern. 87 Prozent einer Altersgruppe beenden eine höhere Sekundarschulbildung erfolgreich.

Die finnische Schule ist (nach landesspezifischer Definition) eine Halbtagsschule. Die Ganztagsschule ist ein relativ neues Konzept, das bisher nur in sechs Modellschulen innerhalb des »Mukava Projekts« erprobt wird. An den finnischen Gesamtschulen wird an jedem Tag kostenlos ein warmes Essen für alle Schüler ausgegeben. Der größte Teil der Gesamtschulen ist öffentlich und wird von den lokalen Behörden getragen. Der Privatschüleranteil ist sehr gering (3,8 Prozent). Obwohl Schulwahlfreiheit besteht, gehen die meisten Schüler auf die wohnortnahe Schule. Weiter entfernt gelegene Schulen werden meist nur dann gewählt, wenn sie ein besonderes Profil aufweisen.

Finnland hat sich in der PISA-Studie durch ein besonders hohes durchschnittliches Leistungsniveau, insbesondere im Bereich Leseverständnis, ebenso ausgezeichnet wie durch einen geringen Sozialgradienten: In wenigen Ländern ist die schulische Leistung des Individuums in so geringem Maße mit außerschulischen Einflußgrößen verknüpft wie hier. Die Hervorhebung von Eigenheiten des finnischen Bildungssystems provoziert deshalb leicht den unzulässigen Schluß, daß damit schon die Ursachen für diese günstigen Ergebnisse benannt seien. Zumindest so viel kann aber gesagt werden, daß die nachstehenden Merkmale in ihrer Gesamtheit offenkundig vereinbar sind mit den vorbildlichen Ergebnissen Finnlands in den internationalen Vergleichsstudien, wenn sie schon nicht als Voraussetzung dafür nachgewiesen werden können.

Daß Bildungsanstrengungen in der finnischen Gesellschaft mit einer besonders hohen Wertschätzung verbunden sind, ist durch eine ganze Reihe von Indikatoren zu belegen: Die Bildungsbeteiligung, gemessen an der durchschnittlichen Länge des Besuchs von Bildungsinstitutionen oder auch am Anteil der Matrikulierten im tertiären Sektor, ist im OECD-Maßstab ungewöhnlich hoch. Und zugleich ist die Wertschätzung der eigenen Bildungsinstitutionen in Finnland sehr ausgeprägt, und zwar sowohl unter den Erwachsenen (insbesondere auch den Lehrern) als auch unter den Jugendlichen. Bemerkenswert ist auch die hohe Bereitschaft zur Teilnahme an Maßnahmen der Erwachsenenbildung. Die Bildungsausgaben als Anteil am Bruttosozialprodukt entsprechen zwar nur dem OECD-Durchschnitt, dies jedoch bei vergleichsweise niedrigen Lehrergehältern. Besonders hervorzuheben ist das hohe Sozialprestige finnischer Lehrkräfte, das sich nicht zuletzt in der hohen Nachfrage nach Studienplätzen in diesem Bereich und in entsprechend strenger Eingangsselektion der Universitäten in den Lehramtsstudiengängen äußert.

Einhellig positiv wird in Finnland die schrittweise Umstellung des Bildungssystems auf sozial-integrative Schulen bis zum Ende der Klassenstufe 9 beurteilt, die in den siebziger Jahren begonnen wurde und in den neunziger Jahren mit der weitgehenden Integration behinderter Kinder und Jugendlicher ihren vorläufigen Abschluß gefunden hat. Als Vorteile erscheinen die in den Gesamtschulen ermöglichte effektive Förderung Lernschwacher, die damit gegebene Anpassung an generell steigende Qualifikationsanforderungen auf dem Arbeitsmarkt und die angenommene Erhöhung des sozialen Zusammenhalts in der Gesellschaft. Der damit gegebenen Notwendigkeit, Unterricht nicht nur in der Primarstufe, sondern auch in der Sekundarstufe I auf das gesamte Spektrum unterschiedlicher Lernpotentiale abzustimmen, wird durch vielfältige Maßnahmen begegnet.

Abgesehen von der in dieser Situation von allen Lehrkräften geforderten breiten Methodenvielfalt ist versucht worden, durch die Entwicklung und Bereitstellung spezieller pädagogischer Qualifikationen, das heißt auch spezieller professioneller Profile, den unterschiedlichen Bedürfnissen in der Schülerschaft zu begegnen. So ist an vielen Schulen sonderpädagogische, sozialpädagogische und pädagogisch-psychologische Expertise in besonderen Funktionen versammelt, so wie es an vielen Schulen auch Spezialisten für die pädagogische Beratung gibt. Interessanterweise scheint es jedoch in jüngster Zeit eine Tendenz gegen solche professionelle Ausdifferenzierung an den Schulen zugunsten einer stärkeren Integration der Funktionen in der Person der Klassenlehrkraft zu geben.

Wie in anderen Bildungssystemen haben sich auch in Finnland seit den neunziger Jahren Bewegungen stärker durchgesetzt, die auf eine Dezentralisierung im Sinne curricularer Profilierung der Einzelschulen gedrungen haben. Es gibt jedoch Anzeichen dafür, daß diese Politik mit steigenden Leistungsdifferenzen zwischen den Einzelschulen und damit einer Gefährdung von Egalisierungsprinzipien einhergegangen ist. Gerade angesichts der finnischen Betonung dieser Grundsätze schien eine umgehende Korrektur geboten.

Man kann die starke Betonung nationaler und internationaler Vergleichsstudien in Finnland ebenso wie die in der Formulierung von Bildungsstandards durch das Zentralamt für das Unterrichtswesen gegebene Vereinheitlichungstendenz als Versuch interpretieren, solchen Trends ungewollter Divergenz zu begegnen. Dem entspricht, daß in den neuesten Curricula die Wahlmöglichkeiten der Schülerinnen und Schüler zugunsten erweiterter Pflichtbereiche eingeschränkt werden. Insbesondere für Kernbereiche und die neunklassige Gesamtschule gilt, daß nach Möglichkeit kein Kind die Mindestanforderungen verfehlt. Dabei wird freilich anerkannt, daß neben den 2,5 Prozent eines Altersjahrgangs, für die Sonderschulen die bessere Alternative darstellen, bei 14 Prozent mit deutlichen Lernschwierigkeiten und bei weiteren 7 Prozent mit schweren Lernschwierigkeiten zu rechnen ist. Die wichtigste Möglichkeit der Intervention wird in diesen Fällen in zusätzlichem Unterricht in kleinen Lerngruppen mit hohem Anreiz gesehen. Im übrigen werden vor allem die Vorzüge heterogener Lerngruppen mit ihren Vorteilen für Lernschwache betont, einer Differenzierungsform, die nach den finnischen Erfahrungen nicht mit Beeinträchtigungen für die Lernstärkeren einhergeht.

Die jährlich vorgesehene Unterrichtsstundenzahl der Neun- bis Elfjährigen in Finnland ist eine der niedrigsten aller OECD-Staaten. Neun- bis Elfjährige erhalten im Jahr durchschnittlich 690 Stunden Unterricht. Mit 940 Stunden entspricht die jährlich vorgesehene Unterrichtsstundenzahl für Zwölf- bis Vierzehnjährige ungefähr dem OECD-Durchschnitt. Seit 2001 gibt es eine neue Zeitverteilung im Stundenplan, die zusammen mit dem neuen Kerncurriculum schrittweise bis 2006 in Kraft tritt. Mit ca. 80 Prozent ist der Anteil der fünfzehnjährigen Schüler an Schulen, die über Zusatzangebote für leistungsstarke Schüler oder Förderangebote für leistungsschwache Schüler verfügen, deutlich höher als im OECD-Durchschnitt. 93 Prozent der finnischen Schüler besuchen Schulen, an denen sie Nachhilfe durch Lehrkräfte in Anspruch nehmen können. Im OECD-Durchschnitt beträgt dieser Anteil nur 41 Prozent. Im Sekundarbereich I kommen in Finnland auf einen Lehrer 10,7 Schüler. Das ist eine sehr niedrige Schüler-Lehrer-Relation. Im Primarbereich entspricht die Schüler-Lehrer-Relation ungefähr dem OECD-Durchschnitt und im Tertiärbereich liegen die Betreuungsrelationen darüber. Finnland weicht von dem üblichen Muster ab, wonach mit steigender Bildungsstufe die Betreuungsrelationen geringer werden.

Auch die jährliche Unterrichtsstundenzeit der Lehrer ist niedrig: In der Sekundarstufe I muß ein Lehrer 570 Stunden unterrichten. Die wöchentliche Arbeitszeit eines Lehrers liegt zwischen 15 und 23 Stunden an allgemeinbildenden und 20 bis 25 Stunden an berufsbildenden Schulen. Für einen Lehrer besteht an Tagen, an denen er weder Unterricht hält noch anderen schulischen Pflichten nachkommen muß, keine Anwesenheitspflicht in der Schule. Auch während der Schulferien gibt es keine Arbeitsverpflichtung, allerdings nehmen viele Lehrer in dieser Zeit an Fort- und Weiterbildung teil.

Für das fakultative Vorschuljahr, an dem über 90 Prozent der Kinder teilnehmen, existiert seit dem Jahr 2000 ein Kerncurriculum, in dem insbesondere auf die kindliche Individualität und seine Fähigkeit, als Mitglied einer Gruppe zu agieren, abgehoben wird. Das Kerncurriculum enthält nicht Fächer oder Lektionen, sondern Lernziele und Lernfelder. Beim Eintritt in die Vorschule soll im Zusammenwirken von Lehrkräften, Eltern und Kind ein individuelles Curriculum für das Vorschulkind zusammengestellt werden, das die individuellen Stärken und Schwächen des Kindes berücksichtigt.

Hausaufgaben kommt in finnischen Schulen eine große Bedeutung zu. Sie dienen auch der Kontrolle des Schülerengagements. Lernfortschritte und -ergebnisse werden auf individuellen Schülerberichtsblättern dokumentiert, die Lernentwicklung wird mit den Schülern besprochen. Sie werden zur Selbstbeobachtung und Einschätzung ihrer Lernfortschritte ermuntert und befähigt, in Einzelfällen werden Tests durchgeführt. Am Ende der Pflichtschulzeit wird kein Abschlußexamen durchgeführt. Wer die Gesamtschule durchlaufen hat, erhält ein Abschlußzertifikat. Die Noten basieren auf der Bewertung durch die Lehrkräfte.

Es ist eher üblich, Schüler nach ihren inhaltlichen Interessen als ihrem intellektuellen Potential zu gruppieren. Heterogenität ist ein Hauptmerkmal des finnischen Klassenzimmers in dem Sinne, daß es wenig separate Schulen für behinderte Schüler oder solche mit Migrationshintergrund gibt. Die Interessen der Schüler und ihre Wünsche werden berücksichtigt, wenn in den Schulen die Curricula geplant werden und über Inhalte, Lehrbücher, Lehr- und Lernverfahren und Kontrollmodalitäten entschieden wird. Die heterogene Zusammensetzung der Gruppen dient der Durchsetzung des Gleichheitsprinzips im Schulwesen. Die Unterrichtung einer heterogenen Schülerschaft erfordert effiziente kleine Lerngruppen und die Bereitschaft der Lehrkräfte, Gruppen, wenn nötig, neu zusammenzustellen. Nach vorliegenden Untersuchungen in Finnland soll der Unterricht in heterogenen Schülergruppen vor allem den leistungsschwachen Schülern große Vorteile bringen. Das Leistungsbild leistungsstarker Schüler verändert sich auch bei Veränderung der Gruppenzusammensetzung kaum. Ein wichtiges Ziel der unterrichtlichen Arbeit ist es, Schülern effektive Lernstrategien zu vermitteln, die sie zum lebenslangen (Selbst-)Lernen befähigen. Ein ausgebautes Beratungssystem unterstützt die Schüler bei der Wahl weiterbildender Angebote, bei der Karriereplanung, insbesondere in Klasse 9 und 10, und in ihrer persönlichen Entwicklung.

Lehrkräfte werden vom Beginn ihrer praktischen Ausbildung an darin geschult, auf die Heterogenität ihrer Schüler mit einem breiten Methodenrepertoire zu reagieren. Der Unterricht ist am einzelnen Schüler orientiert und kann daher auch innerhalb der Lerngruppe variieren. Schüler mit Lernschwierigkeiten erhalten ein- bis zweimal pro Woche Kleingruppen- oder Einzelunterricht sowie ergänzenden Förderunterricht durch sonderpädagogisch ausgebildete Kräfte.

Der Länderbericht verweist darauf, daß bei einer Befragung im Frühjahr 2002 die Lehrkräfte eine Ausdehnung der Schulbesuchszeit auf den Nachmittag – der Unterrichtstag an finnischen Schulen endet derzeit nach einem gemeinsamen Mittagessen in der Regel um 14.00 Uhr – und die generelle Einführung von Ganztagsschulen mit einem schulischen Angebot von 7.30 bis 17.00 Uhr mehrheitlich ablehnten.

Die Zulassung zur Lehrerausbildung ist in Finnland an ein strenges Auswahlverfahren gebunden, das nur etwa 10 Prozent der Bewerber zum Lehramtsstudium mit Erfolg bestehen. Teile des Auswahlverfahrens sind ein Eignungstest und im weiteren je nach Hochschule und spezifischem Studiengang schriftliche Klausuren, Interviews, Assessment Center, Arbeitsproben und/oder bisherige Leistungsnachweise, zum Beispiel aus einem Fachstudium.

Fortbildungsveranstaltungen für Lehrer finden in Finnland teilweise während der Sommerferien statt. Einer aktuellen Befragung zufolge sind Lehrer daran interessiert, in verstärktem Umfang an Fortbildung teilzunehmen. Gleichzeitig beklagen sie die Höhe der Fortbildungskosten, die im wesentlichen von ihnen selbst zu tragen sind.

Bei der Kompetenzentwicklung der Lehrkräfte wird der Übergang von der Berufsausbildung in die Berufstätigkeit als besonderes Problem betrachtet. Eine Studie zur Erfassung künftiger Bedarfe in der Lehreraus- und -fortbildung stellt fest, daß sich Junglehrer vielfach mit ihren Problemen alleine gelassen sehen. Fortbildungsbedarf wird hier vor allem im Bereich der Fähigkeit zum Umgang mit lernschwachen Schülern gesehen. Zu den inhaltlichen Schwerpunkten der Lehrerfortbildung zählt derzeit zum einen die Entwicklung diagnostischer Kompetenzen als Voraussetzung für die Fähigkeit, das Potential unterschiedlicher Typen von Lernern zu nutzen. Zum anderen wird besonderer Wert gelegt auf eine hohe Qualität der Beratung der Schüler. Hierfür werden an den Hochschulen spezielle Begleitfortbildungen für Lehrer angeboten.

Die Weiterentwicklung des Systems der Lehrerfortbildung ist zusammen mit der Reform der Lehrerausbildung ein Schwerpunkt des derzeit geltenden nationalen Entwicklungsplans für Bildung und Forschung. Aktuelle Ansätze zielen auf die Bildung schulinterner und schulübergreifender Netzwerke von Lehrern, die dieselbe Jahrgangsstufe oder dasselbe Fach unterrichten. Zudem wird die Zusammenarbeit der Lehrkräfte mit Institutionen des schulischen Umfelds stimuliert.

AUS LIEBESPAAREN WERDEN ELTERN

Jürg Willi

Wie Kinder die Paarbeziehung verändern

Strukturell ist die wichtigste Auswirkung des Kindes auf die Partnerschaft zunächst die Umstrukturierung von der Zweier- zur Dreiergemeinschaft. Diese Umstellung macht Männern oft größere Mühe als Frauen. Sie fühlen sich nun nicht mehr im Zentrum des Interesses ihrer Frau, sondern müssen die Liebe der Frau mit dem Kind teilen. Diese Umstellung fordert den Partnern die Reife ab, sich als Person zurückzunehmen und dem neuen Leben Platz zu geben. Im positiven Fall spiegelt die Liebe von Mann und Frau sich in der Freude über das gute Gedeihen des Kindes als Frucht ihrer Beziehung, als etwas, was die Partnerschaft für alle Zeiten in der Welt sichtbar machen wird.

Dreierbeziehungen sind jedoch labile Beziehungen. Es wohnt ihnen die Tendenz »zwei gegen einen« inne. Wer wird sich mit wem gegen wen zusammenschließen, wer wird der Ausgeschlossene sein? Diese Frage kann durch das Kind zu einem Konflikt in der Partnerschaft werden. Zunächst ist die enge Beziehung zwischen Mutter und Kind gegeben. Je älter das Kind jedoch wird, um so eher kommt der Vater in eine ebenbürtige Situation, so daß sich leicht auch eine enge Beziehung zwischen Vater und Kind unter Ausschluß der Mutter bilden kann.

Eva Jaeggi und Walter Hollstein schreiben 1985 in »Wenn Ehen älter werden«: »Der auf den Säugling eifersüchtige Ehemann, ein bekanntes Klischee – mit Recht, wie es scheint! Manche Frauen scheinen nur auf den Moment gewartet zu haben, in dem sie ihrem Ehemann zeigen können, was ›wahre Liebe‹ eigentlich ist.« Eine der von ihnen untersuchten Frauen gibt zu Protokoll: »Meine Ehe wurde der unwesentliche Hintergrund, vor dem sich strahlend hell und deutlich ›Mutter und Kind‹ abhob.« Doch das gleiche Ereignis muß für zwei Menschen nicht das gleiche bedeuten. Das kann auch bezüglich der Konstruktion der Ehe oder des Kindes der Fall sein. Am Kind kann sich zeigen, daß möglicherweise die Partnerschaft für den einen Partner weit stärker kinderzentriert konstruiert ist als für den anderen. Solange das Kind nicht da war, war das nicht so offensichtlich. Häufig wenden Frauen ihre Mütterlichkeit und körperliche Zärtlichkeit zunächst den Männern zu, welche dann beim Dazukommen des Kindes unter kindbedingtem Liebesentzug leiden. Es kann sein, daß die Frau sich in ihrer engen Beziehung zum Kind durch den Mann möglichst nicht stören lassen will; es kann aber auch sein, daß sie sich von ihm zu wenig verstanden und unterstützt fühlt, oft allein gelassen wird und deshalb dazu neigt, den Mann ganz auszuschließen.

Häufig weisen Frauen nach der Geburt deutlich weniger sexuelle Bedürfnisse auf, teilweise aus Erschöpfung, teilweise auch aus versteckter Wut auf den Mann. Das Stillen kann die Frau zusätzlich Kraft kosten. Ihre Brüste sind jetzt für das Kind da und nicht für den Mann. Die milchgefüllte Mutterbrust bringt den Mann häufig in Gefühlskonfusion. Für ihn war die Brust ein sexueller Reiz, jetzt ruft ihr Anblick in ihm längst vergessene und nicht voll bewußte Erinnerungen an die eigene Mutter hervor. Auch das Stillen gibt dem Mann den Eindruck, von der engen Mutter-Kind-Beziehung ausgeschlossen zu werden. Manche Frauen stillen ihre Kinder länger als ein Jahr, was der Mann als sexuelle Abweisung empfinden kann.

Es ist das natürliche Bedürfnis des Kindes wie jedes Menschen, das Zentrum der Aufmerksamkeit, den Nabel der Welt zu bilden. Ein Kind versucht sich zwischen die Eltern zu drängen, im übertragenen wie im wörtlichen Sinne. Es möchte auch nicht das ausgeschlossene Dritte sein. Häufig wagen die überbesorgten Eltern nicht, die Tür ihres Schlafzimmers zu schließen, weil sie in einem dauernden Hörkontakt mit dem Kind stehen möchten. Dabei geschieht dann eher das Umgekehrte. Das Kind steht in dauerndem Hörkontakt zu den Eltern, versteht es, deren Intimität zu behindern, sie zu spalten und zu blockieren. Nicht selten wird Dunkelangst des Kindes von den Eltern aufgeschaukelt, bis das Kind es erreicht, zwischen den Eltern im Ehebett zu liegen. Viele Eltern vernachlässigen nach der Geburt von Kindern die Ehe und Sexualität. Sie werden zum kindzentrierten Elternpaar. Als Paartherapeut habe ich erfahren, wie wichtig es ist, daß ein Paar sich trotz seiner Kinder für die Ehe ausreichend eigene Zeit und eigenen Raum nimmt. Es ist für die Partnerschaft tödlich, wenn ein Paar immer nur mit den Kindern zusammen ist. So führen Kinder keineswegs immer zur Festigung einer Partnerschaft. Oftmals trägt das Kind vielmehr Konflikte in die Elternehe hinein.

Andererseits können Kinder eine wesentliche Hilfe zur Regulierung des partnerschaftlichen Nähe-Distanz-Problems sein. Bei Kinderlosigkeit wird es auf die Dauer schwierig, zu verhindern, daß die Partner entweder allzusehr aufeinander bezogen sind und alles nur noch miteinander machen oder als Reaktion auf diese Gefahr allzu forciert bemüht sind, sich voneinander abzugrenzen. Kinder wirken gleichzeitig auf das Paar verbindend und trennend: Sie verbinden die Partner durch das gemeinsame Thema des Sorgens und Arbeitens für das Kind, sie trennen die Partner, indem sie verhindern, daß die Zweierbeziehung zum Selbstzweck wird.

Heute haben besonders Frauen der oberen Bildungsschicht häufig erst nach dem dreißigsten Altersjahr Kinder. Daher bleibt es meist beim Einzelkind. Die Geburt eines zweiten Kindes ist oftmals für die Partnerschaft, insbesondere für die Frau, die größere Umstellung als jene des ersten Kindes. Ein einziges Kind läßt sich noch gut überall hin mitnehmen und bei Eltern, Schwiegereltern oder Freunden zeitweilig unterbringen.

Unter den gegenwärtigen gesellschaftlichen Lebensbedingungen erzwingt eine größere Kinderzahl meist eine stärkere Polarisierung der Eltern im Sinne der traditionellen Geschlechtsrollen. Frauen, die zunächst motiviert waren, ihren Beruf neben den Kindern fortzuführen, geraten, zumindest wenn mehrere Kinder im Kleinkindesalter stehen, oft unter starken Streß. Betreuungspersonen, Tagesmütter oder Krippen können zwar Entlastung bringen. Kinder zeigen darüber hinaus jedoch zeitweilig Ansprüche, die nach einer individuellen Betreuung rufen. Kinder können krank werden, sie können im Kontakt zu Gleichaltrigen ängstlich sein, es kann sein, daß sie von einem Nachbarkind gequält werden und Phasen durchschreiten, wo sie einer überdurchschnittlichen Zuwendung bedürfen. Oft spitzt sich die Situation so zu, daß früher oder später eine Entscheidung getroffen wird, ob der Mann oder die Frau beruflich zurücksteckt, um sich mehr den Kindern zu widmen.

Die Zeit, in welcher die Kinder klein sind, ist die äußerlich anstrengendste Phase der Partnerschaft. Sie fordert Mann und Frau bis an die Grenze ihrer Kräfte. Trotz aller Belastung ist sie aber auch häufig die emotional befriedigendste und intensivste Zeit des Zusammenlebens.

Die Geburt eines Kindes verändert die Beziehung der beiden Partner zu ihren Herkunftsfamilien oft in grundlegender Weise. Viele Männer und Frauen zählen in den Augen ihrer Eltern erst als erwachsen und selbständig, wenn sie eigene Kinder haben. Solange keine Kinder da sind, bleiben meist die Eltern das Zentrum des erweiterten Familienlebens. Man trifft die Geschwister bei den Eltern und geht zu ihnen auf Besuch. Sind hingegen Kinder da, so wird die neugegründete Familie zum Zentrum. Die Eltern kommen nun eher in die Familie auf Besuch. Die junge Familie ist jetzt Mittelpunkt der fortgesetzten Familiengeschichte. Solange keine Kinder da sind, ist eine Partnerschaft weitgehend Privatsache, über die sich zu erkundigen man oftmals sogar im Kreise von Freunden und Verwandten Hemmungen hat. Mit dem Kind wird eine Partnerschaft nach außen sichtbar. Ihre Spuren sind nicht mehr auszulöschen.

Kinder verändern die soziale Vernetzung des Paares nicht nur in der Verwandtschaft, sondern auch in der Gemeinde oder dem Stadtquartier. Wer keine Kinder hat, kann – sofern er es will – für sich allein leben und den Kontakt zur Gemeinde auf die Müllabfuhr und die Entrichtung der Steuern beschränken. Über die Kinder kommt es zu einer stärkeren Verwicklung mit der Nachbarschaft. Man hilft sich gegenseitig aus und berät sich über die laufenden Probleme. Der intensivste Einbruch in die Autonomie der Familie und Partnerschaft erfolgt dann durch die Schule. Geraten die Kinder an einen Lehrer, der auf einer anderen Lebensphilosophie beharrt als die Eltern, stellt sich für die Eltern das schwierige Dilemma, sich gegen ihre Überzeugung dem Lehrer anzupassen, um dem Kind eine möglichst gute Integration in der Schulklasse zu ermöglichen, oder die eigene Linie im Gegensatz zu derjenigen des Lehrers zu stellen und damit dem Kind einen Loyalitätskonflikt zwischen Schule und Elternhaus aufzuladen. Mehr als je seit der Zeit der Ablösung von der Herkunftsfamilie fühlt man sich in der Konstruktion seiner eigenen Welt zur Anpassung an das Denken der Gesellschaft gezwungen.

Die vielen realen Probleme, die sich jungen Eltern stellen, fördern einen intensiven Kontakt mit anderen jungen Eltern. Kinderlose Gleichaltrige fühlen sich da oft fremd und haben nichts mitzureden. Man will sie manchmal aber auch nicht mitreden lassen. Junge Eltern und kinderlose Erwachsene leben häufig in verschiedenen Welten.

Kinder können junge Erwachsene auch zu stärkerem politischem Engagement veranlassen. Man möchte über die eigene Zeitspanne und den eigenen Wirkungskreis hinausschauen und macht sich Gedanken, welche Welt die eigene Generation der nächstfolgenden übergeben wird.

Das Kind fordert beiden Eltern entscheidende Reifungsschritte des Erwachsenenlebens ab. Dazu gehört nicht nur Verantwortungsfähigkeit, sondern auch Schuldfähigkeit. Kinder fordern uns heraus bis zur Überforderung. Zur Reifung des Verantwortungsgefühls gehört aber auch das Gewinnen eines gewissen Abstandes, einer Abgrenzung gegenüber drohender Überverantwortlichkeit und Selbstanklage, die Entwicklung einer gewissen Gelassenheit und von Humor im Bewußtsein, daß Eltern die Entwicklung der Kinder nur begrenzt beeinflussen können.

Manche psychologischen Schriften über Kleinkinderziehung steigern leider eher die Schuldanfälligkeit der Eltern, anstatt ihnen zu helfen, mit berechtigten oder unberechtigten Insuffizienzgefühlen zurechtzukommen, was letztlich auch den Kindern zugute käme.

Im Gefühl der Überforderung und Unsicherheit gegenüber dem Kind ändert sich oftmals die Beziehung zu den eigenen Eltern. Man interessiert sich, wie sie damals aus ihrer Situation mit den Erziehungsproblemen und dem Gefühl der Überforderung umgegangen sind. Man wächst dabei aus der Vorwurfshaltung der Adoleszenz heraus und gewinnt Verständnis und Empathie. An der eigenen Überforderung erkennt man die ihrige und staunt oftmals, wie engagiert und klug sie damals mit bestimmten Situationen umgingen. So kann das Kind zu einer Versöhnung mit den eigenen Eltern beitragen. Manchmal wird einem das elterliche Fehlverhalten aber auch erst jetzt bekannt und löst Schmerzen und Groll aus. Eine Patientin, welche zehn Jahre lang an einer schweren Anorexia nervosa (Magersucht) und Bulimie (Heißhungeranfälle) gelitten hatte, erfuhr nach der Geburt des ersten Kindes von ihrer Mutter, wie diese die Patientin als Neugeborenes gar nicht bei sich hatte haben wollen, sondern sich nur mit ihrem eigenen Körper befaßte. Sie sei damals voller Besorgnis gewesen, von Schwangerschaft und Geburt könnte sie körperlich entstellt bleiben. Deswegen wollte sie die Patientin auch nicht stillen. Als nach der jetzigen Geburt die Mutter der Patientin ins Spital kam und ihren Enkel in die Arme nahm, stellte sie sich vor den Spiegel, um zu sehen, wie sie selbst mit einem Kind im Arm aussehe. Sie ging dabei überhaupt nicht auf das Kind ein, sondern interessierte sich nur für ihr Bild. Der Patientin wurde dabei bewußt, daß ihre Mutter mit ihr als Kind ähnlich umgegangen war wie jetzt mit dem Enkel. Therapeutisch kam dadurch vieles in Gang, was zuvor zugeschüttet war. Beispielsweise kam ihr in den Sinn, daß sie als kleines Kind, wenn sie schrie, mit Süßigkeiten abgespeist worden war, jedoch kaum je von der Mutter gehalten oder gestreichelt wurde.

Das Kind ermöglicht den jungen Eltern ein Nacherleben der eigenen Entwicklung, oft weit über das hinausgehend, was eine Psychoanalyse an frühkindlichen Erinnerungen ins Bewußtsein hebt. Um das Kind in seiner Wahrnehmungsfähigkeit, in seiner Motorik und im Spracherwerb zu fördern, müssen die Eltern das Kind dort abholen, wo es steht, das heißt, sie müssen konkret in ihrem Verhalten auf allerfrühestes Kindheitsverhalten regredieren. Heute gibt es eine reichhaltige Forschung darüber, wie die Eltern intuitiv das Gesicht ihres Säuglings immer genau in derjenigen Entfernung halten, in welcher das Baby am besten sehen kann, und wie die Eltern es verstehen, das erste Lächeln oder die ersten artikulierten Laute aus dem Kind hervorzulocken, indem sie das, was der Säugling anbietet, rhythmisch unterstützen und in endlosem Wiederholen mit dem Säugling üben.

Für Außenstehende kann es komisch wirken, wenn die lallenden Eltern sich selbst wie Säuglinge aufführen, aber indem sie das tun, erreichen sie ein Höchstmaß an Einfühlungsvermögen in die psychische Entwicklung des Säuglings und Kleinkindes. Sie werden ihre Erfahrungen auch ihren Eltern berichten, die dafür meist ein reges Interesse zeigen und erzählen, wie die jungen Eltern sich selbst als Säuglinge oder Kleinkinder verhalten hatten, Erinnerungen, welche eventuell durch Fotos noch belegt und erweitert werden.

Das Kind holt zunächst durch sein bloßes Dasein, später aber auch aktiv und gezielt, in den Eltern vieles ins Leben zurück, was sie früher erfahren hatten. Die Eltern vollziehen mit dem Kind quasi die Wiederholung ihrer eigenen Kindheit. Sie bekommen damit den Zugang zu ihren persönlichen Wurzeln und werden sich über vieles klar, was untergründig in ihnen schlummert. Im Umgang mit dem Kind erweitern sie das Verständnis für sich selbst.

Die Eltern empfinden große Freude und Genugtuung, wenn sie sehen, wie der Säugling intensiv auf sie bezogen und auf ihre Förderung in hohem Maße ansprechbar ist. Es gelingt den Eltern weitgehend, sich auf das Kind symbiotisch einzustimmen, so daß sie seine Regungen und inneren Vorgänge spüren und voraussehen können. Intuitiv locken die Eltern aus dem Kind das heraus, was seinem Entwicklungsstand entspricht. Das Kind entwickelt sich im dialogischen Spiel von Unterstützen und Hervorrufen. Alles, was das Kind entfaltet, wird von den Eltern sozusagen in Familienbesitz genommen. Es gehört nicht nur dem Kind, sondern auch ihnen. Das Gefühl, vom Säugling so intensiv gebraucht zu werden, gibt dem eigenen Leben Sinn und Erfüllung, eine Erfahrung, die besonders darin überhöhte Bedeutung bekommen kann, wenn andere Befriedigungsmöglichkeiten fehlen. In der Praxis sah ich wiederholt drogenabhängige Frauen, die sich dringend ein eigenes Kind wünschten in der Vorstellung, daß dieses ganz für sie da sei als einziges Wesen, das sie echt und ungeheuchelt liebe.

Spätestens mit dem Herumkrabbeln wird jedoch offensichtlich, daß das Kind ein Zentrum eigener Aktivität und Intention ist und daß das Aufrechterhalten eines seelischen Gleichklanges in dieser umfassenden Form nicht mehr gelingt. Das Kind setzt den Einflüssen der Eltern Widerstand entgegen, ist jedoch weiterhin auf ihre Anleitung ansprechbar.

Mutter und Vater sind bestrebt, in das Kind seine besten Möglichkeiten hineinzusehen und aus ihm herauszulieben. Sie malen sich aus, was aus dem Kind einmal werden könnte. Sie projizieren jeden Fortschritt seines Denkens und Handelns auf eine Großleinwand und sehen in ihrem Sprößling womöglich etwas ganz Besonderes. Oft werden Utopien für das Kind entwickelt, die größer sind als alles, was das Kind zu erfüllen vermag. Das Bestreben, das Kind in seinen menschlichen Möglichkeiten zu fördern, kann den Eltern immer nur innerhalb ihres eigenen Konstruktsystems, in den ihnen eigenen Vorstellungen über Leben und Welt gelingen.

Besonders jene Frauen, die wegen der Kinder mehr oder weniger freiwillig auf eine Berufskarriere verzichtet hatten, werden leicht dazu neigen, in ihren Kindern jene Lebensentwicklungen zu fördern, auf welche sie selbst verzichten mußten. Das Kind sollte dann stellvertretend ihre Träume realisieren und ihnen die Möglichkeit anbieten, an seinen Erfolgen zu partizipieren.

Aus elterlichen Erwartungen kann sich das »Drama des begabten Kindes« (Alice Miller) entfalten, vor allem bei jenen Kindern, die aufgrund ihrer Begabung die elterlichen Erwartungen erfüllen oder gar noch steigern und die aufgrund ihrer hohen Sensibilität und ihrer eigenen symbiotischen Tendenzen Mühe haben, sich gegen diese Erwartungen abzugrenzen. In der psychotherapeutischen Literatur ist die These weit verbreitet, daß Eltern mit ihren Erwartungen Kinder in gestörtes Verhalten hineintreiben. Daß elterliche Erwartungen pathogen sein können, sei nicht bestritten. Es braucht dazu aber wohl eine spezifische Entsprechung zwischen Eltern und Kind, bei welcher Erwartungen der Eltern und Ansprechbarkeiten des Kindes sich kollusiv verbinden.

Hier soll jedoch lediglich der elterliche Anteil an der Kollusion und am Drama des begabten Kindes behandelt werden. Symbiose sollte nicht etwas sein, was ängstlich vermieden werden müßte. Verliebtsein und Symbiose bilden vielmehr eine wichtige Grundlage des Zusammenlebens, auch wenn sie natürlicherweise gefolgt sind von Enttäuschung und Leiden an der Liebe. Das Drama einer Lebensgemeinschaft spielt sich ab im Spannungsfeld zwischen Sehnsucht nach Verschmelzung und Idealisierung des Partners einerseits und der Trauer und dem Schmerz über das Getrenntbleiben in der Liebe andererseits. Die Symbiose läßt eine Utopie entstehen, welche durch die Realität geläutert wird, im Hintergrund aber fortwirkt.

Auch in der Beziehung zwischen Eltern und Kind bilden Symbiose und Idealisierung eine wichtige Grundlage der Beziehung. Sie geben dem Kind die Gewißheit, seinen Eltern wichtig zu sein, ihnen viel zu bedeuten und von ihnen sorgfältig begleitet zu werden. Aber zu dieser Liebe gehört auch die Enttäuschung, daß Eltern und Kind getrennte Wesen bleiben, sich einander in manchem fremd sind und sich in der gegenseitigen Liebe oft einsam fühlen. Genauso wie zwischen Mann und Frau sollten auch in der Beziehung zwischen Eltern und Kind die Eltern nicht alle Erwartungen an das Kind geben oder ängstlich vermeiden. Es ist der Wunsch des Kindes bis ins hohe Erwachsenenalter, den Eltern Anlaß zu Stolz und Lob zu geben. Wer nie ein Strahlen in den Augen der Eltern zu erzeugen vermochte, dem fehlt ein zentraler Baustein des Selbstbewußtseins.

Will man Eltern, die an der Fehlentwicklung oder Störung ihrer Kinder verzweifeln, helfen, so sollte man sie nicht für deren Entstehung einseitig beschuldigen oder versuchen, ihnen jede Einflußnahme auf das Kind zu entziehen. Man sollte vielmehr mit ihnen über ihre Hoffnungen sprechen, die sie in das Kind hineingelegt hatten, und über ihren Schmerz, der sie erfüllt, wenn das Kind sich anders entwickelt, als sie es erwarteten. Je weniger die Eltern in ihren Erwartungen an das Kind beschämt werden, desto eher werden sie bereit sein, sich vom Kind neue Lebensperspektiven eröffnen zu lassen.

Zur Sehnsucht der Eltern gehört auch der Wunsch, für das Kind eine bessere Welt zu schaffen als jene, in der sie selbst aufgewachsen sind oder jetzt leben. Im Leben des Kindes soll Erfüllung finden, was sich im eigenen Leben nicht realisieren ließ. Je größer die Entbehrungen und Defizite, welche die Eltern selbst erlitten, um so schöner und phantastischer soll die Welt dem Kind angeboten werden.

Wer in der Kindheit keine materiellen Entbehrungen erleiden mußte, richtet den Traum einer heilen Welt eventuell stärker auf das Emotionale. Man möchte sich mit den Kindern eng gegen eine böse, kaputte und dekadente Welt zusammenschließen. Man möchte mit ihnen am liebsten in der freien Natur oder mit Tieren leben, in einer Welt jenseits von Leistungsdruck, Profitdenken, Rivalität und wirtschaftlichen Sachzwängen. Indem man dem Kind eine heile Welt schafft, hofft man selbst heil zu werden. Das, was man in der eigenen Kindheit vermissen mußte und was in einem selbst ein Defizit hinterließ, soll nun dem Kind in doppeltem Maße zuteil werden. Manche Väter vollziehen eine

Spaltung zwischen den Gesetzen der rauhen Berufswelt und jenen der heilen Familienwelt.

Diese heile Welt wird empfindlich gestört durch die Einschulung der Kinder. Je abgegrenzter die Familienwelt, um so weniger sind die Kinder gerüstet, in einer Peergroup ihren Platz zu behaupten und sich ohne Sonderbeachtung einzuordnen. Die Schule kann so von den Eltern als brutaler Eingriff in ihre Privatsphäre erlebt werden. Sie meinen, es werde nun unwiederbringlich zerstört, was sie im Kind aufgebaut hatten. Die Eltern verlieren damit eine Welt, welche ihnen ihr Kind ermöglicht hatte.

Aus dem Bemühen, es ganz anders als die eigenen Eltern zu machen, oder aus der Angst, die gleichen Fehler wie die Eltern zu begehen, sind manche Eltern erzieherisch verunsichert und reagieren auf die geringste Verhaltensauffälligkeit der Kinder überschießend. Sie verstärken mit ihrer Kontrolle ein harmloses Fehlverhalten des Kindes und drängen es nicht selten ausgerechnet in jene Richtung, die sie um jeden Preis vermeiden wollten. Im Bemühen, in jenen Bereichen, in denen man sich selbst unterdrückt gefühlt hatte, keine Grenzen zu setzen, wird einer verfehlten Entwicklung des Kindes das Tor geöffnet. Grenzen sind für das Kind notwendig, um sich zu orientieren. Manchmal suchen die Eltern in ihrer Unsicherheit den Halt am Kind. Sie meinen, das Kind werde besser als sie spüren, was für es richtig sei. Damit überfordern sie das Kind. Oftmals will das Kind die Grenzen der Eltern provozieren, löst bei ihnen jedoch nur ein Gewährenlassen bis zur völligen Erschöpfung aus. Solche Kinder werden von ihren Eltern durch Erzeugung von Schuldgefühlen manipuliert, statt durch klare Grenzsetzung geleitet.

Die Herausforderung, das Kind anzuleiten und zu erziehen, veranlaßt Mann und Frau, sich intensiv mit der eigenen Lebenskonstruktion auseinanderzusetzen, mit deren grundlegenden Werten und Regeln, mit deren Sinn und Ziel. Es gilt auszudiskutieren, was die richtige Ernährung ist, welche psychische Anregung für das Kind zuträglich ist, welche Herausforderungen es für seine Entwicklung braucht und wo ihm Grenzen zu setzen sind. Im Suchen nach dem eigenen Erziehungsstil konstruieren die Partner weit bewußter als zuvor ihre gemeinsame Welt. Zuvor mußten sie sich weit weniger mit ihren Vorstellungen auseinandersetzen und um gemeinsame Einstellungen ringen. Die Suche nach einer gemeinsam konstruierten Welt, welche das Kind den Eltern abfordert, kann deren Selbstfindung wesentlich stimulieren. Kinder veranlassen die Eltern, sich als Mann und Frau zu definieren. In der Pubertät wird die Lebensweise der Eltern, ihre Beziehung zueinander und die Echtheit ihrer Selbstdefinition von den Kindern einer harten Kritik unterzogen. Dieser Prozeß hat für die Entwicklung der Kinder eine wichtige Bedeutung, aber nicht minder für die Eltern.

Frank Furedi

Warum Elternpaare oft nur noch Eltern sind

Kindererziehung und Elternschaft sind nicht dasselbe. In den meisten Kulturen werden keine bestimmten Handlungen mit dem Begriff Elternschaft assoziiert. In vorwiegend ländlichen Gebieten wird von Kindern erwartet, sich an der Arbeit und anderen gemeinschaftlichen Aufgaben zu beteiligen. Vor noch nicht allzu langer Zeit war man auch keineswegs der Ansicht, Kinder bräuchten spezielle elterliche Zuwendung oder Fürsorge. Sie wurden als kleine Erwachsene betrachtet, die eben noch nicht ganz ausgewachsen waren. Man machte sich keine großen Gedanken über sie und hatte kein besonderes Interesse an ihrer kognitiven oder körperlichen Entwicklung, weil man davon ausging, daß diese biologisch unreifen Menschlein sich zu gegebener Zeit schon von allein entwickeln würden. Aus heutiger Sicht ist dieses quasi nichtvorhandene Interesse der Erwachsenen an Kindern erstaunlich. Mütter und Väter tendierten dazu, die Entwicklung ihres Nachwuchses dem Schicksal zu überlassen. Indem man der Natur freien Lauf ließ, schrieb man den Erwachsenen im Prozeß der Kindererziehung nur eine untergeordnete Rolle zu.

Der Glaube, Kinder bräuchten spezielle Fürsorge und Zuwendung, entwickelte sich parallel zu der Überzeugung, daß die gezielte Interaktion der Erwachsenen zu ihrer Entwicklung beitragen könne. Im 19. Jahrhundert gewannen diese Ansichten an Bedeutung und begannen, die öffentliche Meinung zu prägen. Die Möglichkeit, gewisse Handlungsweisen der Erwachsenen könnten die Entwicklung eines Kindes in eine bestimmte Richtung lenken, löste ein breites Interesse am Verhalten Erwachsener aus. Die Aufgabe von Müttern und Vätern wurde von nun an als überaus bedeutungsvoll betrachtet. Kindererziehung wurde fortan zu einer Fertigkeit, mit deren Hilfe Eltern für die Entwicklung von Charakterzügen sorgen konnten, die ihre Kinder für ein erfolgreiches Leben brauchten. Gleichzeitig glaubte man, daß mangelndes Können der Eltern – schlechte Erziehung – einem Kind unter Umständen die Zukunft verbaue. Diese Definition von Elternschaft ist eng mit dem Rückgang großer Haushalte und dem Aufkommen individualisierter Kleinfamilien-Strukturen verknüpft.

Die soziale Anerkennung, die Erwachsenen für das Elternsein zuteil wurde, sorgte dafür, daß diese Rolle das Selbstbild der Mütter und Väter mitbestimmte. Zwar machten Eltern im Laufe der gesamten Menschheitsgeschichte immer eine besondere Beziehung zu ihren Kindern geltend, doch erst die Ansicht, Kinder seien das mehr oder weniger direkte Produkt ihrer Eltern, hob deren Status. Kinder sind nun der Nachweis ihrer Kompetenz. Mit dem wachsenden Einfluß der These des Eltern-Determinismus wurden Kinder zugleich zu einer fleischgewordenen moralischen Aussage über ihre Mütter und Väter. Das Benehmen eines Kindes, seine Fähigkeiten, seine Intelligenz und Charakterzüge dienen als Zeugnis für die Vorzüge oder Fehler der Eltern.

Daher überrascht es nicht, daß die Elternschaft einen erheblichen Einfluß auf das Selbstbild Erwachsener ausübt. Erfolgreiche Elternschaft beispielsweise hat einen positiven Effekt auf die Identität Erwachsener. Die Rolle als Eltern wird zu einem wichtigen Bestandteil der eigenen Persönlichkeit, die wiederum die Art bestimmt, wie Erwachsene die Welt deuten. Erwachsene neigen nicht nur dazu, ihr Leben durch ihre Kinder zu leben, sondern entwickeln teilweise auch ihre Identität durch sie.

Erziehungsratgeber gehen oft von der Voraussetzung aus, das Verhalten von Eltern stelle ein Risiko für Kinder dar, solange man Mütter und Väter nicht anleite und unterrichte. Ein Artikel in der »Times« mit der Überschrift »Ratschläge sollen Eltern schlechtes Benehmen abgewöhnen«, faßt diesen Ansatz treffend zusammen. Der Artikel berichtet vom Erscheinen einer Ratgeberbroschüre, die darauf abzielte, den Streß frischgebackener Eltern zu mindern, um den daraus resultierenden Schaden für die Kinder so weit wie möglich zu minimieren. Auch Fortbildungsprogramme für Eltern verfolgen die Absicht, das Verhalten von Erwachsenen zu verändern.

Um Eltern dazu zu bringen, ihr Verhalten zu ändern, suggeriert die Erziehungsliteratur ihnen gern, daß ihre Erfahrungen mit ihren Kindern ihrem Leben erst die richtige Bedeutung verleihen. Ihnen wird eingeredet, je mehr sie ihr Kind liebten, desto mehr würde es ihre Liebe erwidern. Auch dieser Lockruf der Liebe zielt auf den Hunger der Eltern nach Status und Anerkennung. Penelope Leachs Buch »Die ersten Jahre deines Kindes« bietet ein sehr gutes Beispiel dafür. Leach erklärt Müttern, Babys würden sich in Menschen »verlieben«, die sie emotional bemuttern. Leach wendet sich an das Bedürfnis der Mutter nach Bestätigung und verspricht ihr, das Baby würde ihr »mit seinen speziellen Aufmerksamkeiten danken«, was dazu führe, daß die Mutter sich »einzigartig, geliebt und unersetzlich« fühle. Das Unterpfand einer außergewöhnlichen, einzigartigen und erfüllenden Beziehung wird den Eltern versprochen, die bereit sind, das vorgeschriebene Verhalten zu befolgen.

Appelle an die Persönlichkeit der Eltern thematisieren oft die Gedanken, die sich Mütter und Väter über ihre Rolle machen. »Parents Who think Too Much«, Anne Cassidys provokative Kritik an der heutigen Erziehungskultur, weist auf die wachsende Flut an Publikationen hin, die oberflächlich betrachtet von Kinderbetreuung handeln, in Wirklichkeit aber emotionale Probleme ansprechen, in denen es um die Identität der Erwachsenen geht. In Großbritannien bieten Bücher wie »How Love Works: How to Stay in Love as a Couple and be True to Yourself ... Even with Kids« von Kinder-Guru Steve Biddulph Anleitung für emotional verunsicherte Eltern. Oft wird Eltern Rat angeboten, wie sie nach der Geburt von Kindern einigermaßen normal weiterleben und ihre Ehe aufrechterhalten können. In manchen Fällen erscheint dabei das Aufziehen von Kindern als eine Art Therapie, durch die ein Erwachsener zur Selbsterkenntnis gelangen kann. »Viele ältere Väter sprechen davon, ihr Leben habe an ›Tiefe‹ gewonnen, sei ›offener‹ geworden oder auch ›lockerer‹, wobei sie den Eindruck vermitteln, sie hätten etwas Neues in sich selbst entdeckt«, schreibt Jeremy Hamand mit beruhigender Gewißheit in seinem Buch »Father Over Forty«. Der Psychiater Frank Pittman schreibt in »Warum Söhne ihre Väter brauchen: Der schwierige Weg zur Männlichkeit«, daß »Vatersein nicht etwas [sei], was Männer perfekt erledigen könnten, sondern etwas, das den Mann perfektioniert«. Falls der Leser verwirrt fragt, was Vatersein denn nun beinhalte, bemerkt Pittman, daß »das Endprodukt das Kindergroßziehens nicht das Kind, sondern der Elternteil« sei.

Die Tatsache, daß sich Erwachsene Gedanken um ihre Identität als Eltern machen, bedeutet mitnichten, daß sie ihre Kinder nicht lieben. Kinder wurden noch nie so sehr von ihren Müttern und Vätern geliebt wie heute. In einer Welt, die mehr und mehr von zweckgerichteter Kalkulation bestimmt wird, sticht das Eltern-Kind-Verhältnis als herausragendes Beispiel für eine Interaktion hervor, die vorwiegend von Gefühl und Altruismus bestimmt ist. Das Kind ist zu einem einzigartigen Gegenstand der Liebe und manchmal auch der Anbetung geworden. Diese Vergötterung von Kindern wird gelegentlich als »Sakralisierung« der Kindheit charakterisiert. Dieser Ausdruck bezieht sich auf einen wichtigen historischen Prozeß, in dessen Verlauf die Kindheit eine starke gefühlsmäßige, beziehungsweise fast schon religiöse Bedeutung erlangt hat.

Den Ausdruck »Sakralisierung« verwendet die amerikanische Soziologin Viviana Zelizer in ihrer »Pricing the Priceless Child« betitelten Studie. Sie untersucht den tiefgreifenden Wandel, der zwischen 1870 und 1930 bezüglich des ökonomischen und emotionalen Stellenwertes von Kindern stattgefunden hat. Zu Beginn dieser Periode wurden Kinder noch hauptsächlich wegen des wirtschaftlichen Beitrags geschätzt, den sie zum Unterhalt der Familie leisteten. Jedoch sorgten einschneidende Veränderungen im wirtschaftlichen und sozialen Leben dafür, daß dieser Beitrag nach und nach an Bedeutung verlor. Im Laufe der Zeit wurden Kinder immer weniger unter einem produktiven als vielmehr unter einem gefühlsmäßigen Aspekt betrachtet. Zelizer argumentiert, der Ausschluß der Kinder aus dem Wirtschaftsleben, der um die Jahrhundertwende herum seinen Anfang nahm, sei parallel zum kulturellen Prozeß der Sakralisierung der Kindheit verlaufen. Sie schreibt, das Aufkommen der Vorstellungen vom wirtschaftlich »wertlosen«, hingegen aber emotional »unbezahlbaren« Kind habe eine wesentliche Voraussetzung für die heutige Sichtweise der Kindheit geschaffen. Die üblichen pragmatischen und ökonomischen Berechnungen, die Erwachsene bezüglich der meisten Aspekte in ihrem Leben anstellen, haben nur geringe Auswirkungen auf ihre Entscheidung, Kinder zu bekommen. In einer industrialisierten Gesellschaft ist der Entschluß, Kinder zu haben, überwiegend emotional motiviert.

Das heilige Kind unserer modernen Zeit ist ein Objekt der Verehrung und der Anbetung. Diese neuartige Betrachtung von Kindern als wertvoll an sich und als nie versiegende Quelle der Liebe entwickelte sich zu gleicher Zeit wie das Bild der nichtberufstätigen, mittelständischen Hausfrau. Der amerikanische Historiker Carl Degler vertritt die Meinung, die höhere Wertschätzung von Kindern habe den Interessen der Frauen genützt: »Die Verherrlichung des Kindes ging Hand in Hand mit der Verherrlichung der Frau als Hausfrau und Mutter; beide verstärkten sich gegenseitig, während sie gemeinsam der familiären Häuslichkeit zu einem größeren Ausmaß an Respektabilität verhalfen.« War die Verherrlichung der Kindheit noch im 19. Jahrhundert eine Geisteshaltung, die sich auf eine relativ kleine Gruppe nichtberufstätiger Mütter aus dem Mittelstand beschränkte, fand sie später allmählich auch in weiteren Kreisen der Gesellschaft Verbreitung und bildet heute die Basis für die moderne Definition von Elternschaft.

In den vergangenen Jahrzehnten hat die Vergötterung

von Kindern eine weitaus größere Bedeutung erlangt als zu irgendeinem anderen Zeitpunkt in der Vergangenheit. In den meisten westlichen Gesellschaften kommen Kinder heute kaum noch aus dem Grund zur Welt, weil die Menschen Fortpflanzung als ihre gesellschaftliche Pflicht betrachten; außerdem wird der Zeitpunkt der Geburt eines Kindes meist sorgfältig geplant. Infolge der besseren Familienplanung sind die Familien erheblich kleiner geworden. Kinder sind heute in viel stärkerem Maße »gewollt« und von Anfang an Objekt positiver Emotionen ihrer Eltern. Kurzum: Daß sie nicht mehr »einfach so« gezeugt werden, macht Kinder zu etwas Einzigartigem, das sowohl für die Eltern als auch für die Gesellschaft unbezahlbar ist. Dadurch wird wiederum die Verantwortung der Erwachsenen größer, für das Wohlbefinden dieses wertvollen Kindes zu sorgen.

Leider hat eine solche Reaktion wenig mit der Verbesserung der Eltern-Kind-Beziehung zu tun. Die Folge ist lediglich eine quantitative Steigerung der Auswahl an »fördernden« Aktivitäten und materiellen Besitztümern, die den Kindern geboten werden. Außerschulische Aktivitäten nehmen viel Zeit der Eltern in Anspruch, doch ob sie letztendlich den Kindern einen nennenswerten Nutzen bringen, ist fraglich. Das, was die Entwicklung kleiner Kinder mit am meisten fördert, ist das unbeaufsichtigte Spiel mit Gleichaltrigen. Das Lernen von und mit anderen Kindern trägt entscheidend dazu bei, daß Kinder ihre Fähigkeiten, mit bestimmten Situationen fertig zu werden, zu kommunizieren und mit Freiheit umzugehen, weiterentwickeln. Doch Erwachsene, die darauf gedrillt sind, daß sie nie genug für ihre Kinder tun können, betrachten es als viel zu gefährlich, Kinder Kinder sein zu lassen.

Vielleicht sollte man unsere moderne Kultur eher als kindbesessen denn als kindorientiert charakterisieren. Die kontinuierlich steigenden Anforderungen, die man Eltern aufbürdet, hängen schließlich nicht zuletzt mit dem ständig steigenden ideellen Wert zusammen, den man Kindern zumißt. Der Grund für diese Entwicklung hat jedoch nur wenig mit neuen Erkenntnissen über die Kindheit zu tun. Zwar gelten aktuelle Diskussionen über die Stellung von Kindern unter anderem als Zeichen für eine aufgeklärtere und fürsorglichere Gesellschaft. Doch eine nähere Betrachtung unserer kollektiven Sorge um das Kind läßt eher vermuten, daß sie eng mit spezifischen Problemen der Erwachsenenwelt verknüpft ist.

Daß eine unsichere Persönlichkeit typisch für unsere Kultur ist, kann fast schon als Binsenweisheit gelten, und auch die Feststellung, daß wir in einer Zeit brüchiger Bindungen leben, trifft kaum auf Widerspruch. Viele von uns haben große Schwierigkeiten damit, mehr als eine provisorische Antwort auf die Frage »Wer bin ich?« zu finden. Generell geht man davon aus, daß die Identitätsprofile, die früheren Generationen nützlich waren, den Anforderungen unseres heutigen Lebens nur schwerlich genügen würden.

Betrachten wir einmal die Rolle der Arbeit. Arbeit stellt traditionell eine wichtige Quelle kollektiver Erfahrung dar, die die Menschen miteinander verbindet. Sie war und ist ein wichtiger Bestandteil der Identität eines Menschen. Auf die Frage: »Wer ist das?« erwartet man eine Antwort, die mit der Arbeit des jeweiligen Menschen zusammenhängt. »Er ist Mechaniker« oder »Sie ist Krankenschwester« sind nicht einfach nur Aussagen über den Beruf eines Menschen, sondern auch über seine Persönlichkeit sowie seinen Status. Heute jedoch besitzt Arbeit einen weniger dauerhaften und identitätsbildenden Charakter, als es noch im vergangenen Jahrhundert größtenteils der Fall war. In einer Zeit, in der die Vorstellung von einer lebenslangen Anstellung als illusorisch aufgegeben wurde und in der von den Menschen erwartet wird, flexibel und aufgeschlossen auf die wechselnden Anforderungen des Arbeitsmarktes zu reagieren, wird das Gefühl der Menschen dafür, wer sie eigentlich sind, ambivalenter. Das Buch »Corrosion of Character«, verfaßt von Richard Sennett, einem Soziologen an der London School of Economics, bietet eine hervorragende Übersicht darüber, wie berufliche Unsicherheit die

Art beeinflußt, wie Menschen sich selbst sehen. Unsicherheit in bezug auf den Beruf bringt innere Distanzierung und ein Gefühl der Entfremdung anderen Menschen gegenüber mit sich. Durch Arbeit innere Erfüllung zu finden fällt all denen schwer, die sich nicht mit ihren Jobs identifizieren können. Sennett behauptet, die Frage »Wer braucht mich?« sei im modernen Kapitalismus heute nur noch schwer zu beantworten. Seiner Meinung nach schafft ein System, das »Gleichgültigkeit ausstrahlt«, persönliche Desorientierung und sorgt beim einzelnen für ein starkes Gefühl der persönlichen Isolation.

Die Verunsicherung, die viele Menschen im Hinblick auf ihre Arbeit empfinden, erstreckt sich auch auf andere Bereiche. Unklarheiten darüber, was es bedeutet, Teil einer Nation, eines Volkes oder sogar einer Stadt oder eines Dorfes zu sein, stellen das Zugehörigkeitsgefühl der Menschen ebenfalls auf eine harte Probe. Wenn es uns nicht mehr gelingt, uns über unseren Beruf zu definieren, wenn wir uns von anderen entfremdet fühlen und unser Gemeinschaftssinn nur noch schwach ausgeprägt ist, dann verschwimmt auch unsere eigene Persönlichkeit.

Die Frage danach, wer wir eigentlich sind, hat jedoch nicht nur etwas mit unserer Arbeit und der Gemeinschaft, in der wir leben, zu tun. Soziale und kulturelle Veränderungen haben auch das Verhältnis der Geschlechter zueinander stark beeinflußt. Zwischenmenschliche Beziehungen im allgemeinen sowie familiäre Bindungen werden generell als instabil und vergänglich erfahren.

Die rückläufige Zahl der Ehen, die zunehmende Anzahl der unverheiratet zusammenwohnenden Paare sowie die Scheidungsrate haben zu bedeutenden Veränderungen des Familienlebens geführt. Seit den siebziger Jahren hat die Anzahl der unehelichen Geburten um das Vierfache zugenommen. In den späten Neunzigern wurde ein Drittel aller Kinder in England und Wales unehelich geboren, heute sind es schon fast vier von zehn Babys. Die wachsende Instabilität in den Beziehungen zwischen Erwachsenen – ob verheiratet oder nicht – bringt es mit sich, daß eine wachsende Anzahl von Kindern bei alleinerziehenden Eltern oder in Stieffamilien aufwächst. Schon heute lebt eines von drei Kindern bei einem alleinerziehenden Elternteil oder in einer Stieffamilie.

Die Aushöhlung der Erwachsenen-Persönlichkeit beruht nicht zuletzt darauf, daß Männer und Frauen immer größere Schwierigkeiten haben, in ihren Beziehungen zueinander und zu anderen Erwachsenen einen verläßlichen Spiegel für ihr eigenes Ich zu finden. Zugleich bieten auch andere Lebensbereiche, in denen Erwachsene traditionell Selbstbestätigung suchten – Beruf, Karriere, Arbeit und Lebensgemeinschaften –, weniger solide Grundlagen für die Verleihung einer stabilen Identität.

Die Unsicherheit in der Persönlichkeit Erwachsener macht sich am stärksten in vertraulichen, intimen Kontakten bemerkbar. Da werden Beziehungen, in denen Liebe und Leidenschaft ein Paar miteinander verbinden, oft in einer eigenartig kurzfristigen und unsicheren Art und Weise erlebt. Die Gefühle, die die Partner füreinander aufbringen, werden von Unbeständigkeitserwartungen gedämpft. Häufig äußert sich die Liebe zwischen Männern und Frauen auf eine berechnende und pragmatische Art und Weise. Gleichzeitig ist die öffentliche Wahrnehmung geschärft für das Scheitern der Ehen und für die Veränderlichkeit intimer Beziehungen.

Viele Menschen erfahren die Aushöhlung der Erwachsenenidentität als Gefühl der Entfremdung. In solchen Fällen ist der Umgang dieser Menschen mit anderen stärker von Berechnung als von Emotionen geprägt. Der kürzlich geäußerte Vorschlag der britischen Regierung, Paare sollten vor der Heirat mehr rechtlich bindende Eheverträge schließen, spiegelt diese Stimmung wider. Eheverträge regeln die Teilung des Besitzstandes im Falle einer Trennung. Vom juristischen und wirtschaftlichen Standpunkt aus betrachtet ist es durchaus sinnvoll, einen solchen Vertrag abzuschließen. Andererseits kalkuliert, wer einen Ehevertrag abschließt, von vornherein das Scheitern der Ehe mit ein.

Diese Probleme haben einen entscheidenden Einfluß auch auf die Beziehungen zwischen Erwachsenen und Kindern. Der enorme ideelle Wert, den die Gesellschaft der Kindheit beimißt, steht in einer direkten Beziehung zum Wandel im Persönlichkeitsbild Erwachsener: In dem Maße, wie die Erwachsenenidentität weniger ausgeprägt und damit problematischer wird, findet die Suche nach verläßlichen Werten einen wichtigen Bezugspunkt in der Kindheit.

Mütter und Väter können ihre Arbeit verlieren und den Status, der damit verbunden ist. Scheidung und Trennung sind zu so weit verbreiteten Phänomenen geworden, daß viele Männer und Frauen einer möglichen zukünftigen Enttäuschung bewußt ins Auge sehen. Geliebte und Ehegatten kommen und gehen. Doch was immer auch mit den Beziehungen zwischen Erwachsenen geschehen mag: Die Tochter oder der Sohn wird für immer ihr Kind bleiben. Das ist der Grund, warum es für Mütter und Väter eine so starke Motivation gibt, ungeheuer viel Gefühl, Zeit und Aufmerksamkeit in ihren Nachwuchs zu investieren.

ES WÄRE VIEL BESSER, WENN ... – FORDERUNGEN AN DIE POLITIK

Claudia Pinl

Noch immer kein Auslaufmodell – der deutsche Ernährer

Sozialwissenschaftler/innen unterscheiden drei Gesellschaftsmodelle: »liberale Wohlfahrtsstaaten«, wozu Großbritannien gehört, »sozialdemokratische Wohlfahrtsstaaten«, wofür insbesondere die skandinavischen Länder, allen voran Schweden, aber ansatzweise auch Frankreich stehen, und »korporatistisch-konservative Wohlfahrtsstaaten« wie die Bundesrepublik Deutschland. Während in den beiden zuerst genannten Gesellschaftsmodellen Frauen eher neutral als Arbeitnehmerinnen betrachtet werden, steht im »korporatistisch-konservativen Wohlfahrtsstaat« ihre Rolle als Mütter und Ehefrauen im Vordergrund. In den Sozialwissenschaften wird in diesem Zusammenhang vom sogenannten »männlichen Ernährermodell« gesprochen.

Im internationalen Vergleich gilt Deutschland als ausgeprägtes Beispiel eines konservativen Wohlfahrtsstaates. Auch wenn sich hier schon lange das »Ernährer-Zuverdienerin«-Modell durchgesetzt hat, so werden doch immer noch die »Alleinverdiener-Ehen« gefördert durch das Steuer- und Sozialversicherungssystem sowie die Unterausstattung mit öffentlichen Betreuungseinrichtungen (in der »alten« Bundesrepublik verfügte allein West-Berlin über eine ausreichende Betreuungsinfrastruktur). Westdeutschland zeichnet sich durch eine niedrige Frauenerwerbsquote mit hohem Teilzeitanteil vor allem der Mütter aus.

»Das Problem ist doch, daß man uns bisher immer verladen hat. Mit *uns* meine ich: die meisten Frauen in diesem Land. Mit *man* meine ich: die Männer, die in diesem Land die Entscheidungen treffen. Und mit *verladen* meine ich: der Betrug durch ein Lebensbild, das mit der Wirklichkeit nichts zu tun hat.« Mit diesen Worten prangerte 1976 die Journalistin Luc Jochimsen die Hausfrauenideologie der westdeutschen Nachkriegszeit an, deren »schönster« Ausdruck sich in der Einführung zum (zivilrechtlichen) »Gleichberechtigungsgesetz« von 1957 findet: »Es gehört zu den Funktionen des Mannes, daß er grundsätzlich der Erhalter und Ernährer der Familie ist, während die Frau es als ihre vornehmste Aufgabe ansehen muß, das Herz der Familie zu sein.« Rund ein Drittel der erwachsenen Frauen hielt sich nie und *konnte* sich auch mit zunehmendem Wohlstand nicht an das »Frauenleitbild« der Nur-Hausfrau und Mutter halten. Diese Frauen und ihre Familien waren auf das Geld angewiesen, das sie als Erwerbstätige nach Hause brachten.

Das Märchen vom Hausfrauenglück verhinderte nach Meinung von Jochimsen in den Jahrzehnten nach dem Zweiten Weltkrieg die ordentliche Ausbildung der Mädchen, die gleiche Bezahlung und eine vom Mann unabhängige soziale Sicherung.

Die widerwillige Akzeptanz von Frauen als Zuverdienerinnen drückte sich in verschiedenen frauen- und familienpolitischen Schlagworten aus, die in den sechziger Jahren zugleich den Bedarf der Wirtschaft an weiblichen Arbeitskräften widerspiegelten: das »Drei-Phasen-Modell« (Erwerbsarbeit, Familienphase, Berufsrückkehr), die »Wahlfreiheit zwischen Familie und Beruf«, die »Doppelrolle«, schließlich die »Vereinbarkeit von Familie und Beruf«.

Das Drei-Phasen-Modell beschrieb zwar zutreffend das Verhalten vieler Frauen, die bis zur Geburt des ersten Kindes berufstätig waren. Aber mit steigenden Arbeitslosenzahlen geriet die »dritte Phase« für Frauen bereits in den siebziger Jahren zum Desaster. Nach fünfzehn Jahren Familienarbeit konnte die durchschnittliche »Wiedereinsteigerin« nur noch mit einer Teilzeitstelle weit unter ihrer früheren Qualifikation rechnen – und auch das meist nur nach Durchlaufen staatlich geförderter Anpassungsmaßnahmen. Die »Doppelrolle« war ein Euphemismus für »Doppelbelastung«: Auch erwerbstätige Frauen trugen – und tragen – die Last der Haus- und Familienarbeit in aller Regel fast ganz allein. Die ständig steigende Zahl Alleinerziehender, vor allem alleinerziehender Mütter, war und ist nicht vorgesehen.

Begriffe wie »Doppelrolle« oder »Doppelbelastung« galten nie für beide Geschlechter, sondern blieben als quasi tertiäre Geschlechtsmerkmale an den Frauen hängen. Das traf und trifft auch auf den scheinbar neutralen Begriff der »Vereinbarkeit« zu.

Frauen- und familienpolitische Maßnahmen, auch und gerade wenn sie dazu dienen sollten, die Doppelbelastung zu verringern, verfestigten die Rollenaufteilung zwischen »Ernährer« und »Zuverdienerin«: Anfang der siebziger Jahre empfahlen die Arbeitsämter Frauen mit schulpflichtigen Kindern Teilzeitarbeit – und boten ihnen Kurse in »Stenographie und 5-Minuten-Küche« an.

Ein erster zaghafter Versuch, die desolate Betreuungssituation außerhalb der Kleinfamilie zu verändern, wurde 1974 von der sozialliberalen Bundesregierung mit dem Modellprojekt »Tagesmütter« gestartet. Er stieß zwar auf Besorgnis konservativer Familienideologen, die vor schädlichen Einflüssen in »Kinderverwahranstalten« warnten. Aber das Bundesministerium für Jugend, Familie und Gesundheit konnte beruhigend feststellen, daß »die von Tagesmüttern betreuten Kinder in der sozial-emotionalen Entwicklung und in der Intelligenzentwicklung ... im Vergleich zu Kindern, die von ihrer eigenen Mutter betreut wurden, kein nachteiliges Verhalten« zeigten.

1979 wurde ein »Mutterschaftsurlaub« eingeführt: Erwerbstätige Frauen konnten sich nach der Geburt eines Kindes für sechs Monate von der Erwerbsarbeit freistellen lassen, erhielten maximal 750 DM monatlich und eine Rückkehrgarantie. Dabei blieb unklar, ob der »Mutterschaftsurlaub« in erster Linie dazu dienen sollte, die Doppelbelastung ein wenig erträglicher zu machen, oder – angesichts steigender Arbeitslosenzahlen – Frauen vom Arbeitsmarkt an den heimischen Herd zu locken. Diese Zweifel blieben auch bestehen, nachdem die Regierung Helmut Kohl den »Mutterschaftsurlaub« in einen Vätern wie Müttern gleichermaßen zustehenden »Erziehungsurlaub« umgewandelt hatte. Die Väter verzichteten dankend; die Mütter kehrten häufig nach Ende des »Erziehungsurlaubs« nicht mehr an ihren Arbeitsplatz zurück.

Ungeachtet eines Wandels der Begrifflichkeiten und ungeachtet der Konzessionen an ein modernes, von anderen westlichen (wie Frankreich) und nordeuropäischen Ländern (wie Schweden und Finnland) beeinflußtes Frauenbild – der deutsche Ernährer hat bisher alle Regierungswechsel auf Bundesebene, den Wandel von der Industrie- zur Dienstleistungsgesellschaft, die Frauenbewegung, den zeitweiligen Bedarf der Wirtschaft an zusätzlichen Arbeitskräften, die Erosion des männlichen »Normalarbeitsverhältnisses« und schließlich die deutsche Vereinigung mehr oder weniger unbeschadet überstanden.

Grund dafür sind die seit Jahrzehnten unveränderten Rahmenbedingungen, die das Ernährer-Modell zuverlässig auch in Krisenzeiten stützen: das schon genannte Steuer- und Sozialversicherungssystem (Ehegatten-Splitting und soziale Absicherung über den Ehemann), die Subventionierung von Familien über Transferleistungen (Kindergeld, Kinderfreibeträge) bei gleichzeitiger quantitativer und qualitativer Unterentwicklung öffentlicher Betreuungsstrukturen und die Halbtagsschule – Rahmenbedingungen, die von frauenpolitischer Seite, innerhalb und außerhalb der Parteien, immer wieder kritisiert werden, deren Veränderung immer aufs neue angemahnt wird.

Reformen bleiben meist im ersten Anlauf stecken: Die Übernahme der restriktiveren westdeutschen Abtreibungsregelung auf Gesamtdeutschland wird zwar mit dem Anspruch auf einen Kindergartenplatz für über Dreijährige gekoppelt. Aber dann reicht es doch nur zu Halbtagskindergärten – und zwar vielerorts auf Kosten der nachmittäglichen Hortbetreuung für Schulkinder, wie überhaupt die Öffnungszeiten von Betreuungseinrichtungen vollzeiterwerbstätige Mütter generell nicht vorsehen. Die vier Milliarden Euro, die der Bund in den Ausbau der Ganztagsschulen stecken will, werden von den Ländern nur zögerlich angenommen. Die im Osten noch aus DDR-Zeiten vorhandene Betreuungsinfrastruktur ist durch Einsparungen gefährdet. Die Qualifizierungsoffensive für pädagogisches Personal von der Kinderkrippe bis zum Gymnasium ist auch nach dem »PISA-Schock« bestenfalls »angedacht«. Längere Öffnungszeiten von Kinderbetreuungseinrichtungen werden statt dessen häufig durch größere Kindergruppen pro Fachkraft erkauft. Es fehlt an Geld. Eltern bekommen dies durch steigende Gebühren für Krippen, Horte und Kindergärten zu spüren. Oft muß eine teilzeitarbeitende Mutter ihren gesamten »Hinzuverdienst« in die Kinderbetreuung stecken. Doch die Bundesregierung verzichtet weiter auf die 20 Milliarden Euro, welche die steuerrechtliche Subventionierung der Ehe schätzungsweise jährlich kostet. Durch die Ausweitung von Mini-Jobs wird das »Ernährer-Zuverdienerin«-Modell erneut gestärkt, ebenso durch den Rückgriff auf (weibliche) ehrenamtliche Tätigkeit, um zum Beispiel eine Betreuung in Grundschulen über Mittag sicherzustellen.

Die »Vereinbarkeit« als typisches Frauenproblem wird neuerdings durch den Begriff »work-life-balance« überlagert. Den Beschäftigten durch flexible Arbeitszeitmodelle einen Ausgleich zwischen betrieblichen Erfordernissen und persönlichen Lebenslagen zu ermöglichen gilt als Kennzeichen einer modernen und vorausschauenden Personalpolitik.

Der Gedanke, ein neues Gleichgewicht zwischen (Erwerbs-)Arbeit und sonstigen Lebensbedürfnissen zu finden, soll auch Männer locken, sich nicht mehr ausschließlich über Beruf und Karriere zu definieren. Wieweit dieses scheinbar geschlechtsneutrale angelsächsische Denkmodell die deutschen Strukturen verändern kann, wird sich zeigen. Die Vereinbarung von Erwerbs- und Familienarbeit ist jedenfalls für westdeutsche Frauen nach wie vor, für ostdeutsche zunehmend ein Kernproblem.

An der von Luc Jochimsen 1976 angeprangerten Benachteiligung von Frauen durch die »Ernährer«-Ideologie hat sich auch im Jahr 2003 nichts Wesentliches geändert – mit einer Ausnahme: Junge Frauen sind heute wesentlich besser ausgebildet als in den siebziger Jahren. Ihre Bildungsabschlüsse und ihre berufliche Qualifikation übertreffen in vielen Bereichen die der jungen Männer. Viele Frauen umschiffen die bestehende »Vereinbarkeitsklippe« auf ihre Weise: Deutschland ist das Land mit der viertniedrigsten Geburtenrate weltweit.

Susanne Mayer

Lohn, Liebe, Arbeitsmarkt – neue Modelle für die Familienpolitik

Ein Blick in die Zeitungen könnte manchmal zu der Einsicht verführen, daß die Welt auf dem besten Wege sei, sich in eine kinderfreundliche Gesellschaft zu verwandeln. Ganztagsschulen! Es ist, als seien Politiker aufgewacht. Mehr Zeit für Kinder, auch im Kindergarten! Schon in der Krippe! Allein in Rheinland-Pfalz sollen es in drei Jahren 300 Schulen sein, auch Bayern will mitziehen, Joschka Fischer redet davon, sogar Frau Merkel hat davon gehört, ja bundesweit müsse man dem Ausbau von Ganztagseinrichtungen den »Vorrang geben vor allen anderen Anliegen«, verkündet Renate Schmidt, die familienpolitische Sprecherin der SPD. Angesichts der niederschmetternden Ergebnisse der Bildungsstudie PISA ein naheliegender Gedanke. Endlich europäisches Niveau für deutsche Schulen! Und schon frühe Förderung der Kleinsten! Es ist, als ob Elternträume in Erfüllung gehen, jahrzehntelanges Wünschen an offene Ohren gedrungen wäre. Viele Eltern mögen es sich so vorstellen: Morgens sind die Kinder aus dem Haus, sie werden erst des Nachmittags wieder geholt, dazwischen paßt keine Minute der Sorge um ihr Wohlergehen. Ist das nicht zu gut, um wahr zu sein? Ist dies nicht die kinderleichte Art des Familienseins?

Wir brauchen Ganztagsschulen und -kindergärten, wie sonst sollen unsere Kinder all das lernen, was in allen Nachbarländern den Kindern beigebracht wird? Wir müssen ihnen Zeit geben, ihre Studien zu betreiben, Experimente durchzuführen, in Gruppen nach den Lösungen zu suchen für Fragen der Biologie, der Mathematik oder des Lebens. Den Druck rausnehmen aus dem Stundenplan, Platz machen für Studienzeit. Aber wann, darf man das fragen, ist Familienzeit?

Es ist viel von flexiblen Öffnungszeiten die Rede, schon um sechs Uhr früh soll geöffnet sein, bei Bedarf bis abends um sieben. Wie läuft dann der Tag? Früh um fünf das Kind aus dem Schlaf reißen, anziehen, zum Essen nötigen, ins Auto verfrachten und wegbringen? Abends Kind holen, nach Hause eilen. Abendessen machen, mit dem Kind reden. Die Schulaufgaben im Blick behalten, die Regungen der kleinen Seele, die Naturbelassenheit der Abendbrotkost, bloß keine Fertiggerichte mit dem ganzen Glutamat und anderem verdächtigen Zeug, und natürlich vor dem Zubettgehen noch an die Leseförderung denken, die laut PISA ohne eifrige Mitarbeit der Elternhäuser nicht zu haben ist. Alles bis 20 Uhr, innerhalb einer Stunde? Ist daran gedacht, die Zubettgehzeit des deutschen Grundschülers deshalb anzuheben, auf vielleicht 21 Uhr, darf es noch später sein, würde dann die Schule morgens auch später beginnen? Und, es mag jetzt unverschämt klingen, falls mehrere Kinder in der Familie sind, wann könnte man sich denen zuwenden? Gleichzeitig? Oder hintereinander?

Dürfte man fragen, wann Mutti und Papi die Küche machen können? Wann sollen sie die Wäsche aufhängen, hat jemand überlegt, wann jene Arbeiten zu erledigen sind, die man als Familienbüroarbeit bezeichnen könnte, die Wasserabrechnung prüfen, den Brief an den Hauswirt schreiben, die neue Heizung planen? Alles am Wochenende? Soso. Aber hatten wir nicht irgendwann mal gedacht, daß am Wochenende der Arbeitspapi uns gehört, trifft das auf eine Arbeitsmutti weniger zu? Müssen wir grundsätzlich davon ausgehen, daß mit dem Modell der ganztags berufstätigen Eltern alle Arbeitszeitüberlegungen, der ganze Modernisierungsschub von reduzierter Arbeitszeit, Pausenplanung, Freizeitgestaltung, Urlaubsregelung, daß all das sich erledigt hat und auf den Müll gehört? Denn wie sollte sich eine Familie noch gegen Anforderungen aus der Arbeitswelt abgrenzen können, wenn dies noch nicht mal mit dem Hinweis darauf getan werden könnte, daß der Kindergarten zumacht? Ist es, wie das Heidelberger Familienbüro mutmaßt, an der Zeit, die »betriebsgerechte Familie« durchzusetzen?

Die geplanten Maßnahmen segeln unter dem Banner »Vereinbarkeit von Beruf und Familie« daher. Es sollte einen aber grundsätzlich nachdenklich machen, daß interessanterweise noch nie jemand daran gedacht hat, die Vereinbarkeit anderer Berufe zu propagieren. Dabei könnte man sich spannende Kombinationen vorstellen. Wer hätte je daran gedacht, daß ein Lehrer nach der Korrektur der letzten Klassenarbeit noch ein wenig kellnern könnte, um dann, nach Kneipenschluß, die nächsten Stunden vorzubereiten? Oder eine Krankenschwester nach dem Dienst noch bei Penny an der Kasse Geld abzählen müßte, warum setzen wir den Zugführer nicht auch als Klempner ein? Das ist zuviel verlangt? Das soll zu anstrengend sein, das könnte die Einsatzfähigkeit des Arbeitnehmers mindern? Ach ja.

Wagen wir einen Blick in jene Länder, in denen es viel Erfahrung gibt mit der sogenannten Vereinbarkeit von Beruf und Familie. Skandinavien zum Beispiel. Fragen wir Kim Benzon Knudsen von der Kopenhagener Stelle für Gleichstellung: »Wir schaffen wie blöd!«, gibt Knudsen schnell zu und, daß manche dänischen Eltern sich fragen, was sie von diesem Leben haben, in dem sie zwischen Kindergarten und Schule und Arbeit und zu Hause hin- und hergetrieben sind, eilend, ohne Pause, meist unausgeschlafen, nicht selten am Ende ihrer Kräfte. In Amerika gibt es für diesen Zustand schon ein Wort: »Hurry sickness.«

Schauen wir uns England an. Da wurden 5000 Frauen aus London und dem Süden Englands danach gefragt, wie sie mit ihrem Familienleben klarkommen. Neun von zehn berufstätigen Müttern sagen, daß sie sich erschöpft fühlen, acht von zehn Frauen sagen, es sei so stressig, daß sie lieber heute als morgen ihren Job hinschmeißen würden, wenn sie es sich leisten könnten. Drei Viertel der Befragten haben den Eindruck, daß sie so hart arbeiten, daß es ihre Gesundheit schädigt. Sie haben Angst, der Druck könnte ihre Lebensspanne verkürzen. Sie haben den Eindruck, daß das

Familienklima unter dem Streß leide, sie wünschen sich mehr Hilfe von ihren Partnern, mehr Freiheit in der Gestaltung der Arbeitszeit, vor allen Dingen haben sie keine Lust mehr, von berühmten Karrieremüttern wie Cherie Blair unter Zugzwang gesetzt zu werden, Frauen, die alle Anforderungen mit links zu meistern scheinen, nur weil sie eine Armee von Helfern an ihrer Seite haben.

Und in Deutschland? Schon der Familienalltag der konventionellen Familie wirft Fragen auf. »Eingeschränkte Möglichkeiten« in der Zeitverwendung lautet die Diagnose des Wissenschaftlichen Beirats des Ministeriums. Eltern, die für Kinder sorgen, hatten schon immer weniger Zeit für Muße und Regeneration. Um so mehr fällt das auf, wenn Familienarbeit mit einem Beruf verbunden werden soll. »Die mangelnde Vereinbarkeit von Familien- und Erwerbstätigkeit kann dazu führen, daß Eltern, insbesondere Mütter, ihre Zeit nicht entsprechend dem Kinderbedarf und ihren eigenen Bedürfnissen aufteilen können«, heißt es: »Selbst eine reduzierte Erwerbstätigkeit führte häufig dazu, daß die verschiedenen Aktivitäten kaum zeitlich koordiniert werden können.« Will sagen: So geht es noch nicht gut.

Kinder brauchen Zeit mit ihren Eltern. Eltern brauchen Zeit mit ihren Kindern. Es bringt die wunderlichsten Entwicklungen hervor, wenn Eltern sich nicht um ihre Kinder kümmern können. In Kitzbühel, lesen wir in der Zeitung, werden Eltern im Tourismus-Geschäft so aufgerieben, daß sie mit ihren Kindern nicht mehr Skifahren gehen können. Die Hälfte aller Erstkläßler hat nicht gelernt, auf Brettern zu stehen, und erst da fällt es auf: In der Skischule bringen die Einheimischen meist fremden Kindern das Rutschen bei. Auf den Philippinen bemerken Eltern, daß ihre Kinder vom Personal zu gut versorgt werden: Kaum eines, das sich auch nur ein Butterbrot schmieren könnte!

Wieviel Zeit braucht ein Kind also mit seinen Eltern? Reicht »quality time«, ein Wort, das aus dem hochbeschäftigten Amerika in unsere europäische Familienwelt geweht ist und so etwas wie eine doppelte Kraftbrühe im Gegensatz zur verwässerten Elternsuppe meint, hochkonzentrierte Familienessenz also, extensiv genutzte Erziehungsproduktion, zum Beispiel eine Stunde am Abend, schnelles Abholen in der Institution, als gemeinsame Zeit ein gemeinsamer Verkehrsweg, dann ein reibungsloser Versorgungsablauf, kein Gespräch, das länger dauern darf, als das Schmieren eines Butterbrotes in Anspruch nimmt, es sei denn, wir würden aus Gründen der effektiven Beschleunigung das Reden mit vollem Mund wieder durchgehen lassen. Apropos Erziehung: Wieviel könnte denn stattfinden in den knappen Abendstunden? Wollen wir uns die »quality time« vermiesen mit Hinweisen darauf, daß die Anoraks noch aufzuhängen sind?

»Quality time«, sagt der norwegische Kinderbeauftragte Trond Waage, sei doch oft nur Kontrollzeit. Hast du noch Hausaufgaben? Ist der Ranzen gepackt? Möchten wir die Zeit tatsächlich auch noch nutzen, um die Grundzüge gemeinsamer Haushaltsführung zu lehren, um bloß keine Bedienmentalität entstehen zu lassen, den Besen in kleine Hände drücken, du feg mal schnell die Küche, oder ist es ratsam, Erziehung nur am Wochenende stattfinden zu lassen, inklusive der Geschwisterkontakte? Wann würden in einer solch ganztagsbehüteten Kindheit die Nachbarn besucht, wäre noch Zeit fürs gemeinsame Kicken, würden wir noch Kinderrudel sehen, die Bürgersteige mit bunten Kreidebildern schmücken? Alles am Wochenende? Alle Begeisterung für die flexiblen Öffnungszeiten, die schon morgens vor dem Frühstück einen Betreuungsservice bieten und dann bis abends nach dem Essen, all das enthebt uns nicht der Aufgabe, auch über solche Dinge nachzudenken: darüber, wie wir mit unseren Kindern gemeinsam leben wollen.

Um Kinder zu erziehen, muß man da sein. Wir erleben, daß die Aufgaben, die sich Eltern für die Erziehung ihrer Kinder stellen, zum einen anwachsen und zum anderen von der Umwelt energisch eingefordert werden. Erziehung, sagt Andreas Flitner, der große Pädagoge, hat doch die Aufgabe, gerade über das hinauszuführen, was die Welt einem Kind sowieso schon vermittelt: daß die Straßen lebensgefährlich sind und die Schulen Willkür ausüben, daß das Wichtigste jeden Tag in den Nachrichten kommt und nur Mord und Todschlag ist, wie sehr es darauf ankommt, daß Geld alles kaufen kann. »Das lernt und erfährt es, auch ohne Erziehung. Aber mit unserer Hilfe lernt es zugleich mehr und anderes: Die Welt kann verständlich und freundlich sein, mit Mutter oder Vater kann man wandern oder Schiffe bauen, die Arbeit kann Freude machen, zumal, wenn man sie gemeinsam tut; es gibt Menschen, die mir wohl wollen und die ich lieb habe; ich kann schon manches ausrichten, und das macht auch anderen Freude.« Kein kleines Programm. Nichts, was man nebenbei abhaken oder am Wochenende durchziehen könnte.

Erziehung, sagt Flitner, muß einen Raum schaffen, in dem das Kind Zutrauen finden kann zur Welt, und dieser Raum ist der des Umgangs miteinander. Erziehung, darauf hat Flitner mit großem Ernst hingewiesen, ereignet sich durch die Erfahrung dessen, »wie wir sind, wie wir uns erfahren und einander annehmen, unser Umgang, unser Vertrauen, unsere Liebe zueinander die Voraussetzungen für alles das bilden, was Erziehung sein soll«. Und wer möchte demzufolge argumentieren, daß es eine gute Erziehung sein könnte, die nur in den gedrängten Minuten beim Frühstück sich ereignet, oder abends, wenn alle mit wunden Nerven nach Hause eilen und daran denken, wie dort auch noch die Arbeit abzureißen ist? In solch lahmen Minuten Kindern Schutz geben und Mut? Sie anregen, herausfordern, stärken und vor Negativem beschützen? Und alles, was wir da hinkriegen, wird sich ja auswirken, auf die Seele und die Lebensklugheit unserer Kinder und zuletzt auch auf die Welt, in der sie sich einrichten und die sie formen. »Auf lange Sicht behandeln Kinder die Welt so, wie wir die Kinder selbst behandelt haben«, sagt Steve Biddulph. »So, wie wir sie geliebt und zur Nummer eins gemacht haben, so wie wir von ihnen Mithilfe im Haus und Hilfsbereitschaft gegenüber anderen erwartet haben, wie man mit Menschen umgeht, Freundschaften aufbaut; so wie sich Menschen verschiedenen Alters um sie gekümmert haben.«

Solange die Ubiquität von Eltern nicht erfunden ist, werden sie zerrissen zwischen Erwerbsarbeit und Familienzeit. Die konventionelle Lösung, daß Väter ihre Aufgaben an Mütter delegieren, ist keine Lösung, denn Mütter sind keine Väter. Kinder brauchen beide Eltern, nicht nur am Wochenende, und noch mehr, sie brauchen auch Freunde und die Nachbarn. Für alle Eltern gilt: Da Chefs in der Regel mit größerer Autorität ausgestattet sind als Kinder, verlieren letztere nicht selten in dem Gezerre zwischen Privatem und Beruf. Wer Kinder erziehen will, muß aber da sein, wie wir gerade uns vergewissert haben. Solches Vorleben, das Wahrnehmen, gelingt nicht im Akkord von »quality time«.

Zeit ist unsere kostbarste Ressource, und die Anforderungen an die Zeit der Eltern sind exorbitant. Allein am Arbeitsplatz. Wer noch einen hat, muß Überstunden schrubben. Die Zahl der Überstunden wächst. Das Kapital Zeit sammelt sich wie das Kapital Geld bei denen, die von allem immer mehr bekommen. Sie habe, sagt die kinderlose Freundin, ihre Arbeitszeit reduziert, man müsse ja auch mal zu sich kommen und für einen alleine reichte ja auch eine Dreiviertelstelle. Die Älteren gehen in die gesegnete Altersteilzeit. »Nun mal was für mich tun«, sagen sie. Wir schenken ihnen acht Jahre Halbtagszeit, bei beinahe vollem Lohnausgleich. Für Eltern aber soll nur bis zum Schmerzpunkt zusammengepreßte »quality time« bleiben, verkürzt, gehetzt?

Was wir brauchen ist Familienzeit, nennen wir es für diejenigen, die lieber Englisch sprechen, »family time«. Väter und Mütter brauchen Zeit mit ihren Kindern, das trifft um so schärfer auf Alleinerziehende zu. Wenn die Erfahrung von Elternzeit nicht das Privileg für Kinder verheirateter Eltern sein soll, müssen wir die Tatsache berücksichtigen, daß schon heute vollerwerbstätige Alleinerziehende jeden Tag achteinhalb Stunden weniger gemeinsame Zeit mit ihren kleinen Kindern verbringen als nichtberufstätige Alleinerziehende. Und wenn sie nach Hause kommen, hat ihnen keine Ehefrau die Hausarbeit weggemacht, so daß sie sich gleich dem lieben Nachwuchs zuwenden können, schön Abend essen, baden, bißchen vorlesen und fertig, wie Väter das nicht selten genießen können, die abends nach Hause kommen und die Familie als Divertimento genießen. Unter Berücksichtigung der Tatsache, daß Ehemänner täglich durchschnittlich dreidreiviertel Stunden mit ihren Kindern verbringen und ihre Frauen noch einmal sieben Stunden, beide zusammen also fast elf Stunden Zeit für die Kinder haben, bedeutet das für die Kinder von Alleinerziehenden, die im Durchschnitt nur gut sechs Stunden mit ihren Eltern haben, jeden Tag ein Minus an Elternzeit von vielen Stunden. Obwohl doch gerade sie, die nicht selten unschöne Trennungen zu verkraften haben, besonders viel Zuwendung brauchen. Wer so gerne klagt, wie es viele tun, über die Probleme der Kinder Alleinerziehender, sollte sich also zunächst einmal wundern, wie gut doch die meisten aus dieser Situation herauskommen, und sich dann vielleicht fragen, ob es nicht dringend geboten wäre – unter Maßgabe des so gerne zitierten Satzes, daß alle Kinder gleiche Startchancen brauchen – deutliche Arbeitszeiterleichterungen durchzusetzen, für Alleinerziehende – und für alle anderen Eltern.

In Norwegen zum Beispiel ist um 16 Uhr Schluß, damit noch ein paar Stunden da sind, um etwas gemeinsam zu tun. In Oslo sieht man, wie sich um vier Uhr die Gehwege füllen, mit Eltern und ihren Kindern. Auch in Schweden: Ab 16 Uhr ist »family time«. »Keine Frage«, sagt auch der Kinderbeauftragte Eichholz: »Wir brauchen den Sechs-Stunden-Tag für Eltern.«

Es wird schwierig sein, das durchzusetzen. Untersuchungen über neue Formen der Arbeit in Deutschland kommen zu dem Ergebnis, daß der Trend andersherum läuft. Die Menschen erscheinen nach langer Ausbildung erst spät auf dem Arbeitsmarkt, und lebensgeschichtlich immer früher droht schon der Vorruhestand. Einsteigen, aufsteigen, beruflich flexibel sein und sich dennoch privat binden, an Partner oder die Verpflichtung, Eltern zu sein, das alles soll heutzutage in gerade mal zusammengedrängten fünfzehn, zwanzig Jahren stattfinden. Da ist gleichzeitig dic Rede von wachsenden Unsicherheiten und steigendem Arbeitszeitpegel. Und brauchen nicht gerade Eltern auch Zeit für sich? Das Leben soll doch nicht nur noch so aussehen, daß man rennt, vom Frühstück zum Kindergarten, von dort zur Arbeit, mit einer Zwischenstation bei Spar zurück, und später, wenn die Abendbrotschlacht geschlagen ist und in den Kinderzimmern Ruhe eingekehrt ist, in Erschöpfung auf dem Sofa zusammensinkt. Durchatmen muß sein, mit der Freundin telefonieren. Eltern brauchen auch Zeit füreinander. Nicht nur die Familienorganisationszeit im Stile von Dann-holst-du-ab-und-ich-besorge-schnell durchziehen, sondern Muße, um sich wiederzufinden auf einer Basis, die sie noch ein paar Jahre tragen soll. Wer Eltern zwingt, zwei Vollzeitjobs gleichzeitig zu machen, stellt sie auch politisch kalt, wann sollten sie sich denn auch noch engagieren, und auch dies hat Auswirkungen auf die Familienpolitik.

Der Wissenschaftliche Beirat des Familienministeriums konstatiert eine gewisse Unvereinbarkeit von Beruf und Familienzeit und schlägt die Einrichtung einer »Elternkasse« vor, die die Belastung der Eltern durch die Vergabe von Krediten unterstützt. Halbherzig, dieser Vorschlag. Denn noch immer erscheint darin die durch Kinder notwendige Arbeit als ein persönliches Tummelfeld, ähnlich wie das leidenschaftliche Hegen und Pflegen eines Hunderudels. Besser wäre es, diese Arbeit und ihre Relevanz durch eine teilweise Freistellung von der Erwerbsarbeit, verbunden mit Grundsicherungen, anzuerkennen.

Welche Arbeitszeitmodelle sind vorstellbar? Heute werden über 80 Prozent der Teilzeitarbeitsplätze zwischen einer und neun und zwischen zehn und zwanzig Wochenstunden von Frauen wahrgenommen. Wie wenig Männer bereit sind, aus familiären Gründen im Beruf zurückzustecken, zeigt sich darin, daß selbst die Stundenzahl von 21 bis 30 Wochenstunden noch zu fast 80 Prozent nur von Frauen gewählt wird. Und alle Arbeitsverhältnisse, die stundenmäßig darüberliegen, 31 und 41 und mehr Stunden, sind mehrheitlich von

Männern besetzt. Das zahlt sich aus, für Männer. Die Erwerbsquoten der Frauen sind rückläufig, und das, obwohl, wie die Autoren des Familienatlas betonen, durch das Absinken der Geburtenzahlen für Eltern im Durchschnitt etwa 20 zusätzliche Jahre zur Verfügung stehen, in denen sie nicht mehr Kinder zu versorgen haben. Frauen, so scheint es, können diesen Vorteil nicht für sich nutzen, und das bringt ihnen – und besonders im Scheidungsfalle, wenn die Unterhaltszahlungen nur stockend fließen, das bringt ihnen und auch ihren Kindern enorme Nachteile. Obwohl doch die meisten dieser Frauen eine gute Ausbildung haben und, hätten sie ihre Berufstätigkeit nicht unterbrochen, durchaus in der Lage wären, sich und ihre Kinder zu ernähren.

Frauen leben in einer Arbeitsgesellschaft, in der sie daran gehindert sind, sich an den Arbeiten angemessen zu beteiligen, die durch Lohn vergütet werden. Dies verletzt ihre Rechte, jedenfalls solange sich in dieser Gesellschaft Anerkennung und soziale Sicherung im wesentlichen über Arbeit definieren, die bezahlt wird, darauf hat die Philosophin Angelika Krebs hingewiesen. Einiges spricht sogar dafür, daß wir uns von einer Wohlstandsgesellschaft in Richtung Mangelgesellschaft bewegen, in der das Erwirtschaftete einer kleinen Gruppe immer mehr Wohlstand, mehr Geld und mehr Zeit beschert, aber nur sehr wenig spricht dafür, daß Frauen zu dieser Gruppe gehören werden. Man könnte sogar sagen, daß eine Teilhabe an diesen Gewinnen sich für Frauen nur erreichen läßt, wenn sie Familie abschreiben, keine Kinder kriegen, ein Verlust, der sich gegen die Gewinne nur schmerzhaft verrechnen läßt.

Teilzeit für Frauen ist auch deshalb nicht automatisch eine gute Lösung der sogenannten Vereinbarkeit von Beruf und Familie, weil kürzere Arbeitszeiten nicht automatisch dahin führen müssen, daß der Familienbetrieb zur allseitigen Befriedigung besser läuft. Es kommt entscheidend darauf an, wie die Aufgaben zwischen Erwerb und Familie *geteilt* werden. »Teilzeitarbeit, wenn sie nicht von beiden Partnern praktiziert wird ist ein zweischneidiges Schwert«, schreiben Bielenski/Strümpel: »Einerseits ermöglicht sie die Erwerbstätigkeit, führt zu neuen sozialen Kontakten, bringt Anerkennung und schafft Selbstbewußtsein und ein Maß an Unabhängigkeit, andererseits ist sie nur ein halbherziger Schritt in Richtung einer Gleichberechtigung beider Partner. Traditionelle Rollen brauchen noch nicht in Frage gestellt werden, wenn die Frau neben ihrer Erwerbsarbeit weiter alle Haushaltspflichten erfüllt.«

Alle Erfahrungen haben gezeigt, daß die Frauen von Männern, die weiter Vollzeit arbeiten, immer noch die größte Last der Hausarbeit tragen, auch wenn sie selbst eine Teilzeitstelle annehmen. In solchen Fällen geht jede Stunde der zusätzlichen Lohnarbeit auf ihre Kosten, sie addiert sich zu der ohnehin schon geleisteten Arbeit. Daraus wächst schnell Überlastung und Unzufriedenheit, dann zeigt sich, daß Geld allein nicht der Zauber ist, der ein leichteres Familienleben ermöglicht.

Wie man es macht? Zu Hause sein, bei den Kindern, auch am Arbeitsplatz Einsatz bringen, nur nicht so viel, daß die Kinder und die Liebsten am Horizont verschwinden, in eine andere Welt, und trotzdem für alle genügend Geld verdienen? Es ist ganz einfach. Man muß gar nicht so sehr erfinderisch sein, das Rad ist erfunden, das Modell schon da, ist sogar erprobt, und die Mittel zur Förderung einer guten Sache, um dieser Frage vorzubeugen, tatsächlich auch die Mittel stehen zur Verfügung. Die Rede ist von der Altersteilzeit, ATZ, es reicht schon, einen einzigen Buchstaben auszutauschen, von ATZ zu ETZ, dann muß man die ganze Maßnahme natürlich ein wenig nach vorne verschieben, von den Jahren *Lebensalter ab 55* in die Zeit *Kindesalter bis sieben*: Schon ist sie da, die Elternzeit!

Die Altersteilzeit wurde in Deutschland 1996 eingeführt. Sie erstreckt sich für den einzelnen Arbeitnehmer über einen Zeitraum von fünf bis sieben Jahren und bietet in dieser Zeit die Möglichkeit, die Arbeitszeit auf die Hälfte zu reduzieren. Mit geringfügigen Einbußen am Lohn! Was da nicht alles möglich war, das muß einen doch sehr wundern, wenn man noch im Ohr hat, wie über jede einzelne Maßnahme der Familienförderung gefeilscht und gegiftet, wurde. Nun, Seniorenförderung geht einfach so: Halbierung der Arbeitszeit, Aufstockung des hälftigen Lohns auf 70 Prozent, hatte der Gesetzgeber gefordert, aber das war kein Thema – bis zu 85 Prozent des früheren Nettolohns werden gezahlt, ergab die Recherche von Ute Klammer und Helmut Weber, – letzterer Regierungsdirektor im Bundesministerium für Arbeit, und auch bei der Aufstockung der Sozialbeiträge wollte sich niemand lumpen lassen, auf 100 Prozent bezuschußt, selbst bei der Rente: vollständige Erstattung! Man erinnert sich an das Gezerre um die Rentenpünktchen der Mütter, an die Debatte um die Witwenrenten – solch kleinliches Gerechne hat es hier nicht gegeben.

Elternteilzeit vermöchte zweierlei. Erstens: Sie würde anerkennen, daß Familienarbeit eine Leistung auch für die Allgemeinheit ist. Man könnte sagen, daß Elternteilzeit – anders übrigens als die Altersteilzeit, die nur so etwas wie hochbezahlten Zusatzurlaub kurz vor der eigentlichen Rente schafft – die Tatsache anerkennt, daß zusätzlich zur Lohnarbeit noch etwas geleistet wird, und dieses Mehr wird honoriert, nicht mit Geld, wie häufig diskutiert, als Familienlohn, sondern mit Zeit honoriert. Dies ist eine Währung, die Gold wiegt! So wird ein Freiraum für Familie geschaffen!

Elternteilzeit könnte helfen, ein partnerschaftliches Elternleben voranzubringen. Haben doch alle Erfahrungen gezeigt, daß ein Vater, der Vollzeit arbeiten muß, sich an Haushalt und Kinderarbeit gar nicht genügend beteiligen kann, nicht genügend jedenfalls, um ernsthafte Verstimmungen in der jungen Ehe zu verhindern. Teilzeitarbeit, die allein die Mutter aufnimmt, führt, wie dargestellt, dazu, daß der Vater weitermalocht wie bisher und die Mutter jetzt auch noch ein paar Stunden mehr zu schuften hat. Teilzeit auch für Väter, unter akzeptablen Bedingungen angeboten, würde helfen, jene »›kritische Masse‹ von jungen Vätern (zu erzeugen), die ihre Doppelrolle erfolgreich ausfüllen und so eine gewisse Modellwirkung haben«, wie es sich die Sozialforscher wünschen – und nicht nur sie! Teilzeitarbeit für

Eltern würde jeden Tag, wenn die Eltern zu ihrem Zweitjob nach Hause gehen, allen Beobachtern klarmachen, daß es da eben einen zweiten Job gibt, der Sorgfalt verlangt. Elternteilzeit wäre eine Volldüngung: für das rechte Bewußtsein und den Respekt vor der Familienarbeit.

Man hört schon die warnenden Stimmen. Wer soll das bezahlen – und die Antwort ist natürlich: dieselben, die schon (ohne große Diskussionen) die Altersteilzeit bezahlt haben, also eine Gemeinschaft aus Steuerzahlern und Betrieben. Und richtig ist natürlich auch dies: Wer bereit ist, nach ausgedehnter öffentlicher Betreuung zu rufen, darf Eltern nicht das Guthaben vorenthalten, das man bereit ist, Fremden für die Erziehung derselben Kinder zu gewähren. Feministinnen, die nun auf den Plan treten werden mit der düsteren Voraussage, so würden Frauen nach Hause gejagt, kann man entgegnen, daß die Altersteilzeit jedenfalls nicht geschlechtsspezifisch wirkt. Und allen Ehrgeizigen, die voller Schrecken auf die zu erwartenden Karrierebrüche verweisen, denen sei entgegengehalten, daß dies nun wirklich ein ganz altmodischer Einwand ist. Haben wir nicht längst gelernt, daß die gradlinig nach oben strebende Arbeitskarriere ein Ding von gestern ist, einfach out?

Die Anerkennung von Familienarbeit durch Zeitkonten birgt zudem ein egalitäres Moment – nicht länger wären schlechter gestellte Eltern dazu verdammt, auf Kosten von Zeit mit ihren Kindern zu malochen, während Bessergestellte das Privileg genießen, sich der Familie widmen zu können. Denn daß dies so ist, läßt sich schon heute mit Blick auf die Arbeitsstatistiken beweisen: daß es vor allem die Alleinerziehenden sind, die mit überdurchschnittlich vielen Ganztagsjobs und exorbitanter Arbeitsbelastung ihre Kinder großziehen.

Die Arbeitswelt funktioniert Tag für Tag im wesentlichen heute noch immer so, als gäbe es keine Kinder. Alle Schwierigkeiten, die sich daraus ergeben, sind privat auszubalancieren. Die gegensätzlich verlaufenden Ansprüche verursachen, wie erwähnt, eine starke Reibung, und nicht selten fühlen sich Eltern wie zwischen Mühlsteinen aufgerieben. Die Betriebe vergessen, daß auch sie auf einen Kreislauf von Produzenten, Dienstleistern und Arbeitnehmern angewiesen sind, daß Rationalisierung zwar die Kosten senkt, daß es aber ohne Menschen, die in Lohn sind und Nachfrage erzeugen, letztlich nicht gehen wird. Wie flexibel ist die Arbeitswelt, die von Arbeitnehmern alle Flexibilität erwartet? Die Vergangenheit dämpft unsere Erwartung, deshalb brauchen wir eine gesetzliche Regelung zur flexiblen Gestaltung der Elternzeit.

Was da möglich ist, zeigt uns Schweden: Dort können die Menschen achtzehn Monate Elternurlaub auf acht Jahre dehnen, in kleinen Chargen nehmen: als viertel bis dreiviertel Arbeitsstelle, mit Lohnausgleich, sogar in monatlicher Abwechslung der Eltern, der Phantasie zur Gestaltung des Lebens sind keine Grenzen gesetzt. Das ist nicht nur angenehm, das ist eine Befreiung aus festgefahrenen traditionellen Lebensmustern, die hierzulande viele Eltern erleben und junge Leute zu Recht fürchten. Die schwedische Wirtschaft ist nicht zusammengebrochen, so könnte man annehmen, daß solche Freiheiten auch in anderen Ländern funktionieren. Und immer sei zu prüfen, welche Arbeit von zu Hause aus erledigt werden kann.

Leichtigkeit entsteht, wenn jeder Arbeitnehmer ganz leicht eigene Bedingungen aushandeln kann, verschiedene Bedingungen zu verschiedenen Lebensphasen, weil sich erst nach und nach entfaltet, was Arbeitnehmer und ihre Familie brauchen. Wir haben lange Erfahrungen mit Normarbeitsverträgen, nun müssen wir lernen, daß es Normkinder nicht gibt: daß einige Kinder mehr Kindergarten vertragen als andere, die einen durchspielen bis zum Abendessen, aber andere nachmittags ihre Ruhe brauchen, daß die einen Kinder in einigen Lebensphasen mehr Unterstützung nötig haben werden und andere ihre Eltern zu anderen Zeiten brauchen. Wir sind auch auf Kompetenz in den Personalabteilungen angewiesen: Wann käme denn die erste Mail an »alle« mit einer Auflistung aller familienfreundlichen Neuerungen, wann die stolze Nachricht, man habe sich für das Zertifikat »familientauglich« qualifiziert? Und wo, fragen wir die zukünftigen Familienminister, wäre der harte Kriterienkatalog für die Familientauglichkeitsklasse A, B oder C?

Alle Diskussionen führen zu diesem Punkt: Wer über die Gleichwertigkeit von Familien- und Lohnarbeit spricht oder darauf hinweist, daß Fürsorge in allen Systemen der staatlichen Sicherung als gleichwertiger Beitrag akzeptiert werden muß, der kommt nicht um die Frage herum, wieso denn dann diese gleichwertige Arbeit nicht gleichermaßen entlohnt wird. Eine Diskussion, zu der es Vorlagen gibt und Kongresse, heftige Streitereien, man könnte sagen, es ist ein Glaubenskrieg.

Festzuhalten ist: Schon heute wird Familienlohn gezahlt. Versteckt, nicht an alle, unkontrolliert und ungerecht in der Verteilung – natürlich, möchte man sagen, wie immer.

Das heutige Ehegattensplitting ist bereits eine Art von Familienlohn. »Der Normalfall der Ehe«, erklärt der Verfassungsrechtler Paul Kirchhof, »ist einc ›Gemeinschaft des Erwerbs, in der sich die Ehegatten aufgaben- und arbeitsteilend zusammengeschlossen haben‹ ... Im Rahmen der dem Gesetzgeber obliegenden Typisierung kann und soll der Gesetzgeber davon ausgehen, daß die Ehe Ausgangspunkt und Grundlage einer Familie ist ...« An anderer Stelle wird »die Ehe als die auf das Kind angelegte Gemeinschaft von Mann und Frau, die den Kindern die besten Entwicklungsmöglichkeiten bietet« bezeichnet. Die Teilung von Aufgaben und Arbeit und die steuerliche Erleichterung dieser Arbeit macht tatsächlich nur Sinn in Hinsicht auf eine zu versorgende Familie. Nur wenn es gilt, Kinder oder andere pflegebedürftige Angehörige zu versorgen, ist es sinnvoll, daß Eltern Arbeitszeit reduzieren und dieses Zurückstecken im Steuerrecht berücksichtigt wird. Wenn es also nicht darum geht, für einige (verehelichte) Bevölkerungsgruppen steuerrechtlich den Müßiggang zu finanzieren, muß man fragen, ob eine solche Regelung nicht alle jene Kinder benachteiligt, deren Eltern nicht verheiratet sind und deren Arbeit für diese Kinder also nicht anerkannt wird. Die ungleiche Förderung von Kinderversorgung erstreckt sich sogar über den Tod hinaus, noch mit der Zahlung von Hinterbliebenenrenten wird Arbeit, die für Kinder und andere Bedürftige zu leisten ist, immer noch und auch zu Recht anerkannt. Aber auch hier sieht man die Benachteiligung von Halbwaisen, deren Eltern eben nicht verheiratet waren, und die nun die Kinder von Alleinerziehenden sind, die für sie sorgen, ohne daß der Staat hier diese Arbeit anerkennen würde.

Anerkennung für Familienarbeit wird manchmal auch mit dem Kindergeld ausgezahlt – allerdings nur bei Familien mit geringem Einkommen, bei denen, wegen der niedrigen Steuerveranlagung, nur wenig Steuern zuviel erhoben und deshalb zurückgezahlt werden müssen – weshalb für sie das Kindergeld einen hohen Förderanteil enthält. Aber die Fürsorge für ein Kind in bessergestellten Kreisen ist keineswegs weniger aufwendig, auch hier werden Kinder rund um die Uhr versorgt, behütet, gefördert. Es gibt keine andere Tätigkeit, deren Entlohnung davon abhinge, ob eine Familie besser oder schlechter gestellt ist. Warum dann hier?

Anerkennung von Familienarbeit ist im Grunde auch in der Absetzbarkeit von Kinderbetreuungskosten enthalten – nur als Ansatz, in dem berühmten »ersten Schritt«: Sie wurde allen Eltern pauschal erlaubt, auch denen, die ihre Kinder nicht zum Kindergarten bringen, sondern zu Hause erziehen – auch sie erhalten so ein wenig Anerkennung.

Tatsächlich geht kein Weg daran vorbei, sich weiter mit der Anerkennung der Familienarbeit zu beschäftigen. Es ist, bei allen Beschwörungen über die unersetzliche, wertvolle, wertevermittelnde, heilige Familienarbeit bislang nicht gelungen, ihren Wert jenseits rhetorischer Floskeln im Bewußtsein zu verankern – jedenfalls nicht im Bewußtsein derer, die unsere Systeme der sozialen Sicherungen gestalten und seit einem halben Jahrhundert verhindern, daß Familienarbeit dort die ihr angemessene Anerkennung erfährt.

Familienlohn gibt es also, aber immer nur ein bißchen –

hier ein paar Rentenpünktchen, da ein wenig Hinterbliebenenversorgung, die bei der nächsten Reform wieder zur Debatte steht. Dies ist ein Verfahren, das wir uns bei keiner anderen Arbeit erlauben. Man stelle sich den Aufruhr vor, wenn zur Sanierung der Rentenkassen plötzlich beschlossen würde, andere Arbeitsleistungen nur noch im Rahmen einer Halbzeittätigkeit anzurechnen, wie es Müttern bei der letzten Rentenreform geschah! Und erst die Empörung, wenn Familien beschließen würden, daß es bei dem bißchen Anerkennung eben auch nur möglich ist, ein bißchen Familienarbeit zu leisten, wenn sie ihre Kinder ein bißchen verkommen ließen, nur noch ein bißchen putzen würden, nur noch halbe Essensportionen auftischten, die Kinder nur halbwegs kleiden würden – dann käme die Polizei, zu Recht.

Solange Familienarbeit in ihrer Belastung und in ihrem Wert nicht im Bewußtsein der Gesellschaft verankert ist, wird es auch schwierig sein, eine Reduzierung von Erwerbsarbeit für Eltern durchzusetzen, weil niemand begreift, daß die Versorgung von Kindern eben nicht ein Stückchen »Elternurlaub« ist, ja, so heißt es, selbst noch in Schweden! Solange die Belastung durch Familienarbeit ausgeblendet wird, sind Eltern wehrlos gegenüber dem steigenden Arbeitsdruck, wird sich die ersehnte Beteiligung von Frauen an der Lohnarbeit einfach draufsatteln zu ihrer Arbeit für die Kinder, wird dies in Zukunft sich zu einer Bürde und Last von Arbeit zusammenfügen, wie wir es nur noch aus Erzählungen des 19. Jahrhunderts kennen, aus Zeiten des Frühkapitalismus. Natürlich nur für Menschen mit Kindern. Die anderen werden auf ihre Arbeitsverträge verweisen können: 37,5 Stunden und damit aber Feierabend!

Autoren- und Quellennachweis

Elisabeth Beck-Gernsheim, geboren 1946, studierte Soziologie, Psychologie und Philosophie und ist Professorin an der Universität Erlangen-Nürnberg. Durch ihre Veröffentlichungen zu den Themen Familie, Arbeit und Geschlechterverhältnis hat sie immer wieder Diskussionen angestoßen. Sie lebt in der Nähe von München.
»Die Evolution der Familie«, gekürzte Fassung des Beitrags »Was Eltern das Leben erschwert. Neue Anforderungen und Konflikte in der Kindererziehung«, in Volker Teichert (Hrsg.): Junge Familien in der Bundesrepublik. Familienalltag – Familienumwelt – Familienpolitik. © 1990 Leske + Budrich, Opladen, S. 56–68.

Stephanie Castendyk, geboren 1962, studierte Germanistik und Psychologie, arbeitet heute als Psychoanalytikerin in Berlin und hat einen Sohn.
»Ummauerte Spielräume – Plädoyer gegen das eingesperrte Kind«, gekürzte Fassung des Beitrags »Unter Daueraufsicht. Ein Plädoyer gegen das eingesperrte Kind«, in Kursbuch Heft 156, Juni 2004, Rowohlt Verlag GmbH, Reinbek 2004, S. 53–63.

Axel Dammler, geboren 1965, ist nach seinem Studium der Kommunikationswissenschaften Marktforscher für den Sektor Kinder- und Jugendprodukte und Geschäftsführer des größten deutschen Forschungsinstituts auf diesem Gebiet. Er hat eine Tochter und lebt in München.
»Kinder, Konsum und Kleider«, gekürzter Beitrag aus Axel Dammler: Kinder können kaufen lernen. Ein Elternbuch. © 2002 Piper Verlag GmbH, München, S. 273–283.

Zack Elias und Travis Goldman, beide aus New York, machten sich als sechzehnjährige Schüler Gedanken über ein gedeihlicheres Zusammenleben von Eltern und Jugendlichen.
»Zutritt verboten – das Territorium der Jugendlichen«, gekürzter Beitrag aus Zack Elias/Travis Goldman: Wie meine Eltern mir den letzten Nerv rauben. 220 Don'ts für Eltern. Aus dem Englischen von Barbara Gafner. © 1999 Zack Elias und Travis Goldman. © der deutschsprachigen Ausgabe: 2002 Scherz Verlag, Bern, München, Wien. Mit Genehmigung der S. Fischer Verlag GmbH, Frankfurt am Main. Taschenbuch: Fischer Taschenbuch Verlag, Frankfurt am Main 2004, S. 13–21.

Donata Elschenbroich arbeitet am Deutschen Jugendinstitut über Themen der international vergleichenden Kindheitsforschung. Sie hat drei erwachsene Kinder und lebt in Frankfurt.
»Die Welt entdecken – was Kinder erfahren und wissen können«, gekürzter Beitrag aus Donata Elschenbroich: Weltwissen der Siebenjährigen. Wie Kinder die Welt entdecken können. © 2001 Verlag Antje Kunstmann GmbH, München, S. 11–32.

Frank Furedi, geboren 1947, ist Professor für Soziologie an der University of Kent in Canterbury, England, mit den Schwerpunkten Sozialpolitik und Sozialforschung und beschäftigt sich in seinen Veröffentlichungen mit individuellem und gesellschaftlichem Risikobewußtsein. Er ist Vater eines Sohnes.
»Warum Elternpaare oft nur noch Eltern sind«, gekürzter Beitrag aus Frank Furedi: Warum Kinder mutige Eltern brauchen. Aus dem Englischen von Stefanie Schäfer © 2001 Frank Furedi. © der deutschsprachigen Ausgabe: 2002 Eichborn AG, Frankfurt am Main, unter dem Titel: Die Elternparanoia. Warum Kinder mutige Eltern brauchen. Taschenbuchausgabe: Deutscher Taschenbuch Verlag, München 2004, S. 135–153.

Susanne Gaschke, geboren 1967, promovierte 1993 über Kinderliteratur. Sie arbeitete vier Jahre lang als Redakteurin im Politikressort der Wochenzeitung »Die Zeit« und wechselte

dann als politische Korrespondentin zur »Frankfurter Allgemeinen Zeitung«. Sie wohnt mit Mann und Tochter in Kiel.
»Schule, die überforderte Anstalt«, gekürzter Beitrag aus Susanne Gaschke: Die Erziehungskatastrophe. Kinder brauchen starke Eltern. © 2001 Deutsche Verlags-Anstalt, Stuttgart, München, S. 111–141.

Alison Gopnik ist Professorin für Psychologie an der Berkeley University in Kalifornien, Patricia Kuhl ist als Professorin der Sprach- und Akustikwissenschaften an der University of Washington tätig, und Andrew Meltzoff ist Professor für Psychologie an der University of Washington.
»Forschergeist in Windeln – die kognitiven Fähigkeiten kleiner Kinder«, gekürzter Beitrag aus Alison Gopnik/Patricia Kuhl/Andrew Meltzoff: Forschergeist in Windeln. Wie Ihr Kind die Welt begreift. Aus dem Amerikanischen von Gabriele Turner. © 1999 Alison Gopnik, Patricia K. Kuhl, Andrew N. Meltzoff. © der deutschsprachigen Ausgabe: 2000 Heinrich Hugendubel Verlag, Kreuzlingen/München. Taschenbuchausgabe: Serie Piper, München 2004, S. 172–182.

Hartmut von Hentig, geboren 1925, war Lehrer und Professor für Pädagogik und hat mit seinen Publikationen die Möglichkeiten und Unmöglichkeiten von Schule ebenso wie die Zielprobleme der Pädagogik einer breiten Öffentlichkeit ins Bewußtsein gerückt.
»Die neuen Medien – immer verfügbare Freunde oder Schrott vom Bildschirm?«, gekürzter Beitrag aus Hartmut von Hentig: Der technischen Zivilisation gewachsen bleiben. Nachdenken über die neuen Medien und das gar nicht mehr allmähliche Verschwinden der Wirklichkeit. © 2002 Carl Hanser Verlag, München, Wien, und 2002 Beltz Verlag, Weinheim und Basel, S. 220–234.

Jesper Juul, geboren 1948 im dänischen Vordingborg, studierte nach verschiedenen Jobs als Kellner, Hilfskoch, Bauarbeiter und Barkeeper am Lehrerkolleg mit den Schwerpunkten Geschichte und Religion. Er ist Leiter des »Kempler Institute of

Scandinavia«, eines familientherapeutisch ausgerichteten Instituts, das mit pädagogischen Profis und Laien (zum Beispiel Eltern) arbeitet. Juul ist Vater eines Sohnes.
»Vom Kind zum Gegenüber«, gekürzter Beitrag aus Jesper Juul: Das kompetente Kind. Auf dem Weg zu einer neuen Wertegrundlage für die ganze Familie. Aus dem Dänischen von Sigrid Engeler. © 1995 Jesper Juul. © der deutschsprachigen Ausgabe: 1997 Rowohlt Verlag GmbH, Reinbek, S. 239–261.

Eckhard Klieme, geboren 1954, Mathematiker und Psychologe, ist Direktor des Deutschen Instituts für internationale pädagogische Forschung (DIPF) in Frankfurt am Main und Berlin. Hans Döbert ist ebenfalls Mitarbeiter am DIPF. Die Studie, aus der der Beitrag stammt, ist im Internet zugänglich unter www.dipf.de
»Wie machen es die anderen? Schule in Finnland«, gekürzter Beitrag aus Eckard Klieme/Hans Döbert und andere: Vertiefender Vergleich der Schulsysteme ausgewählter PISA-Teilnehmerstaaten. Hrsg. vom Bundesministerium für Bildung und Forschung, Berlin 2003, S. 15–23, S. 54–57, S. 154 f., S. 183–186 und S. 232 f.

Remo H. Largo, geboren 1943 in Winterthur, ist Professor für Kinderheilkunde und Autor zahlreicher wissenschaftlicher Publikationen. Mit seinen Büchern »Babyjahre«, »Kinderjahre« und zuletzt »Glückliche Scheidungskinder« wendet er sich direkt an die Eltern. Er ist Vater dreier Töchter.
»Was ein Kind zum Aufwachsen braucht«, gekürzter Beitrag aus Remo H. Largo: Babyjahre. Die frühkindliche Entwicklung aus biologischer Sicht. © 2000 Piper Verlag GmbH, München, S. 17–37.

Susanne Mayer, geboren 1952, ist Journalistin und Mitarbeiterin im Literaturressort der Wochenzeitung »Die Zeit«. Sie ist Mutter zweier Kinder und lebt in Hamburg.
»Lohn, Liebe, Arbeitsmarkt – neue Modelle für die Familienpolitik«, gekürzter Beitrag aus Susanne Mayer: Deutschland

armes Kinderland. Wie die Egogesellschaft unsere Zukunft verspielt. Plädoyer für eine neue Familienkultur. © 2002 Eichborn AG, Frankfurt am Main, S. 199–219.

Matthias Ochs, geboren 1968, ist Psychologe und arbeitet in der psychosomatischen Abteilung der Heidelberger Universitätsklinik mit dem Schwerpunkt der Systemischen Familientherapie; er ist Vater eines Sohnes. Rainer Orban, geboren 1968, ist ebenfalls Psychologe, leitet eine Jugendhilfeeinrichtung bei Bremen und hat zwei Kinder.
»Idealfamilie? Realfamilie! Die vielfältigen Formen des Zusammenlebens«, gekürzter Beitrag aus Matthias Ochs/Rainer Orban: Was heißt schon Idealfamilie? Wie Alleinerziehende, Scheidungskinder und Patchworkfamilien glücklich werden. © 2002 Eichborn AG, Frankfurt am Main, S. 14–68.

Claudia Pinl, geboren 1941, war als Journalistin Mitarbeiterin der »taz«. Schwerpunkt ihrer publizistischen Tätigkeit sind Fragen der Geschlechterdifferenz und deren Folgen.
»Noch immer kein Auslaufmodell – der deutsche Ernährer«, unter dem Titel »Uralt, aber immer noch rüstig: Der deutsche Ernährer« in: Aus Politik und Zeitgeschichte. Beilage zur Wochenzeitung »Das Parlament«. Herausgegeben von der Bundeszentrale für politische Bildung, 44/2003, S. 6–8.

Enja Riegel unterrichtete an verschiedenen Schulen, arbeitete in der Bildungsplanung und war anschließend neunzehn Jahre, bis zu ihrer Pensionierung im Jahr 2003, Rektorin an der Helene-Lange-Schule in Wiesbaden, einer integrierten Gesamtschule, die bei der PISA-Studie mit großem Abstand als beste deutsche Schule abgeschnitten hat. Sie hat drei Kinder.
»Schule als erfolgreiches Konzept – Lernen in der Helene-Lange-Schule«, gekürzter Beitrag aus Enja Riegel: Schule kann gelingen. Wie unsere Kinder wirklich fürs Leben lernen. Die Helene-Lange-Schule Wiesbaden. © 2004 S. Fischer Verlag GmbH, Frankfurt am Main, S. 22–37.

Marcel Rufo, geboren 1945, Professor für Kinderpsychologie am Saint-Marguerite-Hospital in Marseille, kann für seine Bücher auf eine jahrzehntelange Erfahrung im Umgang mit psychischen Problemen von Kindern und Jugendlichen zurückgreifen.
»Jeder braucht eine Stimme – Geschwisterbeziehungen in der Familie«, gekürzter Beitrag aus Marcel Rufo: Geschwisterliebe – Geschwisterhaß. Die prägendste Beziehung unserer Kindheit. Aus dem Französischen von Elsbeth Ranke. © 2002 Librairie Arthème Fayard. © der deutschsprachigen Ausgabe: 2004 Piper Verlag GmbH, München, S. 51–79.

Renate Schmidt, geboren 1943, Programmiererin, Systemanalytikerin, langjährige Abgeordnete des Deutschen Bundestages und Familienministerin. Sie ist Mutter von drei heute erwachsenen Kindern.
»Der Quark steht im Kühlschrank oder: Wer organisiert die Familie?«, unter dem Titel: Der Quark steht im Kühlschrank! – Beruf und Familie: das Problem der Mütter« in: Renate Schmidt: S. O. S. Familie. Ohne Kinder sehen wir alt aus. © 2002 Rowohlt Berlin Verlag GmbH, Berlin, S. 99–108.

Daniel N. Stern, geboren 1954, Professor für Psychiatrie am Cornell University Medical Center und Professor für Psychologie an der Universität Genf, gilt als Kapazität in seinem Fach und hat sich durch seine einfühlsam geschriebenen Bücher »Tagebuch eines Babys« und »Geburt einer Mutter« auch bei einem breiteren Publikum einen Namen gemacht. Er ist selbst Vater.
»Aus dem Tagebuch eines Babys – der erste Blick in die Welt«, gekürzter Beitrag aus Daniel N. Stern: Tagebuch eines Babys. Was ein Kind sieht, spürt, fühlt und denkt. Aus dem Amerikanischen von Gabriele Erb. © 1990 Daniel N. Stern. © der deutschsprachigen Ausgabe: 1991 Piper Verlag GmbH, München, S. 21, S. 24–29.

Anna Wahlgren, geboren 1942, ist Expertin für Kinder- und Familienfragen mit besonderem Praxisbezug: Sie hat neun Kinder und acht Enkel und lebt im nordschwedischen Gastsjön.

»Unausstehlich trotzig – die erste Herausforderung der Eltern«, gekürzter Beitrag aus Anna Wahlgren: Das Kinder-Buch. Wie kleine Menschen groß werden. Aus dem Schwedischen von Lone Rasmussen-Otten. © 2004 Anna Wahlgren. © der deutschsprachigen Ausgabe: 2004 Beltz Verlag, Weinheim und Basel, S. 459–470.

Jürg Willi, geboren 1934, begründete die Paartherapie im deutschen Sprachraum, war Direktor der Psychiatrischen Poliklinik am Zürcher Universitätsspital und leitet heute das Weiterbildungsinstitut für ökologisch-systemische Therapie in Zürich. Seine Bücher gehören zu den Klassikern des Metiers. Er ist Vater von zwei Kindern.
»Wie Kinder die Paarbeziehung verändern«, gekürzter Beitrag aus Jürg Willi: Was hält Paare zusammen? Der Prozeß des Zusammenlebens in psycho-ökologischer Sicht. © 1991 Rowohlt Verlag GmbH, Reinbek, S. 85–99.

Hubert Wißkirchen, geboren 1949, ist Dozent für Pädagogik und arbeitet im Bereich der Vermittlung von pädagogischer Theorie und Praxis an der Fachakademie für Sozialpädagogik in München. Er ist Vater von zwei erwachsenen Kindern.
»Gleichaltrige Miterzieher – die Peers«, gekürzter Beitrag aus Hubert Wißkirchen: Die heimlichen Erzieher. Von der Macht der Gleichaltrigen und dem überschätzten Einfluss der Eltern, © 2002 Kösel-Verlag GmbH & Co., München, S. 81–122.

Peer Wüschner, geboren 1955, hat eine über zwanzigjährige Berufserfahrung als Kunsttherapeut mit verhaltensauffälligen Jugendlichen und deren Eltern.
»Pubertät – die Entthronung der Eltern«, gekürzter Beitrag aus Peer Wüschner: Pubertät: Überlebenstraining für Eltern. © 2003 Eichborn AG, Frankfurt am Main, S. 11–23.

Die Herausgeberin

Annette Seybold-Krüger, geboren 1955, studierte Germanistik und Geschichte. Sie lebt mit ihrem Mann und ihren beiden Kindern in München und arbeitet freiberuflich als Verlagslektorin und beim Fernsehen.

Remo H. Largo

Kinderjahre

Die Individualität des Kindes als erzieherische Herausforderung. 378 Seiten. Serie Piper

Wie man Kinder fit fürs Leben macht, ihnen hilft, im Einklang mit ihrer Umwelt zu leben – das zeigt Remo H. Largo in diesem Buch. Er ist seit über zwanzig Jahren Leiter der Abteilung Wachstum und Entwicklung am Kinderspital in Zürich und kennt daher die ganze Bandbreite kindlicher Entwicklung. So kann er Eltern und Erziehern wirkliche Hilfe anbieten, nicht nur Theorien. Anschaulich führt er durch die entscheidenden Jahre zwischen dem Kleinkindalter und der Schwelle des Erwachsenseins. Wie entsteht die Individualität des Kindes? Welche Rolle spielen Anlagen und Umwelt? Wann und wie können Eltern die Entwicklung ihres Kindes unterstützen? Auf diese Fragen gibt der Autor fundierte Antworten mit praktischen Beispielen.

05/1355/01/L

Remo H. Largo, Monika Czernin

Glückliche Scheidungskinder

Trennungen und wie Kinder damit fertig werden. 336 Seiten. Serie Piper

Remo H. Largo und Monika Czernin machen Eltern Mut, die in der schwierigen Situation einer Scheidung sind: Kinder müssen unter der Trennung der Eltern nicht leiden – es gibt Wege, sie glücklich aufwachsen zu lassen. Getrennt leben, aber gemeinsam erziehen, das ist möglich. Die Autoren gehen anhand konkreter Beispiele auf die wichtigsten Fragen ein. Sie konzentrieren sich dabei auf die tatsächlichen Bedürfnisse der Kinder und zeigen Wege, diese zu erfüllen, egal, in welchem Familienmodell.

»Ein wichtiger Diskussionsbeitrag für unsere Gesellschaft, in der etwa jedes dritte Kind von der Trennung der Eltern betroffen ist. Tendenz steigend.«
Chrismon

05/2304/01/R

SERIE PIPER

Douwe Draaisma

Warum das Leben schneller vergeht, wenn man älter wird

Von den Rätseln unserer Erinnerung. Aus dem Niederländischen von Verena Kiefer. 336 Seiten. Serie Piper.

Warum verschwinden in der Erinnerung manche Tage, während wir auch in vielen Jahren noch sagen können, was wir am 11. September getan haben? Wie funktioniert das Gedächtnis? Und warum vergeht das Leben schneller, wenn man älter wird? In seinem Meisterwerk über das Erinnern und Vergessen liefert Douwe Draaisma die Antwort auf diese und viele andere Fragen – ein Buch, so überraschend und vielschichtig wie das menschliche Gedächtnis selbst.

»Von einem Wissenschaftler mit so viel Sinn für die Poesie und für die Unergründlichkeiten des Lebens läßt man sich gern die Rätsel der Erinnerung erklären.«
Badische Zeitung

05/1992/01/L

François Lelord / Christophe André

Die Macht der Emotionen

und wie sie unseren Alltag bestimmen. Aus dem Französischen von Ralf Pannowitsch. 400 Seiten. Serie Piper

Sind Sie eifersüchtiger, als Ihnen lieb ist? Schämen Sie sich für Ihre Wutausbrüche? Oder wären Sie Ihrem Chef gegenüber manchmal gern etwas mutiger? Das erfahrene, seit Jahren erfolgreich praktizierende Psychologenduo Lelord und André erklärt die biologischen und sozialen Wurzeln unserer Emotionen, untersucht Konflikte bei einem Zuviel oder Zuwenig an Gefühlen und gibt dem Leser grundlegende Ratschläge zum Umgang mit Zorn, Neid, Glück, Traurigkeit, Scham, Eifersucht, Angst und Liebe.

Vom Autor der Bestseller »Hectors Reise oder die Suche nach dem Glück«, »Hector und die Geheimnisse der Liebe« und »Hector und die Entdeckung der Zeit«.

05/2124/01/R